beck^I_{sche}reihe

W0198076

b^{sr}

Leben wir wirklich in *einer* Welt mit einem gemeinsamen Welt-
ethos? Hannah Arendt (1906–1975) fordert angesichts der Weltkriege und des Holocaust eine engagierte Kommunikation, ein
gegenseitiges Verständnis und eine politische Urteilskraft, die
sich den Tatsachen vorbehaltlos stellt. Nur daraus erhebt sich ein
umgreifender Gemeinsinn, der Macht und Moral verbindet, um
vor totalitären Fundamentalismen nicht einzuknicken.
Das Buch führt in Werk und Leben der Schülerin von Heidegger
und Jaspers ein, die die Totalitarismus-Theorie begründete sowie
nachhaltig und über den Tag hinaus das politische wie das individuelle Denken geprägt hat.

Hans-Martin Schönherr-Mann ist Professor für Politische Philosophie am Geschwister-Scholl-Institut der Ludwig-Maximilians-
Universität München. Er ist Autor zahlreicher Bücher und Beiträge für den Rundfunk und Zeitungen. Bei C. H. Beck erschien
von ihm: *Sartre. Philosophie als Lebensform* (2005).

Hans-Martin Schönherr-Mann

Hannah Arendt

Wahrheit
Macht
Moral

Verlag C. H. Beck

Für Irmi

Originalausgabe

© Verlag C. H. Beck oHG, München 2006
Gesamtherstellung: Druckerei C. H. Beck, Nördlingen
Umschlagentwurf: + malsy, Willich
Umschlagabbildung: Hannah Arendt, 1975, Foto: Rhoda Nathans
Printed in Germany
ISBN-10: 3 406 54107 0
ISBN-13: 978 3 406 54107 0

www.beck.de

Inhalt

Einleitung[*]
Im Bann einer ‹zerbrochenen Welt›

Leben wir seit den Terroranschlägen vom 11. September 2001 und der Tsunami-Katastrophe vom 26. Dezember 2004 wirklich in *einer* gemeinsamen Welt? Politikerreden beschworen damals die weltweite Solidarität wie die globale Hilfs- und Spendenbereitschaft. Doch allein der Krieg gegen den Terror oder der internationale Streit über die Reduzierung der Treibhausgase spricht eine andere Sprache. Zwar bevölkert die bewußt globalisierte Menschheit denselben blauen Planeten, doch nimmt sie ihn längst nicht einheitlich wahr. Wer sich darauf vorbereitet, demnächst mit einem Bombengürtel eine Hochzeitsgesellschaft in die Luft zu sprengen, orientiert sich zweifellos an einer anderen Welt als die bauchfrei gestylte junge Dame an der Bar eines Münchner In-Cafés. Ob Liberale oder Nationalistin, gläubiger Christ oder pragmatischer Ingenieur, harter Fußballfan oder verträumter Intellektueller, ländlicher Handwerker oder Produktmanagerin aus der City: leben diese alle wirklich in derselben Welt? Ja, vielleicht auf einem bestimmten Planeten! Aber nicht doch in getrennten Welten?

Auch nach 1989, dem Ende des europäischen Bürgerkriegs, führen Globalisierung und technischer Fortschritt keineswegs in ein gemeinsames Weltverständnis, zu einem Gefühl, in derselben Welt zu wohnen, mit allgemein anerkannten Menschenrechten, mit einer verbreiteten Achtung des Primats des Allgemeinwohls gegenüber dem individuellen Interesse, einer internationalen Rechts- sowie einer staatlichen Verwaltungsordnung, mit einer allseits verbreiteten Ehrfurcht vor Leben und Natur, mit einer

[*] Danken möchte ich an dieser Stelle allen, die zur Entstehung dieses Buches beigetragen haben, besonders Irmgard Wennrich, Mario Beilhack, Raimund Bezold, Manuel Knoll, Bernd Mayerhofer, Hans-Georg Pfarrer, Michael Ruoff und Helmut Schönherr.

7

gewissen allgemeinen Wertschätzung der Wissenschaften und der Technik. Im Gegenteil, die gesellschaftlichen Traditionen und Strukturen lösen sich im Zuge von Individualisierungsprozessen weltweit immer stärker auf, versetzen die Menschen in eine riskante Freiheit, die ihnen zwar individuelle Spielräume eröffnet, aber eben zu Lasten familiärer und sozialer Netze, die sie bis vor kurzem noch so weit wie möglich vor dem Schlimmsten bewahrten. Das haben sie nun häufiger allein zu tragen, zu dulden, bzw. es schiebt sie einsam in den existentiellen Abgrund.

Müssen wir also zwangsläufig viele unterschiedliche Welten entwerfen? Oder benötigen wir nicht doch ein Mindestmaß an ähnlichen ethischen Standards, an Objektivität in unserem Weltverständnis, an Konsens über die politischen Institutionen? Brauchen wir also doch *eine* gemeinsame Welt, auf die sich wenigstens viele Menschen, wenn auch nicht alle beziehen? Man denke etwa an die Gemeinsamkeit der Demokraten, die totalitäre wie autoritäre Ideologien oder fundamentalistische Glaubensbekenntnisse ablehnen. Aber verschwimmt eine solche Gemeinsamkeit angesichts unterschiedlicher sozialer Interessen, gegensätzlicher Welt- und Menschenbilder, des Zusammenpralls der Kulturen und der zahllosen Kriege wie des Terrors nicht in utopischen Gefilden?

Diese Frage durchzieht das Werk der am 14. Oktober 1906 bei Hannover geborenen Amerikanerin jüdischer Herkunft, Hannah Arendt. Angesichts der Schrecken der finsteren Zeit, die sie überlebte, bezeichnete sie sich nicht als Deutsche, höchstens bis zu ihrer Aberkennung der deutschen Staatsangehörigkeit durch die Nazis 1937 als deutsche und danach zwangsweise als staatenlose Jüdin: im finsteren Zeitalter von Stalinismus und Nationalsozialismus, der Weltkriege, der Revolutionen und des Holocaust. Seit den letzten Jahrzehnten des 19. Jahrhunderts kochte ein Antisemitismus hoch, der es den Juden in viel schärferer Form als früherer Judenhaß verweigerte, in derselben Welt zu leben – mit apokalyptischen Konsequenzen, die auch Hannah Arendt noch nicht ahnte in einer Zeit, als die Nazis mit der Judenverfolgung erst begannen und ihnen niemand in den Arm fiel.

Mit der gemeinsamen Welt verkamen die ethischen Werte, was für Arendt nicht nur die Deutschen aller Gesellschaftsschichten mit sich riß, sondern mit dem Vormarsch nazideutscher Armeen auch viele andere europäische Gesellschaften nachhaltig beschädigte. In dieser Epoche verwirrte sich das ethische Bewußtsein vieler Menschen tiefgreifend, die offenbar Gut und Böse verwechselten, die Mord nicht mehr als solchen zu erkennen vermochten, die es nicht wunderte, wenn ihre Nachbarn verfolgt, deportiert, gequält wurden und an Lagerarbeit zugrunde gingen: Nicht erst der Holocaust, vielmehr bereits die Diskriminierung der Juden und anderer Menschen in den ersten Jahren des Nazi-Regimes wertete zentrale menschliche Werte um.

1933 schrieb der Philosoph Gabriel Marcel, der vom Judentum zum Katholizismus konvertierte und der sich ungern als Existentialisten bezeichnen ließ, ein Theaterstück mit dem programmatischen Titel: *Eine zerbrochene Welt*. Natürlich erlebten die Menschen nie ein Zeitalter paradiesischer Einheit, wühlen schwere Konflikte jede Generation auf.[1] Doch gerade in den Jahren nach dem Ersten Weltkrieg beseelte viele Menschen ein tiefes Gefühl der Zerfallenheit, das Martin Heidegger, in Marburg Lehrer von Hannah Arendt, in seinem berühmten Buch *Sein und Zeit* (1927) als Gefühl der *Uneigentlichkeit* benannt und das Hannah Arendt in ihre Sprache als *Verlassenheit* übersetzt. Sie bemerkt kurz nach dem Krieg: «Dieses grundsätzliche Gefühl der Unsicherheit war der stärkste Bundesgenosse, den Hitler zu Beginn des Krieges in Europa fand, und es wird durch die Besiegung Hitler-Deutschlands nicht einfach wieder verschwinden.» (VT 32)[2]

Nach Arendt antworteten die totalitären Systeme von Stalinismus und Nationalsozialismus just auf diese Gefühlslagen. Sehr viele Menschen versprachen sich durch ihre Unterwerfung unter solche Herrschaftsstrukturen Sicherheit und Geborgenheit. Dagegen verstärkte der Vormarsch des Totalitarismus solche Gefühle der Unsicherheit natürlich bei seinen Gegnern, besonders bei den Juden. Doch solche bedrückenden Impressionen entsprangen dem modernen Denken selbst, das die religiös-metaphysische

Herkunft des Abendlandes abstreifte, wie auch den veränderten technischen und industriellen Lebenswelten, die die Horizonte weiteten, viele Menschen aber in Armut, Unglück und elende Arbeitsbedingungen stießen.

Warum sich die Zeiten besonders verdunkelten, obgleich andere Zeiten auch ihre Schrecken und Grausamkeiten zeichnen, diese Frage verfolgt Hannah Arendt in ihrem Lebenswerk und ringt um Antworten, wie man die ‹zerbrochene Welt› wieder ein wenig lebenswerter gestalten kann. Eines liegt dabei für sie als Jüdin auf der Hand: Das Ausmaß und die kalte Grausamkeit der Verfolgung und Vernichtung des europäischen Judentums – der Nazis erklärtes und erreichtes Kriegsziel – transformierten die gängige jüdische Realität der Diskriminierung in den letzten Jahrhunderten in eine herausragende Eigenschaft der Verfolgung, die vernichten will. Als Jüdin, als eine fremde Frau gejagt zu werden – obgleich Arendt ihre geschlechtliche Diskriminierung kaum beachtet –, ab 1933 lange Jahre auf der Flucht zu leben, all das zwingt dazu, sich im Schatten, im Verborgenen zu verstecken, also *weltlos* dahinzuvegetieren, bis sich ihr in den USA wieder eine Existenz in der Welt bietet.

Doch nicht nur spürt Hannah Arendt nach dem Zweiten Weltkrieg, daß die Bedrohung durch Antisemitismus, Rassismus und Totalitarismus längst nicht vorüber ist. Noch wird es Jahre dauern, bis der Stalinismus abebbt und an seine Stelle die Bedrohung durch den Kalten Krieg tritt: Zum ersten Mal in der Geschichte vermag sich die Menschheit durch atomare Waffen selbst auszulöschen. Auch in ihrer neuen Heimat wie in der ganzen westlichen und östlichen Welt setzen sich die Tendenzen der Bürokratisierung der Politik, der Technisierung der Lebenswelt im Einklang mit einem grassierenden Konsumismus durch, die alle zusammen die Gefühle der Verlassenheit und der Sinnlosigkeit des Daseins fortschreiben. Wieweit sich der öffentliche Diskurs und die politische Freiheit als wesentliche Strukturen des republikanischen Gemeinwesens in den USA und vielen westlichen Ländern diesen destruktiven Tendenzen zu widersetzen vermögen, läßt sich auch heute noch nicht definitiv beurteilen.

Als der Erste Weltkrieg endete, war Hannah Arendt zwölf Jahre alt. Was sich als ideologischer Konflikt im 19. Jahrhundert anbahnte, transformierte sich gerade in den offenen europäischen Bürgerkrieg, den die diversen Ideologien des Sozialismus, Nationalismus, Imperialismus und Rassismus befeuerten. Die Nachkriegszeit bis zu Arendts Tod 1975 und darüber hinaus bis 1989 durchherrschte gleichfalls eine Ideologieverschworenheit, die um 1968 herum nochmals anschwoll. Diese gründet vor allem in einem modernen Geschichtsbewußtsein: Nach Marx ebnet der Klassenkampf den Weg zur sozialen Revolution. Für rassistische Sozialdarwinisten überleben nur die starken Rassen, während die schwachen als «lebensunwert» untergehen.

Doch in den letzten zwei Jahrzehnten verblassen diese Fortschrittshoffnungen zunehmend. Was kann man heute angesichts nicht allein von Auschwitz und Hiroshima, sondern auch der ökologischen Krise, der Überbevölkerung und des weltweiten Armutsgefälles noch vom historischen Prozeß erwarten? Kaum etwas Gutes! Doch selbst das wäre zuviel versprochen. Vielleicht ein blutiger Kampf ums Überleben! Dann läßt sich aus der Geschichte und den Traditionen kein Wesen des Menschen, keine Anthropologie mehr ableiten, wie es sich Liberalismus, Katholizismus, Marxismus und Rassismus vorstellen.

Verloren fühlt sich der Mensch, weil die moderne Zivilisation – so Arendts Diagnose – die traditionellen Lebensweisen, die Sitten und Gebräuche, die überlieferten Institutionen – Familie, Stand, Fürst – liquidiert oder wie Religion und Kirchen aushöhlt. In der Tat versteht sich heute der Zeitgeist als posttraditional und bedauert diesen Verlust, der sich für Arendt erheblich dramatischer auswächst, nur noch en passant. Genau dieser *Riß* zwischen den Zeitgenossen und der Tradition provoziert das Gefühl der Verlassenheit, was der Nationalsozialismus noch katastrophal und massenmörderisch verstärkte und was bis heute den Bezug zur deutschen Geschichte trübt, wenn es ihn nicht gar völlig unterbricht – eine Erfahrung, die das Judentum in viel verheerenderer und weitreichenderer Weise erlitt. Hannah Arendt schreibt 1957: «Mit dem Verlust der Tradition haben wir den Ariadnefaden verloren, der uns durch die ungeheuren Reiche der Vergangenheit sicher geleitete, der sich aber auch als die Kette erweisen könnte, an die jede Generation neu gelegt wurde und durch die ihr die Vergangenheit in einem im vorhinein vorgezeichneten Aspekt erschien.» (ZV 161)[3]

Solange es eine gemeinsame Tradition gab, verband die Menschen untereinander wie auch mit den angrenzenden Generationen ein übergreifendes Weltverständnis, auf das sich nicht nur jeder berufen konnte, um von anderen verstanden zu werden. Es bot jedem auch praktische Lebens- und Orientierungshilfe, erklärte die Welt und gab schnell ein, wie man sich in beliebiger Lebenslage geschickt verhielt. Diese gemeinsame, die Menschen verbindende Fähigkeit heißt *gesunder Menschenverstand*, im Englischen *common sense*. Nicht von ungefähr büßte der deutsche gesunde Menschenverstand mehr an Renommee ein als der englische *common sense*. Gerade die Unterscheidung ‹gesund-krank-entartet› prägte die nationalsozialistische Biopolitik und macht das Wort «gesund» seither verdächtig.

Für Arendt entsprechen daher die Regeln des gesunden Menschenverstandes der Wirklichkeit heute nicht mehr, sowenig wie sie im Bewußtsein der Zeitgenossen noch die gesellschaftlichen Entwicklungen spiegeln, die sich vielmehr unüberschaubar und komplex verlaufen. Statt dessen fügen die Einsichten der Wissenschaftler, Techniker, Manager und nicht zuletzt der Touristen die globalisierte Welt zusammen, deren Regeln man Gebrauchsanweisungen, Handbüchern, Gesetzessammlungen und Reiseempfehlungen entnimmt, nicht mehr wie in der ersten Hälfte des 20. Jahrhunderts vornehmlich Weltbildern und Ideologien.

Diese unterwanderten nach Arendt damals zusammen mit der Logik die Rolle des gesunden Menschenverstandes. Schematismen und formale Regeln ersetzten «in einer völlig durcheinander geratenen Welt» (ZV 117) den gesunden Menschenverstand, der sich an deren Unübersichtlichkeit vergebens abarbeitete. Statt dessen fragte man, ob etwas logisch ist, was Lenin dazu schreibt oder was der Obernazi dazu sagen würde, wenn er davon wüßte. Danach, was sich nach sachlicher Prüfung als wahr erweist, was ohne alles Interesse moralisch anmutet oder wie Mitmenschen mit einem ideologisch unverdrehten Menschenverstand reagieren, fragten Arendts Zeitgenossen nur selten.

Daß *Logik* und *Ideologie* die Welt besser erklären als der gesunde Menschenverstand, erschien vielen damals so evident, daß sie die darin siedelnde Blindheit völlig übersahen. Dergleichen vermeintlich besondere Klugheit bezeichnet Arendt als allgemein verbreitete Dummheit. Aber selbst wenn uns heute Arendts Kritik beinahe banal klingt, haben wir deshalb diese Dummheit noch längst nicht überwunden. In der rissig gewordenen Welt entlarvt sich die Dummheit nicht mehr ohne weiteres, sowenig wie sich die Klugheit augenscheinlich nachweist.

Wenn sich die Einheit der Welt nicht mehr im gesunden Menschenverstand spiegelt, dann verwirrt sich letztlich generell, was wir in einer solchen Welt für wahr oder falsch halten, läßt sich das, was ist, eben nicht mehr einfach sagen, ohne daß von vielen Seiten sofort widersprochen wird. Bereits für Nietzsche verfällt die wahre Welt zur bloßen Fabel, kann man Wahrheit und Lüge nicht mehr auseinanderhalten, reduziert sich die Wahrheit auf eine bloße Metapher. Seither breitet sich das postmoderne Bewußtsein aus, daß es keine Wahrheit mehr gibt, eine Sachlage, die Hannah Arendt bedrängt, der sie sich nicht beugen will – wohl wissend, daß sich ein Widerspruch gegen diese Behauptung nur schwer begründen läßt.

Arendt unterscheidet im Anschluß an Leibniz *Vernunftwahrheiten* der Mathematik und der Logik von den *Tatsachenwahrheiten*. Vernunftwahrheiten lassen sich nicht so leicht politisch, ideologisch oder religiös umgehen oder unterdrücken wie Tatsachenwahrheiten: Leo Trotzki, der Begründer der Roten Armee, der den russischen Bürgerkrieg nach der Oktoberrevolution erfolgreich durchkämpfte, kam in den sowjetischen Geschichtsbüchern nicht vor, nachdem ihn Stalin ausgeschaltet hatte. Tatsachenwahrheiten müssen überhaupt bemerkt und bezeugt werden. Nur dann gewinnen sie den Charakter einer historischen Wahrheit. Doch jedermann weiß, wie leicht sich Zeugen täuschen und wie schnell sie vieles vergessen. Etwas unter Eid auszusagen liefert zwar eine Art Beweis. Doch nicht nur in der Politik kennt man das häufige Phänomen, daß eine Tatsache schlicht bestritten wird und daß plötzlich Zeugen auftreten, die das Gegenteil behaupten, seien diese nun gekauft, ideologisch verblendet oder bloß im Irrtum.

Muß man also die postmoderne These vom Ende der Wahrheit akzeptieren? Gleichwohl stellt sich im Hinblick auf Tatsachen immer wieder die Frage: Ist das wahr? Ist das Tatsache? In einem Vortrag «Wahrheit und Politik», den man mit anderen zusammen auf Tonbandcassette erwerben kann[4], bemerkt Arendt 1969: «Am Ende der zwanziger Jahre (...) wurde Clemenceau von einem Vertreter der Weimarer Republik gefragt, was künftige Historiker wohl über die damals sehr aktuelle und strittige Kriegsschuldfrage denken werden. ‹Das weiß ich nicht›, soll Clemenceau geantwortet haben, ‹aber eine Sache ist sicher, sie werden nicht sagen: Belgien fiel in Deutschland ein.›» (ZV 339)

Obwohl die Tatsachenwahrheit gesehen, beschrieben, somit bekundet und überliefert werden muß, obwohl die Zeugen ihre eigenen Vorstellungen daruntermischen und obwohl am Ende philosophisch nie gesichert werden kann, daß ein Satz wirklich den Sachverhalt richtig wiedergibt und in diesem Sinne auch verstanden wird: an Tatsachenwahrheiten kommt man weder in der Politik noch in der Gesellschaft vorbei. Wer die ‹zerbrochene Welt› regenerieren will, der muß sich intensiv darum streiten, was man als Tatsachen anerkennen sollte und was nicht. Wir können Tatsachen angesichts ihrer schwierigen Beweislage nicht einfach als illusionär verwerfen.

Obgleich so manche Zeitgenossen spätestens seit Nietzsche recht erfolgreich die Wahrheit als solche dementieren, bleibt dieser Streit eher akademisch. Im Alltag der Menschen spielt die Wahrheitsfrage kaum eine Rolle. Hier spüren viele statt dessen in ihrem Leben einen *Verlust von Sinn*, der für Arendt die ‹zerbrochene Welt› mit ihrem Niedergang an Traditionen signalisiert. Max Weber begreift den zivilisatorischen Fortschritt als einen Prozeß der Entzauberung: Wo einst das Spiel der Götter die Welt vor sich hertrieb, dort prognostizieren heute nüchterne Zahlen und hochkomplexe Computersimulationen die Klimaentwicklung. Doch anstatt an Zauber verliert die Welt für Arendt vornehmlich an Sinn, genauer: an allgemeiner übergreifender Bedeutung. Der moderne Mensch lebt zunehmend individualisiert und vereinzelt und vermag keinen Bezug mehr zu einem umfassenden Lebenssinn oder einem allgemeinen Wesen des Menschen herzustellen.

Wie aber vergewissert man sich im diesseitigen Alltag des Sinns in seinem Leben? Die umgreifenden wissenschaftlichen Zusammenhänge präsentieren ein wüstes Universum voller gigantischer Explosionen und schwarzer Löcher, die sich jedem Zugriff der Vorstellungskraft entwinden. Ein nüchterner, jeden Zauber wegwischender Zufall durchherrscht vor solchem Hintergrund alles Leben.

Kontingenz und Sinnlosigkeit der menschlichen Existenz boten den Zeitgenossen um Hannah Arendt eine neue, gleichwohl zutiefst problematische Perspektive. Arendt beruft sich auf den Dichter René Char, der unter der deutschen Besatzung im französischen Widerstand kämpfte. Ähnlich wie für Jean-Paul Sartre hob das Unterdrückungsregime die Freiheit des einzelnen nicht etwa auf, sondern – so Char – schob ihm vielmehr ein unerwartetes, schier nicht zu ertragendes Maß an Freiheit zu. Im ganzen Land entstanden Inseln des Widerstandes, in denen sich die Kämpfer auf sich selbst zurückgeworfen fühlten und ihre Taten eigenständig planen, ihre Ideen frei entwerfen mußten. Das Handeln aus sich selbst heraus, für das der einzelne die volle Verantwortung trug, die er schlimmstenfalls mit dem Leben bezahlte, gewann eine schöpferische Dimension, entfaltete sich in diesem Handeln so etwas wie eine weitreichende Freiheit. Arendt schreibt: «In dieser unheilvollen Lage schien das Handeln mit seiner Interessiertheit und Festlegung, seinem ‹engagé›-Sein Hoffnung anzubieten – nicht auf die Lösung von Problemen, sondern darauf, mit ihnen zu leben, ohne, wie Sartre gesagt hat, ein ‹salaud›, ein Heuchler, zu werden.» (ZV 12)

Dieser Lage, die das Engagement des einzelnen verlangte, entsprang in Frankreich der Existentialismus, der sich vor allem mit Simone de Beauvoir, Albert Camus und Sartre verbindet. Obgleich sich Hannah Arendt selber dem Existentialismus annäherte, liebäugelte sie mehr mit den deutschen Spielarten, die Heidegger und Jaspers vertreten, als mit der politisch engagierteren französischen Richtung. Doch beide existentialistischen Strömungen eint die Ausgangslage, die Gabriel Marcel in das Wort von der ‹zerbrochenen Welt› faßt, welche die Menschen auf sich selbst zurückwirft und sie somit freisetzt. Eine solche Situation schreibt dem Menschen nicht mehr vor, was er tun soll, verleiht ihm kein Wesen mehr. Er lebt nicht in einer von Gott erlassenen, somit schier objektiven Ordnung, der er sich möglichst perfekt anzupassen trachtet.

Wenn sich indes alle Ordnungen eher als Erfindungen und Konstruktionen des menschlichen Geistes entlarven, muß der Mensch seine Existenz selber gestalten, sich sein Wesen selber schaffen, geht nach Sartres berühmtem Diktum die Existenz der Essenz voraus, was den einzelnen – und das sieht Arendt ähnlich – zur Freiheit verurteilt.[5] Zu solchen Konzepten kam der französische Existentialismus vor allem durch die verzweifelte Lage unter der nazideutschen Vorherrschaft in Europa. Doch bereits Nietzsche hatte vor dem Hintergrund der modernen Kulturentwicklung mit seinem berühmten und zu Unrecht berüchtigten Wort vom Tode Gottes[6] formuliert, daß es seit Reformation und Aufklärung keine gemeinsamen obersten ethischen Werte mehr gibt – eine kühle Diagnose, mehr nicht. Keine Instanz, auch nicht die Vernunft, garantiert noch solche Werte. Durch die alten metaphysischen Fragen gewinnt man sie ebenfalls nicht mehr zurück.

Was die großen Totalitarismen mit ihrer Biopolitik zwischen Konzentrationslagern, Schlachtfeldern, Gebärzwängen und Abtreibungsangeboten erprobten, nämlich den Menschen als wesenlose Oberfläche mit einem neuen Programm, einer neuen Software auszurüsten, das setzen heute besonders Embryonenforschung und Gentechnologie auf anderer Ebene fort. Auch wenn sie zunächst eher die Oberfläche des Menschen verändern, sein Äußeres wie seine Gesundheit – beinahe neigt man dazu, von Benutzeroberfläche zu sprechen –, so werden solche Veränderungen am Ende auch auf die Programmiersprache, auf Seele, Psyche und Unbewußtes zurückschlagen.

Derart konstruiert sich für Arendt der moderne Mensch eine Welt, in der sein *Denken* nicht nur seine Traditionen auflöst, in der es vielmehr nicht mehr richtig funktioniert. Das Denken kann keine sinnvollen Fragen mehr formulieren, geschweige denn die Probleme der Menschen lösen. Die existentialistische Freiheit eines Sartre interpretiert Arendt als solipsistisch und als individualistisch, womit sie aber wie viele Zeitgenossen Sartre nicht gerecht wird. Trotzdem avanciert für sie die *Freiheit* zum großen politischen Thema, das sie dem zeitgenössischen sozialen Denken entgegensetzt. In der Freiheit realisiert sich der Sinn alles Politischen, der sich nicht darauf reduzieren darf, Wohlstand zu gewährleisten.

Denn daß sich Freiheit nicht privat, sondern politisch und doch individuell entfaltet, daran hält Hannah Arendt gegen viele zeitgenössische politische Denker fest und wirkt dabei für manche anachronistisch, rückwärtsgewandt oder utopisch. Für Arendt – und das ist ihr pluralistisches Bekenntnis – geht es nicht um die Einheit. Sie konstatiert Anfang der siebziger Jahre: «Die Mehrzahl ist das Gesetz der Erde.» (GD 29)[7] Weder in nationalstaatlicher oder klassenkämpferischer Einheit noch in der rechtsstaatlichen Gleichheit der Bürger erschöpft sich die Freiheit, die für Arendt keineswegs bedeutet, einsam tun und lassen zu können, wozu Lust einen gerade antreibt. *Freiheit* heißt vielmehr, mit anderen gemeinsam *eine* Welt aufzubauen, dazu politisch die entsprechenden Rechte wie Möglichkeiten zu haben, die öffentliche Kommunikation und gemeinsames Handeln erlauben.

Doch das Recht zu solchen Rechten – also die politische Freiheit – erweist sich keineswegs als weltweit gleichmäßig verteilt – man denke heute an die Armutsmigration und das Asylrecht. Arendt antizipiert 1951 in ihrem politiktheoretischen Hauptwerk *Elemente und Ursprünge totaler Herrschaft*, mit dem sie die Totalitarismustheorie begründet, bereits die Globalisierung. Damals stellt diese als imperialistischer Kampf um Kolonien und die Weltherrschaft zwar einen planetarischen Zusammenhang her, verstellt aber dadurch die Chance auf *eine* gemeinsame Welt. Denn sie schließt viele Menschen aus, billigt diesen keine Rechte und keine politische Freiheit zu. Arendt schreibt: «Daß es so etwas gibt wie ein Recht, Rechte zu haben – und dies ist gleichbedeutend damit, in einem Beziehungssystem zu leben, in dem man aufgrund von Handlungen und Meinungen beurteilt wird –, wissen wir erst, seitdem Millionen von Menschen aufgetaucht sind, die dieses Recht verloren haben und zufolge der neuen globalen Organisation der Welt nicht imstande sind, es wiederzugewinnen. Dieses Übel hat so wenig etwas mit den uns aus der Geschichte bekannten Übeln von Unterdrückung, Tyrannei oder Barbarei zu tun (und widersteht daher auch allen humanitären Heilungsmethoden), daß es sogar nur möglich war, weil es keinen ‹unzivilisierten› Flecken Erde mehr gibt, weil wir, ob wir wollen oder nicht, in der Tat in ‹einer Welt› leben.» (TH 614)[8]

Schon der frühe Globalisierungsprozeß mündet nach Arendt in die Einsicht, daß sich die gesamte Menschheit zumindest auf demselben, zwischenzeitlich völlig aufgeteilten Planeten befindet, den man eigentlich nicht in erste, zweite, dritte Welt unterteilen kann. Doch weniger die Globalisierung selbst, vielmehr deren grausame Schattenseiten von Flüchtlingsdramen oder Katastrophen, die weltweit kommuniziert werden, bringen diese Welt heute ins Bewußtsein der Öffentlichkeit, lassen so etwas wie eine Weltöffentlichkeit entstehen. Beim Staatsakt im Deutschen Bundestag anläßlich der südasiatischen Tsunami-Katastrophe sagte Bundespräsident Horst Köhler: «Wir haben mit der Flutkatastrophe in Südostasien begriffen: Wir alle gehören zusammen, wir leben in einer Welt. (...) Wichtig erscheint mir vor allem das Ergebnis – das tätige Zusammenstehen der Menschen aus allen Nationen. Wir sehen unsere Welt neu, wir entdecken Partnerschaften mit entfernten Regionen, und wir schöpfen so neue Kraft zum Handeln.»[9]

Kitteten die Katastrophen vom 26. Dezember 2004 und vom 11. September 2001 die Risse in *einer* gemeinsamen Welt? Dem Einwand, daß Arendts Rede von *einer* Welt und diejenige Köhlers verschiedene Welten meinen, trifft keinen allzu wichtigen Unterschied. Wahrscheinlich denkt Köhler dabei etwas materialistischer an den Planeten, den die Flugzeuge umrunden, während sich Arendts *Weltbegriff* nicht darauf beschränkt, sondern an Martin Heideggers *Sein und Zeit* anschließt.

Heidegger bezeichnet den Menschen als das einzige Welt-bildende Wesen, das *in-der-Welt* lebt, in der ihn die Dinge und andere Menschen umgeben, auf die sich seine Mühen und seine Sorgen richten. Welt umfaßt für Heidegger alle Angelegenheiten der Um- und der Mitwelt. Hier besorgt der Mensch nicht nur die Gegenstände, die er selbst zum Leben braucht und denen er sich in gewisser Hinsicht auch anpassen muß. Die Welt teilt er mit anderen Menschen. Doch eine lärmende anonyme Öffentlichkeit und ein permanentes sinnloses Gerede entfremden heute den Menschen von einem authentischen Leben. Heidegger formuliert eine Kritik an der modernen Gesellschaft, der nicht wenige folgen: «Abständigkeit, Durchschnittlichkeit, Einebnung konstituieren als Seinsweisen des Man das, was wir als die ‹Öffentlichkeit› kennen. Sie regelt zunächst alle Welt- und Daseinsauslegung und behält in allem Recht. (…) Die Öffentlichkeit verdunkelt alles und gibt das so Verdeckte als das Bekannte und jedem Zugängliche aus.» (SuZ 127)[10]

Mit ‹Man› umschreibt Heidegger das leere Gerede der Menge, dem es an jeder Besinnlichkeit und jedem Nachdenken über die wichtigen Probleme des Lebens wie Tod, Vergänglichkeit, Endlichkeit mangelt. Daher verkommt in der politischen Auseinandersetzung der Interessen jede öffentliche Kommunikation. Den Bauern hingegen vereinigen bearbeitete Scholle und die sittlichen Traditionen mit der natürlichen Umwelt und der familiären wie nachbarschaftlichen Mitwelt, was für Heidegger *die Welt* entstehen läßt.

Hannah Arendt studierte 1924 und 1925 in Marburg bei Nicolai Hartmann, Rudolf Bultmann und Heidegger, dessen Aristoteles-Vorlesungen sie in diesen Jahren tief beeindruckten. In ihnen skizziert Heidegger Gedanken und Konzeptionen, die später in *Sein und Zeit* eingehen. Die neunzehnjährige Studentin war in dieser Zeit die Geliebte des etwa 35 Jahre alten Extraordinarius, dessen Ruhm als Lehrender ihm bereits vorauseilte, noch bevor er mit *Sein und Zeit* wohl eines der wirkungsmächtigsten Bücher des 20. Jahrhunderts schrieb, dessen Programm er indes nicht vollendete, von dem er sich später sogar abkehrte. Hannah Arendt wechselte 1925 nach Freiburg, um ihr Studium bei Edmund Husserl fortzusetzen, dem ähnlich wirkungsmächtigen Begründer der modernen Phänomenologie.

Arendt greift auf Heideggers Welt-Begriff zurück, den sie indes in der Perspektive der Mitwelt zur *Pluralität* der Menschen öffnet, so daß Politik und Öffentlichkeit keinen bloß entfremdenden, sondern einen Welt überhaupt erst konstituierenden Charakter gewinnen. Denn Welt entsteht für Arendt nicht im Bezug zu den Gegenständen, sondern primär in der Begegnung und *im Gespräch* mit anderen Menschen. Doch nicht das private und intime Gespräch, das sich um die persönlichen und somit privaten Angelegenheiten kümmert, stellt die Welt her, sondern die *politische Kommunikation*, die sich an den gemeinsamen, den *öffentlichen Angelegenheiten* abarbeitet. Wenn unterschiedliche Auffassungen öffentlich aufeinanderprallen, ergibt sich eine Distanz zwischen den Beteiligten, ein *Zwischenraum*, der nicht existiert, wenn alle dieselbe Meinung vertreten – etwa in totalitären Systemen. Just diesem kommunikativen Zwischenraum auf der Grundlage der Pluralität, der Unterschiede zwischen den Menschen entspringt mit der Öffentlichkeit und der Politik *eine* gemeinsame Welt. Gemeinsamkeit folgt also aus den Differenzen zwischen den Menschen, nicht aus der Einheit, wenn alle dasselbe sagen.

Der beschränkte Planet, den sich die Menschheit teilen muß und der in Horst Köhlers Rede mitschwingt, kommt hier offenbar nicht vor. Welt beschränkt sich weder bei Heidegger noch bei Arendt auf die Welt im Sinne der Erde. Doch wenn die Zeitgenossen nach Köhler neue Partnerschaften auch mit entfernten Regionen entdecken, wenn sie gemeinsam handeln, wenn sie überhaupt aus dem Blickwinkel *einer* gemeinsamen Welt miteinander das Gespräch suchen, dann ähnelt das durchaus dem Verständnis Hannah Arendts: Welt entsteht in einem öffentlichen Raum, in dem Bürger sich einmischen, gemeinsame Probleme diskutieren und an Entscheidungen teilnehmen, die diese Schwierigkeiten überwinden könnten. Gibt es eine andere Welt als die politische, die demokratische Partizipation verlangt? Diese bleibt nicht nur in den Demokratien im beginnenden 21. Jahrhundert unterentwickelt; sie beginnt sich auch auf der internationalen Ebene gerade erst sehr langsam auszubreiten – man denke an Greenpeace, an die globalisierten Globalisierungsgegner, an die internationalen Hilfsorganisationen oder an Hans Küngs *Projekt Weltethos* der Weltreligionen.

Arendts Weltverständnis trifft sich daher durchaus mit den ständigen Klagen von Politikern, Journalisten und Lehrern über die grassierende Politikverdrossenheit. Nachvollziehen läßt sich ein Abschied von der Politik aus sehr gegensätzlichen Perspektiven. Die totalitäre Verhältnisse unterdrücken die Menschen so grausam, der Widerstand dagegen erscheint offenbar so aussichtslos, daß viele nur noch in der Flucht in die innere Emigration eine Lebensmöglichkeit sehen. Oder die politischen Institutionen funktionieren zumindest so weit zur teilweisen Zufriedenheit, daß sich der Aufwand, diese zu verbessern, nicht lohnt. Doch aus welchen Motiven auch immer die Menschen sich von der Politik zurückziehen, für Hannah Arendt verliert sich damit die Welt selbst. Mögen die Zeitgenossen die Freiheit von der Politik als eine Art Grundfreiheit oder ein Grundrecht begreifen, wenn sie sich in die Politik nicht einmischen, landen sie unweigerlich im beschränkten Raum, genauer: im Dunkel der Privatheit.

Nun gesteht Hannah Arendt durchaus ein, daß man in der Geschichte Zeiten stabiler Welten eher selten antrifft. Als Vorbild nimmt sie – und das kritisiert man auch gerne als Nostalgie – das antike Athen des 5. Jahrhunderts v. Chr., das perikleische Zeitalter. Die Athener Bürger kümmerten sich gemeinsam um die Angelegenheiten ihrer Polis, diskutierten sie auf dem Marktplatz, in der Volksversammlung oder in den Schulen der Philosophen. Derart waren sie frei – auch frei von lebenserhaltender Arbeit, die Frauen und Sklaven für sie erledigten – und schufen *eine* gemeinsame Welt. Wenn die Bürger aber von der Politik höchstens Rücksicht auf ihre Privatinteressen und den Schutz ihrer ökonomischen Vorteile fordern, drohen für Arendt insofern finstere Zeiten, als in diesen sich die Welt bis zum Verlust ihrer selbst verdunkelt. Akzeptabel erscheint Arendt ein Rückzug von der Politik nur unter folgenden Bedingungen, die sie 1959 erläutert: «Die Weltflucht in den finsteren Zeiten der Ohnmacht ist immer zu rechtfertigen, solange die Wirklichkeit nicht ignoriert wird, sondern als das, wovor man flieht, in der ständigen Präsenz gehalten wird.» (FZ 38)[11]

Dabei zeigt sich die moderne Welt für Hannah Arendt überhaupt als vergänglicher und unsicherer denn die antike und als gar nicht vergleichbar mit der mittelalterlichen. Vor allem totalitäre Ideologien, die die Kommunikation unter den Bürgern sowie deren Partizipation an politischen Entscheidungen dezidiert unterbinden, gefährden die Welt. Denn sie zerstören den öffentlichen Raum, den Zwischenraum zwischen den Bürgern, und geraten dadurch in eine fatale Weltlosigkeit. Während Theoretiker wie der Jurist Carl Schmitt dem modernen demokratischen Staat die Politikfähigkeit absprechen, darin einen Niedergang des Politischen beklagen – eine Kritik, die sich zu der Hannah Arendts in gewissem Maße parallelisieren läßt –, hält sie das kommunistische System Stalins und das nationalsozialistische schlicht für unpolitisch. Politik bedeutet nicht nur, die Entscheidungsfreudigkeit der Institutionen zu erhöhen, also eine vermeintliche Handlungskompetenz zu verbessern, die auf klar beabsichtigte Wirkungen zielt. Politik heißt auch, durch Kommunikation im öffentlichen Raum *eine* gemeinsame Welt der Bürger entstehen zu lassen, an der nicht alle teilnehmen müssen, an der aber alle teilnehmen können. Politik beruht also für Hannah Arendt nicht auf dem Ausschluß bestimmter Rassen, Klassen oder Gruppen, auf einem Freund-Feind-Denken, mit dem Carl Schmitt das Wesen des Politischen bestimmt.

Wen soll es dann verwundern, wenn der Weltverlust in der Moderne so weit reicht, daß die Menschen seit Nietzsche nicht einmal mehr sicher wissen, ob es so etwas wie Welt überhaupt gibt, ob *eine* wahre Welt existiert oder ob sich mehrere Welten nebeneinander tummeln? Die Moderne kann man mit der Säkularisierung des 18. Jahrhunderts beginnen lassen. Wenn die Kirchen sukzessive entmachtet und vom Staat getrennt werden, wenn die Religion ihre offizielle Bedeutung einbüßt, wenn man also den Glauben an ein jenseitiges Heil oder einen jenseitigen Gott weitgehend in die Privatheit verbannt, dann täuscht die Moderne einen massiven Prozeß der Verweltlichung vor. Denn deswegen kommen die Menschen noch lange nicht in der Welt an, schaffen sich kein irdisches Leben, das sie von einer jenseitigen Orientierung befreien würde. Sie verlieren nur die Hilfe des Glaubens, sehen sich auf sich selbst zurückgeworfen; ihnen stehen höchstens die diversen Ideologien zur Seite, die keine Orientierungshilfe in der Welt mehr leisten, weil sie selber unter der Weltlosigkeit leiden. Hannah Arendt konstatiert in *Vita activa*, das viele als ihr Hauptwerk betrachten: «Die Weltlosigkeit, die mit der Neuzeit einsetzt, ist in der Tat ohnegleichen.» (VA 408)[12]

Könnte man diese Weltlosigkeit überwinden? Wie kann *eine* gemeinsame Welt der öffentlichen Kommunikation zwischen den Bürgern entstehen?

1. Kapitel
Zwischen Judenhaß und Antisemitismus

Leben wir wirklich in einer ‹zerbrochenen Welt› bzw. unter Bedingungen weitgehender Weltlosigkeit? Was Hannah Arendt zu einer solchen These motivierte, liegt auf der Hand. Sie verbrachte ihre Kindheit und Jugend im ostpreußischen Königsberg in einer aufgeklärten jüdischen Familie. Nachdem ihr Vater bereits 1913 starb, stand sie während ihrer Schulzeit allein unter der Obhut ihrer Mutter, der sie berichten sollte, wenn sich ein Lehrer antisemitisch äußerte. Die junge Hannah verließ dann sofort den Unterricht und ihre Mutter schrieb eine ihrer zahllosen Beschwerden an die Schulbehörde. Wenn allerdings andere Kinder sie als Jüdin hänselten, mußte sie sich – das verlangte ihre Mutter – selber dagegen wehren. Darüber durfte sie sich zuhause nicht beschweren.

In den Jahren um den Ersten Weltkrieg breitete sich ein rücksichtsloser und aggressiver Antisemitismus aus. Ein Junglehrer beleidigte die Fünfzehnjährige dermaßen – über den Inhalt verlor sie nie ein Wort –, daß sie ihre Mitschüler zu einem Boykott dieses Lehrers überredete. Daraufhin wurde sie vom Gymnasium verwiesen. Doch sie erhielt die Genehmigung, das Abitur als Externe abzulegen, was ihr bereits 1924, ein Jahr vor ihrem Abiturjahrgang, gelang. In der Zwischenzeit wohnte sie eine Weile in Berlin, betreut von Verwandten und Freunden der Familie, aber allein in einer Studentenbude, ging an die Universität und hörte dort Vorlesungen in Griechisch, Latein und christlicher Theologie bei Romano Guardini, einem der bedeutendsten katholischen Theologen der ersten Hälfte des 20. Jahrhunderts.

Sie erlebte also Berlin in den aufregenden frühen zwanziger Jahren, als die junge Weimarer Republik von einer Krise in die nächste taumelte und die derangierten und verrohten Weltkriegssoldaten die soziale wie politische Atmosphäre vergifteten. Entweder hatten sie nichts anderes als das Kriegshandwerk gelernt oder in den Stahlgewittern des Weltkriegs ihre friedlichen Fähigkeiten verloren, so daß sie dringend nach neuer gewaltsamer Betätigung trachteten. Der Antisemitismus, den seit den letzten Dekaden des 19. Jahrhunderts eine rassistische Ideologie befeuerte, kam vielen daher sehr gelegen.

Womit setzt man sich als Jüdin angesichts solch grassierenden Antisemitismus auseinander, wenn man 1928 seine Promotion bei Karl Jaspers in Heidelberg abgeschlossen hat? Natürlich mit der Geschichte des Judentums und mit dem darein verwobenen Antisemitismus, obwohl Arendt selbst kein enges religiöses Verhältnis zum jüdischen Glauben pflegte, sie sich vielmehr als aufgeklärt verstand. Daran änderte auch wenig, daß ihre akademischen Lehrer – vor allem Bultmann, Heidegger, Jaspers – entweder Theologen oder theologisch interessierte Philosophen waren.

Der *Antisemitismus*, der im Nationalsozialismus seinen Höhepunkt erreichte, entstand nach Arendt erst im letzten Drittel des 19. Jahrhunderts, als sich der Imperialismus der europäischen Mächte zum berühmten *Scramble for Africa* steigerte: zum kolonialen Sturm auf die angeblich letzten weißen Flecken auf der afrikanischen Landkarte. Diese Prozesse begleitete ein *Rassismus*, der sich auf einen fehlinterpretierten Darwinismus berief. Indem sich der Antisemitismus ebenfalls biologischer Argumente bediente, verschärfte er den Konflikt ungemein. Mit scheinbar wissenschaftlichen Argumenten, die das 19. Jahrhundert in seiner naiven Wissenschaftsgläubigkeit besonders liebte, wurden die Juden brutal und gemein disqualifiziert, avancierte Jude-Sein zu einem unauslöschbaren Makel. Hannah Arendt schreibt in *Elemente und Ursprünge totaler Herrschaft*, dessen erstes Drittel dem Antisemitismus gewidmet ist: «Es war alles auf dem besten Wege zu jenem uns so bekannten Zustand, da es ein größerer Makel ist, von einem Juden gezeugt, als von einer Hure geboren zu werden.» (TH 198)

Der Rassismus unterscheidet den Antisemitismus vom früheren *Judenhaß*, der primär der wechselseitigen Feindschaft sich bekämpfender Religionsgemeinschaften entsprang. Nicht etwa, daß man Glaubenskriege weniger verbittert und weniger grausam führte. Doch in einem Religionskrieg besteht immer die Möglichkeit der Bekehrung bzw. der Konversion wie auch der Versöhnung. Der rassistische Antisemitismus hingegen schließt beide Optionen aus, indem er nicht nur eine blutige, sondern eine blutrünstige Differenz in der Qualität der Rassen unterstellt, die sich – so die falsche Deduktion aus dem Darwinismus – in einen unvermeidbaren Überlebenskampf verwickeln, in dem man entweder siegt oder untergeht. Man darf bezweifeln, daß die einschlägig religiösen Argumente des alten Judenhasses – man denke vor allem an den Vorwurf des Gottesmordes – im Antisemitismus noch eine große Rolle spielten.

Hannah Arendt wuchs selbst in einer Familie assimilierter Juden auf, von denen viele glaubten, daß Säkularisierung, Aufklärung und Emanzipation dem Judenhaß längst seine Grundlagen entzogen hätten. Die Säkularisierung drängte im 18. Jahrhundert den kirchlichen Einfluß auf die Politik zurück und schien damit religiöse Konflikte zu entschärfen. Die Aufklärung propagierte die Menschenrechte, die allen Menschen gleichermaßen zustünden und somit auch die Juden auf dieselbe humane Ebene erhoben. Die Emanzipation der Juden verlieh diesen im Laufe des 19. Jahrhunderts weitgehend gleiche Bürgerrechte, die man ihnen zuvor verwehrt hatte. Doch eine annähernde faktische Gleichberechtigung erreichten Juden und – man vergesse nicht – die Frauen erst in der Weimarer Republik.

Umgekehrt entwickelten die assimilierten Juden zumeist ein aufgeklärtes Religionsverständnis, das den Einfluß des Glaubens auf die alltäglichen Lebensregeln weitgehend verdrängt und häufig zum Atheismus neigt. Assimilierte Juden hatten in der Regel ökonomischen Erfolg, lebten in der Stadt und nicht wie ihre armen Verwandten auf dem Land, war es doch den Juden bis zum 18. Jahrhundert sehr häufig überhaupt verboten, sich in den Städten niederzulassen. So entstanden im Zuge der Assimilation auch Spannungen zwischen den verschiedenen jüdischen Gruppen, vor allem zwischen den assimilierten und den nicht-assimilierten.

Für erstere lag es nahe, sich zunehmend in ihr jeweiliges Heimatland integriert zu fühlen. Doch Arendt bemerkt in ihrem Aufsatz über die Jüdin *Rosa Luxemburg*, zu der sie eine gewisse Seelenverwandtschaft sah: «Während die Selbsttäuschung der assimilierten Juden gewöhnlich in dem Irrtum bestand, sich für ebenso deutsch wie die Deutschen, ebenso französisch wie die Franzosen zu halten, lag die Selbsttäuschung der intellektuellen Juden in dem Glauben, daß sie kein ‹Vaterland› hatten, (...)». (FZ 59)

Auch Arendt ist sowenig Deutsche wie eine deutschsprachige Schweizerin. Allein Heinrich Heine, der die letzten Jahrzehnte seines Lebens in Paris verbrachte und dessen Schriften in Deutschland zeitweise verboten waren, konnte sich nach Arendt berechtigterweise und aus seinem eigenen Selbstverständnis heraus zugleich als Jude und als Deutscher bezeichnen. So drängt sich Arendt auf, Nietzsche zu loben, der am treffendsten über Juden urteile, wenn er feststellt, daß «ihr Vaterland in Wahrheit Europa war» (FZ 59). Doch die Vernichtung des europäischen Judentums verhinderte, daß die Juden nicht nur zu den ersten Bürgern Europas zählten, sondern auch für ein geeintes Europa eine Vorreiterrolle übernahmen. In Arendts Totalitarismus-Studie heißt es: «und schließlich Friedrich Nietzsche, dessen so vielfach mißverstandene Bemerkungen zur Judenfrage durchweg der Sorge um das ‹gute Europäertum› entspringen und dessen Einschätzung der Juden im Geistesleben seiner Zeit daher so erstaunlich gerecht ist, frei von Ressentiment, Schwärmerei und billigem Philosemitismus.» (TH 72)

Wie reagiert Arendt als 24-jährige auf den Antisemitismus, der ihr die Luft zum Atmen nimmt bzw. die Welt raubt? Sie fragt nach der *Geschichte des Judentums*, nach der Geschichte des Judenhasses; wie Frauen darunter leiden, obwohl für sie selbst das Problem der Geschlechterdifferenz keine bedeutende Rolle spielt. In den Jahren des ‹aufhaltsamen Aufstiegs des Arturo Ui› (Bertolt Brecht), als die gewalttätigen Nazi-Hilfstruppen den Terror gegen jüdische Bürger ständig verstärkten, arbeitet Arendt an einem Manuskript über *Rahel Varnhagen – Lebensgeschichte einer deutschen Jüdin aus der Romantik*. Elf Kapitel verfaßt sie, bis die Nazis die Regierung übernehmen. Das Manuskript bleibt in ihrem Pariser Exil zunächst liegen, wie überhaupt ihre gerade spärlich angefangene Schriftstellerei erlahmt. Erst 1938 schreibt sie das Manuskript mit den letzten zwei Kapiteln fertig. Erscheinen wird das Buch zwanzig Jahre später, 1958, und – wie es nun der Geschichte entsprach – zuerst in englischer Übersetzung und ein Jahr später im deutschen Original: Beleg dafür, daß die Deutschen ihre bedeutendste Denkerin im 20. Jahrhundert definitiv verloren haben.

Warum nun gerade Rahel Varnhagen, die durch ihren Berliner Salon um 1800 bekannt wurde, in dem die berühmtesten Literaten ihrer Zeit genauso verkehrten wie Mitglieder des preußischen Königshauses, gebildete Bürger und eben arrivierte Juden? Rahel Levin wuchs in einem orthodox jüdischen Elternhaus ohne deutsche Bildung auf. Ihre frühen Briefe schrieb sie auf Jiddisch und in hebräischer Schrift. Nach dem Tod ihres Vaters, eines reichen Kaufmanns, den gemäß jüdischer Tradition nur die Söhne beerben, versuchten ihre beiden Brüder ihre Schwestern möglichst umgehend zu verehelichen, was jedoch mit Rahel mißlang. Verdankte sich das ihrer mangelnden *Schönheit*? Denn Judenmädchen werden manchmal, so Arendt, nicht nur ob ihrer Mitgift geheiratet. Doch Rahel Varnhagen notiert in ihr Tagebuch über sich selbst: «‹Ich habe keine Grazie; nicht einmal die, einzusehen, woran das liegt: außerdem, daß ich nicht hübsch bin, habe ich auch keine innere Grazie. (...) Ich bin unansehnlicher als hässlich. (...) So wie manchmal Menschen keinen hübschen Zug im Gesicht, keine zu lobende Proportion am Körper haben, und doch einen gefälligen Eindruck machen; (...) so ist es bei mir umgekehrt›.» (zit. RV 19)[13]

Arendt attestiert Rahel eine Reihe von unglücklichen Liebschaften mit stets erheblich jüngeren Männern. Wodurch sie also ihren Mangel an Attraktivität kompensiert, liegt auf der Hand. Müssen Beziehungen, die nicht der Tod scheidet, scheitern? Heute verflüchtigt sich eine solche Beurteilung. Rahel Varnhagen gelingt es als mittelloser Jüdin in ihrem Salon zwar, mit der adligen wie bürgerlichen Gesellschaft in Berührung zu kommen, ohne indes dazuzugehören. Dem steht ihr doppelter Makel als häßliche Jüdin im Weg. Was bleibt bis heute unselbständigen oder diskriminierten Frauen anderes, als die Ehe in den Dienst der sozialen Karriere zu stellen? Dann allerdings klappt eine Beziehung nicht, die vor der Hochzeit endet.

Rahel Levin konnte sich ob ihres doppelten Makels nicht leisten, was Arendt Rosa Luxemburg zuschreibt, nämlich zu jenen Generationen von Frauen zu zählen, die selbstverständlich nur einen Mann in ihrem Leben als den richtigen an ihrer Seite akzeptierten. Mangelnde Attraktivität, äußert sie sich auch geschlechtsspezifisch unterschiedlich, zwingt jedoch zu außergewöhnlichen Verhaltensweisen. Wo indes moralisch Konservative Arendt noch zustimmen mögen, weil sie noch innerhalb eines traditionellen Frauenbildes argumentiert, fühlen sich Feministinnen eher peinlich berührt, wenn sie bei der so Verehrten lesen müssen: «In einer Frau schafft Schönheit die Distanz, aus der her sie urteilen und wählen kann. Keine Klugheit und keine Erfahrungen können den Mangel solch natürlich gegebenen Raumes für die Urteilskraft aufholen. Also nicht reich, nicht gebildet und nicht schön! Also eigentlich ohne Waffen, den großen Kampf um Anerkanntsein in der Gesellschaft, um soziale Existenz, um ein Stückchen Glück, um Sicherheit und bürgerliche Situation zu unternehmen.» (RV 19)

Doch beide Einstellungen, ob feministische oder moralisch konservative, übersehen geflissentlich, daß die Schönheit als Macht der individuellen Selbstfindung zur Verfügung steht, die sich entweder nicht mehr in eine traditionelle Ordnung einfügt oder nicht unbedingt darauf wartet, bis sich eine ganze soziale Gruppe emanzipiert. Beides trifft auf Rahel Varnhagen zu, die sich diesen Herausforderungen ohne die Waffe der Schönheit zu stellen wagt. Zwischen 1790, dem Todesjahr ihres Vaters, und 1806, dem Einzug Napoleons in Berlin, hielt die 1771 Geborene *Salon* in ihrer Dachstube in der Berliner Jägerstraße, in dem an Intellektuellen ein und aus ging, was gerade Rang und Namen hatte: Alexander und Wilhelm von Humboldt, Friedrich Schlegel, Friedrich Schleiermacher, Jean Paul, Clemens Brentano, die

Tieck-Brüder, aber auch Bürgerliche und der Adel, unter ihnen Louis Ferdinand Prinz von Preußen mit seiner Geliebten Pauline Wiesel. In dieser Zeit gelingt es Rahel Varnhagen, mehrere auch langjährige Liebesbeziehungen mit Mitgliedern des europäischen Adels zu unterhalten. Einige Jahre ist sie verlobt mit Graf Karl von Finckenstein aus dem preußischen Hochadel. Doch am Ende setzt sich dessen Familie durch, die Rahel als Jüdin keinesfalls akzeptiert. Verlobt ist sie auch längere Zeit mit dem spanischen Legationssekretär Don Raphael d'Urquijo – eine stürmische Beziehung, die an dessen Eifersucht scheitert.

Varnhagens erster Salon löst sich auf, als nach der Niederlage Preußens eine Welle von Nationalismus und Judenhaß solchen in diesen Jahren durchaus verbreiteten sozialen Idyllen die Luft zum Atmen raubt. In den Jahren darauf begegnet Rahel dem erheblich jüngeren Karl August Varnhagen von Ense, einem aufgestiegenen bürgerlichen Beamten, den sie jedoch erst 1814, also mit 43 Jahren, heiraten wird, nachdem sie zuvor zum Christentum konvertiert und ihren jüdischen Namen in einen deutschen transferiert. Der in diplomatischen Diensten stehende Varnhagen lebt mit Rahel in verschiedenen Städten, unter anderem in Frankfurt und Karlsruhe, bevor sie sich 1819 wieder in Berlin niederlassen. Von 1821 bis 1832 führt Rahel ihren zweiten Berliner Salon, zu dessen Gästen beispielsweise Heinrich Heine, Hegel, Leopold von Ranke, Eduard Gans und Bettina von Arnim gehören.

Doch Rahel erlebt ihren sozialen Aufstieg nicht als besonderes Glück, sondern zunehmend als Verlust ihrer jüdischen Wurzeln, ohne daß sie wirklich in ihrer neuen Gesellschaft ankommt. Als sie 1833 stirbt, hinterläßt sie umfängliche Schriften, vor allem Tagebücher und Briefe, die ihr Mann herausgeben wird, dabei aber – so Hannah Arendt – ein einseitiges Bild zeichnet, das gerade ihre jüdische Herkunft an den Rand drängt.

Arendt erhebt dagegen einen anderen Anspruch: «Was mich interessierte, war lediglich, Rahels Lebensgeschichte so nachzuerzählen, wie sie selbst sie hätte erzählen können.» (RV 12) Natürlich fehlt es nicht an Kritikern, die Arendts Programm für undurchführbar erklären. Doch man sollte auf die genaue Formulierung achten: Nur die Möglichkeit wird beansprucht, nicht daß Rahel Varnhagen ihre Geschichte selbst so erzählt hätte. Es geht Arendt dabei nicht alleine um die Person. Vielmehr steht ihre Rolle als Jüdin in der preußischen Gesellschaft im Vordergrund, damit die Spannung zwischen Anerkennung und Ablehnung, Assimilation und Fremdheit, zwischen dem angepaßten und aufstiegsbewußten Juden, dem *Parvenü*, wie ihn Arendt bezeichnet, und dem *Paria*, und zwar einem, der an seinem Außenseitertum festhält und dafür auch Diskriminierung in Kauf nimmt.

Letztlich gerät Rahel Varnhagen in eine Weltlosigkeit, der sich Juden unter dem verschärften Druck des Rassismus und des Nationalsozialismus in den zwanziger Jahren ähnlich ausgesetzt sahen. Juden bot sich die Alternative des sozialen Aufstiegs zum *Ausnahmejuden*, der eventuell sogar eine beschränkte Anerkennung durch die antisemitisch geprägte Gesellschaft erfuhr, der also in eine Welt eintrat, die eigentlich keine war und die doch die einzig verfügbare darstellte. Die Alternative hieß, ein Leben im Schatten, als Aussätziger, Diskriminierter, Verfolgter und Vertriebener zu führen, eine Rolle, die die Juden seit dem Niedergang der Nationalstaaten mit anderen Volksgruppen teilten, die nicht zum vorherrschenden Volk gehörten. Alle Nationalstaaten setzten sich aus verschiedenen Bevölkerungsgruppen zusammen, unter denen es immer Randgruppen und benachteiligte Minderheiten gab. Erst gegen Ende des 19. Jahrhunderts bemühten sich in den Nationalstaaten nationalistische Gruppen um eine ethnische Homogenität, die Randgruppen und andere Ethnien ausschloß. Oder diese mußten sich vollständig absorbieren lassen, um jede pluralistische Struktur zu verhindern. So trieb der Ansturm nationalistischer Ideologien den Nationalstaat in den Imperialismus und dann im Ersten Weltkrieg seinem Untergang entgegen.

Das Prinzip der Identität und der Einheit läßt indes bereits zu Zeiten Rahels grausame Seiten aufscheinen, lange bevor es zur Katastrophe kommen wird. So kann Arendt im späteren Vorwort feststellen: «Die vorliegende Biographie ist zwar schon mit dem Bewußtsein des Untergangs des deutschen Judentums geschrieben (wiewohl natürlich ohne jede Ahnung davon, welche Ausmaße die physische Vernichtung des jüdischen Volkes in Europa annehmen würde); aber die Distanz, in der das Phänomen im ganzen erscheint, habe ich damals, kurz vor Hitlers Machtübernahme, nicht gehabt.» (RV 14) Daher unterscheiden sich die beiden letzten, erst 1938 geschriebenen Kapitel von den anderen. Als sich Arendt in der apokalyptischen Hochphase zunehmend nationalistisch geratener Nationalstaaten, in denen Menschen- und Bürgerrechte nur den Staatsbürgern zustanden, selbst in Paris einer extremen Paria-Situation ausgesetzt fühlt, schreibt sie ein Kapitel unter der Überschrift «Zwischen Paria und Parvenü» und ein anderes mit dem Titel «Aus dem Judentum kommt man nicht heraus» – beides programmatische Titel für die eigene Existenz.

Der erste Salon Rahel Varnhagens durchlebt eine vergleichsweise glückliche Phase, die 1806 abrupt abbricht und die sich mit der zweiten schlecht vergleichen läßt. Nicht daß die Juden in dieser Zeit besonders beliebt gewesen oder auf keinerlei Ablehnung gestoßen wären. Doch gegen Ende des Jahrhunderts der Aufklärung hatte sich zumindest die Lage der reichen und gebildeten Juden gebessert, obgleich von Gleichstellung noch keine Rede sein konnte. Aber sie fanden Zugang zu gesellschaftlichen Kreisen. Andererseits stand weiterhin eine kleine Schicht reicher Juden einer Masse von ungebildeten Landjuden gegenüber, die zumeist als Krämer und Straßenhändler in Dörfern lebten. Die Spitze der reichen Juden beschäftigte sich mit Finanzangelegenheiten. Sie waren im Zeitalter des Absolutismus zumeist die einzigen Geldgeber der Fürsten, finanzierten deren Kriege und organisierten diese auch durch ihre eigenen Kontakte zu ihren weit verstreuten Verwandten. Womit Heere an fremden Orten versorgt wurden, das konnten sie vorausplanen und sicherstellen. Den absolutistischen Fürsten halfen sie zudem beim Aufbau ihrer Manufakturen. In diesen Zeiten bekamen die entstehenden Nationalstaaten zumeist nur jüdisches Geld, da das Bürgertum die Staatstätigkeit für unproduktiv hielt und sich weigerte, darein zu investieren. Jüdische Financiers unterstützten auf diese Weise beinahe als einziger Teil der Bevölkerung die Entstehung der Nationalstaaten. Daraus entstand ein Verhältnis gegenseitiger Abhängigkeit. Als nach den Revolutionen des 18. und frühen 19. Jahrhunderts die Nationalstaaten größeren Finanzbedarf entwickelten, reichte das jüdische Kapital nicht mehr aus. Umgekehrt begannen die unternehmerisch tätigen Juden aus der reinen Produktion für den Nationalstaat in das davon unabhängige Wirtschaftsleben zu wechseln. Jüdische Domänen waren ob deren vormaliger kriegswichtiger bzw. militärischer Bedeutung der Getreidehandel und die Bekleidungsindustrie.

Parallel zu diesen Entwicklungen trug die Aufklärung im 18. Jahrhundert dazu bei, daß die Gebildeten ihre Ablehnung gegenüber den Juden abbauten, ohne allerdings nachhaltig ihre Vorurteile zu mindern. Hannah Arendt konstatiert: «Dem geschärften Gewissen der Aufklärung ist es unerträglich geworden, Rechtlose unter sich zu wissen. Die Sache der Menschheit wird zugleich die Sache der Juden.» (RV 21) An der Menschlichkeit Anteil zu nehmen heißt für die Aufklärung vornehmlich, Menschenrechte zu besitzen. Natürlich realisierte sich die Gleichheit vor dem Gesetz allein in Preußen noch lange nicht, befreite man die Juden erst 1812 durch das erste preußische Emanzipationsdekret weitgehend von ihren Auflagen und Beschränkungen. Doch das Naturrechtsdenken der Aufklärung attestiert allen Menschen Rechte von Natur aus, die ihnen nicht erst vom Staat verliehen werden, sondern die ihnen in einem angenommenen Naturzustand eigneten und auf die gegenüber den Staaten daher alle Menschen Anspruch haben.

Nicht daß man Juden besonders gerne sah. Viele empfanden es weiterhin als schlimm, daß es Juden überhaupt gab. So blieb nichts anderes übrig, als sie zu Menschen zu erklären, Menschen, wie sie die Aufklärung versteht. Juden galten der Aufklärung zwar als Menschen wie andere auch, die jedoch durch ihre Geschichte verdorben schienen. Just von dieser vermeintlichen Last ihrer Geschichte wollte man die Juden durch Einbürgerung befreien und sie den anderen Menschen angleichen, sie assimilieren: Menschen, die man eigentlich schon zu Menschen erhoben hat, glaubte man also erst noch humanisieren zu müssen. In Deutschland entdeckte vor allem Herder die Geschichte als ein unwiderruflich prägendes Geschehen, somit auch die Geschichte der Juden, die ihre Besonderheit durch das Alte Testament erfährt. Daraus entstand eine «Judenfrage», und zwar sowohl aus der Perspektive der Juden als auch der Umwelt, in der Toleranz und Bildung in den Vordergrund treten: Aufklärung war nun einmal ein Geschäft der Gebildeten, wirkte sich auf das Benehmen jener aus, die Manieren gelernt hatten. Zunächst führte sie somit primär zu jener persönlichen Toleranz, die sich eher einem Gnadenakt gegenüber dem anderen verdankt als der Achtung vor ihm. Deshalb bezichtigte man noch im Zeitalter der Ideologien Toleranz gerne solch unangenehmen Beigeschmacks. Einerseits verlangte man Toleranz von der Umwelt gegenüber den Juden als Menschen, nicht als Juden und andererseits erwartete man von den Juden Anpassung an die Menschlichkeit durch Bildung. Dadurch mußte sich jedoch das jüdische Selbstverständnis zwangsläufig verändern. Hannah Arendt bemerkt: «Sind die Juden erst in Herders Sinn ‹gebildet›, so sind sie der Menschheit zurückgewonnen, d. h. aber in ihrer eigenen Auslegung, sie haben aufgehört, das auserwählte Volk zu sein.» (VT 133) Eine Welt, die sich zu bilden scheint, produziert von vornherein die Risse, an denen sie auseinanderbrechen wird.

Wirkliche Gleichheit, also daß niemand eine bessere oder schlechtere Geschichte als der andere hat, wollte auch die Aufklärung den Juden nicht zugestehen. Arendt widerspricht: «Wenn überhaupt die Juden etwas mit ihren nichtjüdischen Nachbarn gemein hatten, was ihre frisch verkündete Gleichheit begründen konnte, dann war es eine unter dem Vorzeichen der Religion stehende, durch wechselseitige Feindschaft gekennzeichnete Vergangenheit, die in ihren besten Exponenten ebenso zahlreiche Kulturleistung hervorgebracht hatte wie Äußerungen von Fanatismus und krassem Aberglauben bei den ungebildeten Massen.» (TH 22)

Nur einen kurzen Augenblick lang scheint dagegen in den Salons um 1800 herum die intolerante Toleranz der Aufklärung in den Hintergrund zu treten. Für einen Moment eröffnet sich den Beteiligten *eine* gemeinsame Welt, ohne daß sie die Illusion erkannt hätten, die sich dahinter verbirgt. Doch diesen Augenblick genießt Rahel Varnhagen sicher nicht alleine. Vor allem versucht sie – und mit ihr viele andere Juden –, ihn für ihren persönlichen sozialen Aufstieg zu nutzen. Salons wie derjenige Rahels bieten gegen Ende des Jahrhunderts einen gesellschaftlichen, keinen politischen Raum, in dem Menschen, vor allem auch Frauen nicht nur zur Geselligkeit zusammenfinden, sondern in dem sie ihre Verschiedenheit ausleben dürfen. Die festgefügte Ordnung einer aristokratischen Gesellschaft unter Bedingungen des Absolutismus spielt in den Salons keine Rolle. Alleine dadurch brauchen sich verschiedene Eigenheiten, auch die jüdischen, nicht zu verstecken, sondern dürfen sich zeigen. Arendt schreibt: «Was die Menschen miteinander verband, war das rein Persönliche; und die kurze gesellschaftliche Blütezeit in Preußen kam gerade dadurch zustande, daß weder die jüdischen Frauen noch die adligen Männer irgendwelche politischen Ziele hatten. Sie waren beschäftigt mit ihrer persönlichen Entwicklung, ihrer *éducation sentimentale*, ihrem Bildungsroman.» (TH 151)

Der *Bildungsroman* feiert im letzten Viertel des 18. Jahrhunderts mit Wielands *Geschichte des Agathon* und Goethes *Wilhelm Meisters Lehrjahre* denn auch Höhepunkte, die er später nicht mehr wiederholen kann. Der Charakter des Menschen läßt sich unabhängig von seiner Herkunft umfänglich bilden, wenn der einzelne auf alle kulturellen Quellen zurückgreift. Daraus skizziert sich auch ein Ideal einer insgesamt humanisierten Gesellschaft. Politisch gestaltend tätig zu werden, davon träumen Goethes Protagonisten jedoch nur mit dem Blick nach Amerika, nicht im Europa revolutionärer Schreckensherrschaft.

So begegnen sich in diesen an sich privaten Wohnungen Menschen verschiedener Herkunft, aber mit dem gemeinsamen Anspruch auf Bildung: Man trägt sich gegenseitig Literatur vor, man musiziert, spricht über kulturelle Themen und natürlich ißt man zusammen. Die Freude an der Konversation verbindet sich mit der Kultivierung von Intimität: Nicht zuletzt die Liebe findet hier einen neuen, halb geheimen, halb offenen Raum – zweifellos eine kleine, nur wenige angehende, doch literarisch bewunderte Revolution. Von der Aufklärung über die Weimarer Klassik bis hin zur Romantik stilisiert man die Liebe gerne zur Muse, die den Dichter das Dichten lehrt – in Novalis' *Heinrich von Ofterdingen* liebt der Held Mathilde als Muse im Symbol der blauen Blume. Man schreibt sich Briefe und liest Briefe vor, so daß beinahe eine eigene Literaturform entsteht, die es auch zum ersten Mal Frauen ermöglicht, sich literarisch zu äußern, aus dem häuslichen Schatten der Stummheit in die Öffentlichkeit einer kleinen Welt zu treten. Auch Rahel Varnhagen beteiligt sich intensiv an dieser neuen Form der Kommunikation.

Trotzdem diagnostiziert Arendt dabei eine Illusion, die sich im Ende von Rahels erstem Salon und einem plötzlich wieder um sich greifenden Judenhaß bestätigt: «Das Leben so zu leben, als sei es ein Kunstwerk, zu glauben, daß man aus seinem eigenen Leben durch ‹Bildung› eine Art Kunstwerk machen könne, ist der große Irrtum, den Rahel mit ihren Zeitgenossen teilte.» (RV 13) Die Welt, die sich in den Salons andeutet, begreift Arendt nur als eine Scheinwelt, die keine Stabilität entwickeln und als private nicht mit einer politischen Öffentlichkeit konkurrieren konnte. So bleibt der Vergleich der um diese Zeit vielfach so besungenen wie erstrebten Freundschaft mit der gleichnamigen aristotelischen Tugend oberflächlich. Während die Polis für Aristoteles auf der Tugend der Freundschaft zwischen gleichen Bürgern beruht, reicht die romantische Freundschaft des Salons zwar über die ethnischen und Standesgrenzen hinweg, aber nicht in die politische Öffentlichkeit hinein.

Seit ihrer Jugend pflegte Hannah Arendt selbst zeitlebens Freundschaften, auch mit vielen Menschen, die später berühmt wurden. Im Marburger Seminar von Heidegger lernte sie Hans Jonas kennen, der über sie bemerkt: «Wir redeten viel, denn sie brauchte eine Vertrauensperson. Das ist mit ein Element, das dazu beitrug, daß es zu keiner erotischen Beziehung zwischen uns kam, da man nicht gleichzeitig Vertrauter und Liebhaber sein kann. Ich wurde ihr Confidant und habe das übrigens so streng genommen, daß ich gewisse Dinge zu Hannahs Lebzeiten nicht einmal Lore, meiner eigenen Frau, erzählt habe (…). Sie war von robuster Gemütsart und konnte den Schrecknissen der Welt in einer Weise ins Auge sehen, die sie mir nicht zutraute.»[14]

Arendt begegnete Günther Anders und führte mit ihm mehrere Jahre ihre erste Ehe. Natürlich fördert äußerer Druck durch den grassierenden Antisemitismus die Bildung von Freundeskreisen, die sich gemeinsam verfolgt fühlen, sei es ob ihrer Herkunft oder ob ihrer Überzeugungen. Trotzdem sah Hannah Arendt schon früh ein, daß diese Freundeskreise öffentlich und politisch wirkungslos bleiben. Auch in ihrem eigenen Leben ließ sich also nur eine tiefe Differenz zum aristotelischen Ideal der *Freundschaft* als Basis politischer Öffentlichkeit bemerken – eine herbe Einsicht für die Bewunderin der Werke des Aristoteles.

Besonders tragisch wendete sich auch ihre Beziehung zu Martin Heidegger, mit dem sie in jungen Studentenjahren eine Liebesbeziehung unterhielt, die aber scheiterte, denn Heidegger lehnte es ab, seine Frau zu verlassen. Andererseits entpuppte sich ihr einstiger Geliebter in späteren Jahren als Gefolgsmann der Nazipartei – für beide somit eine besonders delikate Beziehung, fiel diese doch in der Naziideologie unter Rassenschande, während umgekehrt die Verfolgte und Vertriebene ihrerseits Heideggers peinliches Engagement für den Nationalsozialismus mitverfolgen mußte. Trotzdem nahm sie den Kontakt zu Heidegger nach dem Krieg wieder auf und griff ihn ob seiner Verirrungen nie scharf an, sondern verteidigte ihn sogar eher erklärend, obgleich sie sich mit seiner Philosophie durchaus kritisch auseinandersetzte. So schreibt Hannah Arendt 1950 an Heideggers Frau Elfriede, die den Nazis noch näher stand als ihr Mann und die um die Beziehung wußte: «Sie haben doch aus Ihren Gesinnungen nie einen Hehl gemacht, tun es auch heute nicht, auch mir gegenüber nicht. Diese Gesinnung nun bringt es mit sich, daß ein Gespräch fast unmöglich ist, weil ja das, was der andere sagen könnte, bereits im vorhinein charakterisiert und (entschuldigen Sie) katalogisiert ist – jüdisch, deutsch, chinesisch. Ich bin jederzeit bereit, habe das auch Martin angedeutet, über diese Dinge sachlich politisch zu reden: bilde mir ein, ich weiß einiges darüber, aber unter der Bedingung, daß das Persönlich-Menschliche draußen bleibt. Das

(...) ist der Ruin jeder Verständigung, weil es etwas einbezieht, was außerhalb der Freiheit des Menschen steht.»[15] Umgekehrt schenkte Heidegger Arendts Werken nie Beachtung, erschienen diese ihm wahrscheinlich einerseits als zu politisch, was er mit seiner schlichten politischen Urteilskraft nicht verstand. Andererseits konnte der patriarchalische Großphilosoph offenbar nicht akzeptieren, daß seine einstmals so kleine Schülerin erwachsen und ihm diese Frau womöglich ebenbürtig war, obwohl sie sich nicht in ähnlich komplizierte Gedankengänge verstieg wie er. Als sie ihm 1958 zum ersten Mal eines ihrer Werke, nämlich *Vita activa oder Vom tätigen Leben*, zukommen ließ, reagiert er verärgert und sprachlos.

In dramatischen Jahren hofft Rahel Varnhagen durch ihren langjährigen Verlobten Graf Finckenstein auf den sozialen Aufstieg durch Integration in die preußische Aristokratie. An ihren jüdischen Makel denkt sie lange nicht mehr. Doch dann verläßt er sie, siegt die Familie über die in jeder Hinsicht inakzeptable Jüdin, und Arendt bemerkt: «Rahel war benachteiligt – das hat sie vergessen; sie ist zurückgestoßen worden – das kann sie nicht vergessen. Dies Zurückgestoßensein und dieser Schmerz, das ist sie selbst.» (RV 65)

Rahel Varnhagen – so Arendt – betrachtet ihr eigenes Leben als Bildungsroman und verwechselt dadurch Wahrheit und Wirklichkeit. So beginnt sie einen Kampf gegen die Fakten, vornehmlich gegen die Tatsache, Jüdin zu sein. Finckenstein akzeptiert sie nicht als Jüdin – Juden lehnt er ab. Er liebt an ihr die Ausnahme und erhebt sie zur *Ausnahmejüdin*, eine gängige Figur unter den jüdischen Intellektuellen. So muß sie sich von ihrer Herkunft doppelt distanzieren, einerseits durch Assimilation, andererseits durch herausragende Leistungen; wie sagte doch Heine: «Wenn die Gesetze das Stehlen silberner Löffel erlaubt hätten, so würde ich mich nicht getauft haben.» (zit. RV 237)

Für diese Ausnahmejuden zerfällt die Geschichte in Einzelfälle, Individualisierungen, so daß sie sich einbilden, wirklich nur für sich selbst zu leben. Natürlich operieren sie wie Rahel Varnhagen auch mit ihrem Außenseitertum, das ihnen jenseits der Diskriminierung eine gesellschaftliche Chance zu eröffnen scheint. Sie entwickeln gar einen gewissen Stolz auf ihre Fremdheit, obwohl diese doch nur – so Arendt – die ins Innerliche gekehrte und individualisierte Judenfrage darstellt: «So schädlich solche Individualisierungen und Sentimentalisierungen für die Politik sind, wo sie die Leidenschaft ersticken, so fruchtbar können sie sich in der Gesellschaft auswirken, in der man seit eh und je diejenigen schätzte, die Gefühle direkt darstellen können – die Schauspieler und die Virtuosen.» (TH 168) Leidenschaft spielerisch nach außen zu kehren, bewunderte man in der Welt des Salons. Indiskretion und Schamlosigkeit avancierten in der Romantik zu so gerne beobachteten wie skandalträchtigen Attitüden, zu denen die Außenseiter, also die Juden berufen schienen. Aber auch die eine oder andere böhmische Gräfin, die der Salon beäugt, läuft zuweilen ihrem Mann weg und lebt mit einem Bürgerlichen zusammen. Die Gräfin Schlabrendorff trägt dagegen gelegentlich Männerkleider. Und wen erstaunt es, daß Rahel Varnhagen mit ihr nach Paris fahren muß, weil sie auf eine Weise schwanger ist, wie es sich nicht gehört? Friedrich Schlegels Roman *Lucinde* provozierte 1799 ob seiner offen behandelten Intimitäten und Selbstoffenbarungen einen Sturm der Entrüstung.

Die Berliner Ausnahmejuden des Salons genießen etwa drei Jahrzehnte ihr Glück und jagen durchaus mit Erfolg Bildung, Reichtum und sozialer Anerkennung nach. Trotzdem bleibt der jüdische Salon für Arendt eine illusionäre Idylle, eine bloß erträumte Gemeinsamkeit zwischen den verschiedenen sozialen und ethnischen Gruppen, letztlich nur situiert in einer gesellschaftlichen Übergangsepoche, eine Scheinwelt in jeder Hinsicht, keine politische und somit richtige gemeinsame Welt, eine künstliche zudem, die sich dem bloßen Zufall des Augenblicks verdankt.

Der Einzug Napoleons 1806 in Berlin zerstreut diese wild gemischte Gesellschaft des jüdischen Salons in alle Winde. Als die preußische Regierung sich zu den berühmten Reformen von Stein und Hardenberg anschickt, die aus der absolutistischen Monarchie einen richtigen Nationalstaat mit monarchischer Spitze machen sollen, reagiert der Adel auf den Verlust seiner Privilegien mit massivem Antisemitismus, der natürlich auf andere Kreise abfärbt. Dagegen helfen den Juden weder ihre ökonomischen noch ihre gesellschaftlichen Beziehungen. So durchzieht dieser Judenhaß das ganze 19. Jahrhundert und gipfelt im rassistischen Antisemitismus im Zuge des imperialistischen *Scramble for Africa*.

Die Juden waren durch die Diaspora politisch unerfahren, da sie nie politische Teilhaberechte besaßen. Indem sie versuchten, den Regierungen dienstbar und nützlich zu sein, hofften sie auf deren Schutz. Diesem Bemühen war im 19. Jahrhundert so lange Erfolg beschieden, wie die zumeist monarchischen Regierungen keine besondere Rücksicht auf das Volk nehmen mußten und umgekehrt die besseren Gesellschaftsschichten sich für Politik nur wenig interessierten. Andererseits blieben die jüdischen Geschäftsleute aber auch in ihre jüdischen Familien integriert und dadurch mit der ärmeren jüdischen Bevölkerung verbunden, die sie für ihre Geschäfte brauchten.

Nicht so die jüdischen Intellektuellen und Bildungsbürger, die sich in einem viel stärkeren Maße dem antijüdischen Druck ausgeliefert und damit gezwungen sahen, sich zu assimilieren. Selbst als Rahel Varnhagen nicht mehr Levin heißt bzw. ihren Varnhagen längst geheiratet hat und mit ihm in verschiedenen deutschen Städten lebt, wird sie zwar zusammen mit ihrem Mann von gesellschaftlich hochstehenden Kreisen empfangen, niemals aber allein, und das nicht einmal von Menschen, mit denen sie in der Zeit ihres ersten Berliner Salons gut befreundet war. Bitter muß sie lernen, trotz Übertritt zum Christentum und Heirat mit einem Adligen, daß sie mit der deutschen Gesellschaft nicht *eine* gemeinsame Welt bewohnt, ja daß man von ihr dafür Grausiges verlangt, noch dazu mit zweifelhafter Aussicht auf Erfolg. Den Druck, der sich gegenüber den assimilierten Ausnahmejuden eminent verschärfte, spürt auch schon Rahel Varnhagen. Arendt schreibt: «Seit der politischen Romantik haben die Gebildeten Deutschlands keine große Diskretion in der Judenfrage mehr gekannt. Ihr Takt wurde bald so schäbig, daß er einer Beleidigung zum Verwechseln ähnlich sah. (...) Von nun ab mußte jeder einzelne beweisen, daß er, obwohl Jude, doch kein Jude war. Und er mußte damit nicht nur Teile seiner ‹zurückgebliebenen Glaubensbrüder›, sondern das ganze Volk verraten wie sich selbst.» (TH 155)

Was heißt aber, daß man sich selbst und sein Volk verraten muß? Zwischen den ersten elf Kapiteln von Arendts Varnhagen-Studie und den beiden letzten liegen die Jahre der Verfolgung, der Flucht, der Ausbürgerung und der Staatenlosigkeit. Arendt beherbergt 1933 in ihrer damaligen Berliner Wohnung viele Verfolgte des Nazi-Terrors auf deren Flucht. Ihr Mann Günther Anders setzt sich bald nach Paris ab. Arendt dagegen will dem Regime Widerstand leisten. Ihr politischer Mentor Kurt Blumenfeld motiviert sie dazu, die deutsche zionistische Organisation zu unterstützen. Daraufhin sammelt sie antisemitische Hetzartikel aus deutschen Zeitungen und Zeitschriften in der Preußischen Staatsbibliothek für den Zionistischen Weltkongreß im selben Jahr in Prag. Doch im Juli wird sie zusammen mit ihrer Mutter, die sie gerade besucht, auf der Straße verhaftet und eine Woche lang verhört. Dabei verhält sie sich aber so geschickt, daß ihr die Freilassung sogar ohne Anwalt gelingt. Einerseits erlebt sie die Verfolgung ihrer Freunde, andererseits die Anpassung von vielen an das sich dramatisch verändernde politische und soziale Klima. So entschließt sie sich ebenfalls zur Emigration. Eine jüdische Fluchthilfeorganisation ebnet ihr im August 1933 den Weg von Berlin nach Prag. Über Genua und Genf kommt sie schließlich wie viele Intellektuelle in Paris an. Dort tritt sie angesichts von Verfolgung und Hilflosigkeit der zionistischen Bewegung bei und arbeitet für mehrere Organisationen, die Menschen auf die Auswanderung nach Palästina vorbereiten. Begeistert, aber auch skeptisch kehrt sie 1935 von einer Reise nach Palästina zurück. Sie bewundert die Gleichheit im Kibbuz, aber ihr graut vor der Kontrolle durch die Nachbarn. Sie glaubt nicht, selber so leben zu können.

In dieser Zeit bahnte sich zwar die Vernichtung des europäischen Judentums an, deren Ausmaße ließen sich indes nicht absehen. Genausowenig erahnte man 1938 den apokalyptischen

Auf- und Untergang von Nazi-Deutschland. Arendt lebte zu dieser Zeit wie ihr Freund Walter Benjamin gerne in Paris. Trotzdem blieb die Zukunft extrem ungewiß. Daß sich ihr Leben wie für viele Intellektuelle unter dramatischen Umständen in die USA verlagern würde, daß sie dort eine neue Heimat finden sollte, wer wollte das voraussehen! So vollendete Arendt auf Drängen von Walter Benjamin und Heinrich Blücher die beiden letzten Kapitel ihrer Varnhagen-Studie im Angesicht extremer Unsicherheit.

Von dem französischen Journalisten Bernard Lazare übernahm sie dabei die beiden Begriffe *Paria* und *Parvenü*, die dieser unter dem Eindruck der Dreyfuß-Affäre politisch wendete. Ein Paria besitzt Eigenschaften, die von der Umwelt diskriminiert werden, mit denen er sich angeblich von den anderen Menschen unterscheidet, so daß ihm nur die Außenseiterrolle bleibt. Ein Parvenü versucht solche Eigenschaften um des gesellschaftlichen Aufstiegs willen zu überspielen. Der Parvenü verleugnet somit seine Herkunft und unterwirft sich den gesellschaftlichen Konventionen auch dann, wenn diese ihn zur Selbstverleugnung zwingen.

In Paris begegnete Arendt vor allem im Konsistorium, der religiösen Vereinigung der Juden, dessen Vorsitz Robert de Rothschild innehatte, zahlreichen assimilierten Juden, die ihr als die klassischen Parvenüs erschienen und die nicht zuletzt dadurch eminenten Einfluß auf das jüdische Leben ausübten. Arendt bemerkt in ihrem Aufsatz über *Bernard Lazare: Der bewußte Paria*: «Durch organisierte Wohltätigkeit hatte die Parvenüschicht des jüdischen Volkes nicht nur die Herrschaft erlangt, sondern es erreicht, die Wertmaßstäbe des ganzen Volkes zu bestimmen.» (VT 63)

Statt dieser Kreise bevorzugte Arendt die Gruppen der vielen Flüchtlinge. Sie war befreundet mit dem Rechtsanwalt Erich Cohn-Bendit, dem Psychoanalytiker Fritz Fränkel, dem Maler Karl Heidenreich und besonders mit Walter Benjamin. Hier lernte sie auch Heinrich Blücher kennen, einen ehemaligen Kommunisten und sehr guten Rhetor, der zuvor im journalistischen und literarischen Bereich arbeitete, dessen Männlichkeit sie faszinierte und den sie 1940 heiratete, nachdem sie sich von Günther

Anders 1937 getrennt hatte. Mit Heinrich Blücher lebte sie bist zu dessen Tod 1970 zusammen.

Seit jener Gesellschaft der Salons um 1800 sahen sich Juden gezwungen, wollten sie am nationalen Gesellschaftsleben teilnehmen, in die internationale Gruppe der Erfolgreichen aufzusteigen. Nur dort besaßen sie eine Art Gleichberechtigung. Oder sie waren Kinder reicher Eltern, die diesen Sprung in die Assimilation bereits geschafft hatten. Nicht selten fühlten sich diese arrivierten und reichen Juden mit ihrer bloß ökonomischen Tätigkeit unglücklich und hofften in der Tat, daß ihre Söhne eine akademische Karriere einschlagen würden, eine Aufgabe, die sie diesen häufig bereits als Wunderkinderexistenz in die Wiege legten. Nachdem die Universitätslaufbahn den Juden im 19. Jahrhundert noch weitgehend verstellt war, ernährten sich viele in der Tat ihr Leben lang vom Geld der Eltern als Privatgelehrte oder Privatsammler. Die einzige Chance, im weiteren akademischen Bereich eine Tätigkeit zu finden, bot das entstehende Pressewesen. Um so mehr haßten später die Antisemiten die von ihnen so genannten ‹Pressejuden›.

Arendts besonderer Freund Walter Benjamin gehörte zur Gruppe der Privatiers, als dieses Dasein indes immer schwieriger wurde. Nur den Eltern zuliebe promovierte er. Nach dem Ersten Weltkrieg öffnete sich den Juden die Möglichkeit einer beamteten Anstellung an Universitäten, so daß die Habilitation nicht nur in ein unbezahltes Extraordinariat führte. In ihrem Aufsatz über *Walter Benjamin* schreibt Arendt: «Die Habilitation hatte von vornherein nur dazu dienen sollen, den Vater durch einen ‹Ausweis öffentlicher Anerkennung (...) zur Ordnung› zu rufen und dem damals immerhin schon Dreißigjährigen ein ausreichendes und, man möchte hinzufügen, standesgemäßes Auskommen zu bewilligen. Daß er darauf trotz chronischer Konflikte mit den Eltern einen Anspruch habe und daß deren Forderung an ihn, ‹für meinen Erwerb tätig zu sein›, ‹unqualifizierbar› sei – das ist ihm auch später, als er sich den Kommunisten bereits genähert hatte, nie fraglich geworden. Als der Vater dann erklärte, auch im Falle der Habilitation den monatlichen Betrag, den er ohnehin zahlte, nicht erhöhen zu können oder zu wollen, fiel für Benjamin die wesentliche Voraussetzung für die ganze Unternehmung dahin.» (FZ 215)

Benjamins Eltern starben, ohne ihm ein größeres Vermögen zu hinterlassen, das sie in den Wirren von Erstem Weltkrieg und Inflation offenbar weitgehend verloren hatten. Die zunehmende Diskriminierung und die Vertreibung aus Deutschland beraubten Benjamin der Möglichkeit, durch sein Schreiben genug Geld zu verdienen. Völlig unfähig seinen Lebensunterhalt selbst zu bestreiten – daran scheiterte auch seine Ehe, als er lieber samt Frau und Kind ins Haus der Eltern zurückzog, als sich ein eigenes Auskommen zu suchen –, ließ er sich lieber von Gershom Scholem ein Stipendium der Universität von Jerusalem vermitteln, um Hebräisch zu lernen, und es gelang ihm dann auch, jahrelang ein solches Bemühen vorzutäuschen. Oder er beschäftigte sich mehr oder weniger zum Schein mit Dialektik, im wesentlichen um eines monatlichen Zuschusses willen im Auftrag des frühzeitig in die USA übergesiedelten Frankfurter *Instituts für Sozialforschung* der Neomarxisten um Horkheimer und Adorno. So schlug er sich in der Emigration in Frankreich durchs Leben.

Es verwundert nicht, wenn Benjamin zu unglücklichem Bewußtsein neigte, hin und her gerissen zwischen der Einsicht, daß man zwar als Parvenü mit der Wahrheit bezahlen muß, aber als Paria mit derselbigen genausowenig wuchern kann, wenn einem die entsprechende kaufmännische Mentalität abgeht. So bemerkt Arendt: «Das Bedauern der Parias, es nicht zum Parvenü gebracht, und das schlechte Gewissen des Parvenüs, das Volk verraten, seine Herkunft verleugnet und die Gerechtigkeit für alle gegen individuelle Vorrechte eingetauscht zu haben, bildeten seit Mitte des vorigen Jahrhunderts den Grundstock der sogenannten komplizierten seelischen Verfassung durchschnittlicher Juden.» (TH 166)

Rahel Varnhagen leidet darunter, als Jüdin geboren zu sein, daß eine Paria-Existenz an ihr klebt. Benjamin und Arendt dagegen wollen diese jüdische Existenz gar nicht loswerden. Doch im Zeitalter des aufgehenden Antisemitismus gewinnt das Jüdische für Arendt einen strukturellen Charakter, jedenfalls in der individuellen Perspektive des einzelnen Menschen: Man kommt auf die Welt und man hat keine Wahl, Jude zu sein oder nicht. Rahel Varnhagen schreibt: «‹Was ist es garstig, sich immer erst legitimieren zu müssen! Darum ist es ja nur so widerwärtig, eine Jüdin zu sein!!›» (RV 229) Man wird als Paria geboren, selbst wenn man wie Benjamin aus einer aufgestiegenen Schicht stammt. Und nicht nur die Wahrheit muß Rahel opfern, die Gerechtigkeit gegenüber ihrer Herkunft auflassen. Noch schlimmer: sie wirft auch die Liebe auf die Waagschale. Denn Varnhagen, mit dem ihr der Aufstieg noch gelingt, den liebt sie nicht. Als Jüdin, das muß Varnhagen einsehen, bleibt sie immer Paria außerhalb der Gesellschaft, so daß man das Jüdische einer Existenz schwerlich dementieren kann. Auf individueller Ebene, so Arendt, läßt sich die Judenfrage nicht lösen.

Die Emigranten im französischen Exil – zumeist Juden oder Linke, häufig beides – verfolgen in dieser Zeit die von Stalin veranlaßten Schauprozesse, die Heinrich Blücher zur Abkehr vom Kommunismus motivieren. Nicht alle unter den Emigranten wenden sich so heftig wie Arendt und Blücher gegen den Stalinismus. Mit Beginn des Einmarsches der deutschen Truppen im Mai 1940 internieren die französischen Behörden die Emigranten mit ehemals deutschem Paß – durchaus eine übliche Maßnahme, um z. B. Spionage und Sabotage vorzubeugen, die sich aber natürlich verheerend auf die Psyche der betroffenen Flüchtlinge auswirkt. Arendt gehört zu einer größeren Gruppe von Frauen, die sich am 15. Mai mit maximal 30 Kilo Gepäck in einem Sportpalast melden müssen, wo sie eine Woche ohne Nachrichten ausharren – nur ahnend, daß sich die nazideutschen Truppen wohl ständig nähern –, bevor sie in ein Lager in Gurs nahe der Pyrenäen transportiert werden. Mit der drohenden Niederlage Frankreichs wächst die Verzweiflung. Arendt schreibt in ihrem Essay über *Bertolt Brecht*: «‹Daß das weiche Wasser in Bewegung,/Mit der Zeit den mächtigen Stein besiegt./Du verstehst, das Harte unterliegt.› Das Gedicht (*Legende von der Entstehung des Buches Taoteking auf dem Weg des Laotse in die Emigration*) war noch nicht veröffentlicht, als zu Beginn des Krieges die französische Regierung die Hitlerflüchtlinge in die Konzentrationslager einsperrte, aber im Frühjahr 1939 hatte Walter Benjamin es von einem Besuch bei Brecht nach Paris mitgebracht. Wie ein Lauffeuer verbreitete sich das Gedicht in den Lagern, wurde von Mund zu Mund gereicht wie eine frohe Botschaft, die, weiß Gott, nirgends dringender benötigt wurde als auf diesen Strohsäcken der Hoffnungslosigkeit.» (FZ 283) Aus Deutschland waren die Juden als Juden vertrieben worden. In Frankreich aber galten sie als Deutsche. Jahrelang übten sie vergebens, französisch zu sein oder doch wenigstens als Bürger anerkannt zu werden. Letztlich sind sie staatenlos und kein Staat will sich ihrer erbarmen, will sie haben. Dann werden sie trotzdem als Deutsche interniert, um sich schließlich nach der Niederlage Frankreichs als Juden gefangen zu sehen. Deren Verfolgung und Inhaftierung verlangen die deutschen Behörden vom französischen Kollaborationsregime in Vichy, das dies zumindest teilweise beflissen ausführt.

Arendts Lage ist in der Tat gefährdeter, verzweifelter als jene von Varnhagen, wiewohl diese ihr totales Scheitern einsehen, ihren Bankrott erklären muß. Aber was zerstört definitiv ihre Hoffnung auf *eine* gemeinsame Welt? Rahel erlebt einen Schrecken, der nicht direkt nach dem Leben, aber nach dem Wesen trachtet. Den Grund dafür benennt Arendt so: «Rahel Levin ist sie endlich losgeworden, aber Friederike Varnhagen, geborene Robert, möchte sie auch nicht werden. Jene wurde nicht akzeptiert, diese will sich nicht zu einer lügenhaften Selbstidentifizierung entschließen. Denn ‹ich hielt mich zeitlebens für Rahel; und sonst nichts›.» (RV 221) Aber war ihr nicht doch eminenter Erfolg beschieden? Ging sie mit ihrem Salon nicht in die Geschichte ein? Hatte sie nicht viele Bekanntschaften? Darunter Goethe, dem sie mehrfach begegnete; sie trug nicht zuletzt wesentlich zum Goethe-Kult in Berlin bei. Natürlich übersteht sie unsichere Zeiten – Kriegszeiten – und finanzielle Engpässe, familiäre Krisen. Natürlich schmerzt es, seine Vergangenheit hinter sich lassen zu müssen, wenn man ein anderes Leben anstrebt. War die Verzweiflung nicht doch übertrieben?

Warum begreift sie alle ihre Versuche als vergeblich? Sie hat doch keine Fehler begangen und nichts unversucht gelassen. Warum sollen ihre Wünsche zeitlebens nur in einer Traumwelt aufgegangen sein? Schließlich stellt auch Arendt fest, daß Varnhagen Jüdin und Paria geblieben sei und daß ihr just dies einen Platz in der Geschichte gesichert habe. Scheitert sie, weil sich der Judenhaß selbst dann erhält, wenn man ihn widerlegt? Das wäre alles nicht so schlimm.

Aber es gibt einen Grund dafür, daß man nur auf den Mond und sonst nirgendwohin fliehen kann – eine Ausweglosigkeit, die sich zu Arendts Lebzeiten schier unendlich dramatisieren wird. Varnhagen muß die grausige Entdeckung machen, die auch vielen Menschen in ähnlicher Situation nicht erspart bleibt und die sie häufig zu weit mehr als bloß fataler Selbstverleugnung antreibt. Arendt schreibt: «Denn will man sich wirklich assimilieren, so kann man sich nicht von außen aussuchen, woran man sich assimilieren möchte, was einem gefällt und was einem mißfällt; dann darf man das Christentum so wenig auslassen wie den zeitgenössischen Judenhaß. Beides sind integrierende Bestandteile der geschichtlichen Vergangenheit der europäischen Menschheit und lebendige Elemente der damaligen Gesellschaft. Es gibt keine Assimilation, wenn man nur seine eigene Vergangenheit aufgibt, aber die fremde ignoriert. In einer im großen Ganzen judenfeindlichen Gesellschaft – und das waren bis in unser Jahrhundert hinein alle Länder, in denen Juden lebten – kann man sich nur assimilieren, wenn man sich an den Antisemitismus assimiliert.» (RV 233)

Daß man sich an die Gesellschaft anpassen muß, wie sie ist, daß man also den Judenhaß selbst zu übernehmen hat, darin präsentiert sich die zunehmende Verhärtung im Verhältnis gegenüber den Juden in der Moderne seit der Französischen Revolution. Dieser *Judenhaß* steigert sich in der zweiten Hälfte des 19. Jahrhunderts zu einem *rassistischen Antisemitismus*, der sich mit Vorstellungen aus dem Darwinismus und der Geschichtsphilosophie schmückt und dadurch seine wahnhafte Brutalität mit vermeintlich objektivem Wissen verschleiert.

Einer der Wegbereiter rassistischen Denkens war ironischerweise – und das verschweigt Arendt keineswegs – der langjährige britische Premierminister Benjamin Disraeli, ein assimilierter Jude, der auch den Imperialismus vorantrieb. Er insistierte auf den Qualitäten bestimmter menschlicher Rassen, die durch Züchtung noch zu steigern seien, und fand damit das Gehör seiner Zeitgenossen. Wenn sich eine Rasse dadurch hervorragend organisiert, daß sie sich nicht mit anderen Rassen mischt, entwickele sie sich als Aristokratie der Natur. Auch das Judentum gründete somit nicht mehr auf der Religion, sondern auf einer natürlich gegebenen Fatalität, die sich mit einer Hasenscharte oder einem Klumpfuß vergleichen läßt. Daraus leitete man dann jene vulgarisierten körperlichen Eigenschaften ab, die den Juden fleißig attestiert wurden, deren sich der expressionistische deutsche Stummfilm genauso bediente wie der antisemitische Volksmund oder danach dann die berüchtigten Nazi-Propagandafilme. Arendt stellt fest: «Die Fatalität selbst, welche die moderne antisemitische Auffassung vom Judentum von allen früheren Phänomen des Judenhasses, in welchen Ausnahmen immer zugelassen, ja vorgesehen waren, radikal trennt, hat sich in dieser gesellschaftlichen Atmosphäre vorbereitet.» (TH 204)

Das ebnete einer Gesetzgebung den Weg, die jene, die rassisch, d. h. aktuell bezogen, genetisch, vorbelastet erscheinen, einsperrt, ausrottet oder – scheinbar humaner – medizinisch behandelt, d. h. sie umwandelt. Plötzlich sehen sich die Antisemiten und auch viele ihrer Mitläufer szientistisch legitimiert, ja geradezu genötigt, eine aktive Biopolitik zu betreiben, die letztlich in den Holocaust münden wird.

Angesichts des Chaos, das in Frankreich durch die Niederlage gegen Nazi-Deutschland ausbricht, gelingt es Hannah Arendt, ihrer zweiten Inhaftierung zu entgehen. Die Chance, das Lager zu verlassen, nicht nur der Monotonie und Grausamkeit des Lagerlebens zu entfliehen, sondern auch dem drohenden Zugriff der SS, besteht nur wenige Tage. Nur etwa 200 Frauen können sie nutzen, mogeln sich mit falschen Angaben hinaus. Etwa 7000 Frauen wurden praktisch ohne Aussicht auf Entkommen in den Jahren 1942 und 1943 von den Nazis in die Vernichtungslager transportiert. Hannah Arendt weiß, wohin sie fliehen soll, nämlich in ein Haus von Freunden in Montauban. Viele Menschen aber irren in Südfrankreich ziellos durch die Gegend. In Montauban, einem Ort voller Flüchtlinge, weil dessen sozialistischer Bürgermeister die Anordnungen der Vichy-Regierung nicht befolgt, trifft Arendt zufällig auf der Straße Heinrich Blücher wieder, der sich auf ähnliche Weise durchgeschlagen hat. Auch ihre Mutter gelangt dorthin.

Im unbesetzten Südfrankreich, vor allem in Marseille warten die Flüchtlinge angsterfüllt darauf, entweder endlich ein Visum für die USA zu bekommen oder irgendwann den Nazis zum Opfer zu fallen. Um das zu verhindern, stellen die USA sukzessive *Emergency*-Visen aus, die natürlich niemals die Masse der jüdischen Flüchtlinge erreichen, die, so Arendt, aber letztlich die gefährdetste Gruppe waren, nicht die bekannten und berühmten Juden.

Horkheimer und Adorno sorgen in den USA dafür, daß Walter Benjamin zu den ersten zählt, der ein solches Visum erhält. Auch das spanische Durchreisevisum nach Lissabon bekommt er schnell. Die französischen Behörden erkennen diese Visen aber nicht als Ausreisedokumente an und versperren damit nicht zuletzt auf Geheiß der Nazis den Weg nach Spanien. Allerdings verhindern sie normalerweise nicht, daß man sich zu Fuß über die grüne Grenze nach Port Bou schmuggelt, kein allzu beschwerlicher Weg über die Berge. Walter Benjamin erreicht zusammen mit einer kleinen Gruppe von Flüchtlingen die spanische Grenze – ob einer Herzerkrankung sicher nur unter großen Anstrengungen – tragischerweise an dem Tag, da die spanischen Behörden diese Übergangsmöglichkeit für einige Wochen sperren. Die Gruppe wird also zur Rückkehr am nächsten Tag aufgefordert. Doch Benjamin begeht in der Nacht Selbstmord, was die Spanier offenbar so erschreckt, daß sie den Rest der Gruppe passieren lassen. Arendt schreibt dazu zwar: «Die Freundschaft Benjamin-Brecht ist einzigartig, weil in ihr der größte lebende deutsche Dichter mit dem bedeutendsten Kritiker der Zeit zusammentraf.

Es spricht für beide, daß sie dies wußten – Brecht soll auf die Nachricht von Benjamins Tod gesagt haben, dies sei der erste wirkliche Verlust, den Hitler der deutschen Literatur zugefügt habe (…).» (FZ 203)

Dennoch sieht sie diesen Selbstmord als Ergebnis einer tragischen Verkettung unglücklicher Umstände: Benjamin bricht in Marseille genau an dem Tag auf, an dem die Nachricht der Grenzschließung noch nicht bekannt ist. Am Tag zuvor wäre er durchgekommen, am Tag danach hätte er bis zur nächsten Grenzöffnung in Marseille ausgeharrt. Ein von keiner Krankheit geschwächter Benjamin hätte zudem sicherlich den Rückweg angetreten und es eben zu einem späteren Zeitpunkt wieder versucht. Doch Benjamin befand sich nicht nur in einer schlechten physischen, sondern auch in einer schlechten psychischen Verfassung. Ihn quälten dramatische Probleme mit seinem Lebensunterhalt, und Arendt versuchte noch in den ersten Kriegsmonaten vor ihrer Internierung, für ihn eine Arbeit zu finden. Er wollte im Grunde auch nicht nach Amerika, weil er dort als der letzte Europäer ausgestellt zu werden fürchtete. Seine Neigung zum Marxismus war eher verhalten und dort erwartete ihn ja ein neomarxistisches Institut. Vor allem aber verlor er – so Arendt – seine Lebensgrundlage: «Die Gestapo hatte seine Pariser Wohnung mit Bibliothek (er hatte ‹die wichtigere Hälfte› aus Deutschland retten können) und einen guten Teil der Manuskripte beschlagnahmt, und er hatte Grund, sich auch um die Manuskripte Sorge zu machen, die er noch vor seiner Flucht aus Paris nach Lourdes im unbesetzten Frankreich durch Georges Bataille in der Bibliothèque Nationale hatte unterbringen können. Wie sollte gerade er ohne Bibliothek leben, wie ohne die ausgedehnten Zitatsammlungen und Exzerpte seinen Lebensunterhalt verdienen?» (FZ 207) Nun gibt es sicher keinen Unterschied, ob einem Handwerker die Werkstatt beschlagnahmt wird oder ein Kind durch die Deportation sein geliebtes Spielzeug verliert. Trotzdem symbolisieren Benjamins Zettelkästen, wie nicht nur der Völkermord in den Vernichtungslagern, sondern auch die schlichte Repression Existenzen zerstört, es Menschen verweigert, in *einer* gemeinsamen Welt zu leben.

Wie sollte also in der Varnhagen-Studie angesichts der Zeitumstände auch nur ein Hauch der Hoffnung wehen? Insofern darf es nicht zu sehr erstaunen, daß sich Hannah Arendt nie besonders für die Frauenfrage bzw. die Emanzipation oder den Feminismus interessierte. Wer die Vernichtung des europäischen Judentums miterlebte und dieser mit großem Glück entging, dem stellen sich existentiellere Fragen, wiewohl sich die Zeiten denn doch ändern und die Parallelen zwischen den Juden und den Frauen als Paria *und* als Parvenü – natürlich jenseits des Holocaust – unübersehbar sind.

Arendt schrieb denn auch die eine oder andere weitere Studie über Frauen, allen voran natürlich jenen Text über *Rosa Luxemburg*. Nicht nur als polnische Jüdin war sie eine Außenseiterin in ihrem Land, das sie nicht mochte, wie in ihrer Partei, die sie mit Verachtung strafte, sondern auch als Frau. Trotzdem will die Frauenfrage auch hier nicht wirklich anklingen. Eher mit Bewunderung schreibt Arendt über Luxemburg, daß diese sich gerade nicht für die Emanzipation interessierte. Luxemburg verachtete vielmehr aus der Erfahrung ihrer Familie und deren Umfeld heraus schlicht jede Form sozialer und nationaler Diskriminierung, während sie mit ihrem Partner Leo Jogiches vielleicht nicht gerade eine normale Ehe führte, dabei bestimmt aber keine Emanzipationsbemühungen verfolgte.

Über die Literatin Isak Dinesen alias Karen Blixen bemerkt Arendt gleichfalls ohne mürrischen Unterton, sie sei sich darüber klar gewesen, ihren wenig familienbegeisterten Liebhaber, den Abenteurer Denys Finch Hatton, nur durch ihre Schönheit halten zu können, nicht aber etwa durch Häuslichkeit. Wenig feministisch klingt es auch, wenn Arendt Dinesens Einsicht wiedergibt, daß sie in ihrer Jugend törichterweise versucht habe, das Leben zu bewegen, anstatt abzuwarten, bis es auf sie zukam – ein doch wohl eher passives Weltverständnis. Soll man sich im Sinne Arendts gar nicht bemühen, die ‹zerbrochene Welt› tatkräftig wiederherzustellen? Aber wie stellt Arendt über Revolutionäre à la Lenin fest: Niemals hätten sie die Revolution vorbereitet, sondern höchstens sich selbst auf den Augenblick, wenn die Revolution auf sie zukommt. Bleibt nichts anderes als zu hoffen, daß *eine* gemeinsame Welt entsteht?

Arendts durchaus feministische Interpretin, die Harvard-Professorin Seyla Benhabib, selber spanisch-jüdischer Herkunft, schreibt in ihrem Arendt-Buch: «Aber auch wenn die bloßen Fakten ihres Lebens und ihrer überragenden intellektuellen Leistung in uns den Wunsch wecken, sie für ein feministisches Denken zu vereinnahmen, dürfte das aufgrund ihres theoretischen Rahmens und auch wegen ihres unverhohlenen Mißfallens an bestimmten Weisen, wie das Frauenproblem gestellt wird, zu einer gewaltigen Aufgabe werden. Arendt bleibt die Mutter, die sich uns entzieht.»[16]

2. Kapitel
Die unter der totalen Herrschaft verdrängte Wahrheit

Ob ihrer brutalen Militanz verweigern Judenhaß und Antisemitismus den Juden *eine* gemeinsame Welt der Begegnung, der Kommunikation, des Kooperierens mit den anderen Bürgern, somit die Welt schlechthin. Kann man diese ‹zerbrochene Welt› wieder zusammenfügen? Worauf sollte sich eine solche Bemühung stützen? Natürlich braucht man nach Arendt dazu einen kühlen und klaren Blick auf die Tatsachen, wie sie ihn selbst immer pflegt, obgleich sie dadurch Freunde wie Walter Benjamin manchmal hart angeht. Aber beruft sich spätestens im wissenschaftlichen Zeitalter nicht beinahe jeder auf die Wahrheit, sogar der Nationalsozialismus?

Peinlicherweise bedienten sich auch die politischen Ideologien des Szientismus des 19. Jahrhunderts und fanden dabei jede Menge wissenschaftliche Helfershelfer. Diese Ideologien wollten ja keine beliebigen Bilder von der Welt vermitteln, von denen es viele geben könnte, sondern das einzig richtige Bild, dessen Wahrheit sich wissenschaftlich untermauern läßt. Dabei stützten sie sich auch auf die damalige Leitwissenschaft, auf die Geschichtswissenschaft. Derart dünkten sie sich den alten metaphysischen oder religiösen Weltverständnissen überlegen. Haben diese Ideologien damit nicht sogar grundsätzlich recht? Kann, ja muß man *eine* gemeinsame Welt nicht auf wissenschaftliche Wahrheiten gründen?

Auf die sozialen Krisen antworteten nicht nur, aber vor allem der Sozialismus und ein aggressiver werdender Nationalismus: Man müsse die Gemeinschaft stärken, die ja in den Modernisierungsschüben zunehmend zerbrochen sei! Dazu gelte es deren Einheitlichkeit zu gewährleisten! So suchten sie nach den diese stützenden wissenschaftlichen Wahrheiten. Zweifellos sprachen sie damit ein starkes Bedürfnis der Zeitgenossen an, ein Bedürfnis gar, das alles zu rechtfertigen schien, am Ende jede Gewalt und jede Grausamkeit. Viele Deutsche hören es sicher nicht gern, obwohl das andere Nationen keineswegs freispricht: Aber Hannah Arendts Studien über *Rahel Varnhagen*, über die *Elemente und Ursprünge totaler Herrschaft* und über *Eichmann in Jerusalem. Ein Bericht von der Banalität des Bösen* lassen eine Linie erahnen, die vom antinapoleonischen Reflex von Adel und Bürgertum in Preußen über den deutschen Imperialismus in Afrika zum Nationalsozialismus führt – und zwar primär vermittelt durch einen sich steigernden Judenhaß, der am Ende nichts an Grausamkeiten ausließ.

Aber warum ließen sich viele Zeitgenossen bereitwillig auf Brutalitäten sowie auf unglaubliche eigene Gefährdungen ein, ohne Widerstand, ohne Murren, ja sogar häufig zustimmend? Warum begeisterten sich viele Menschen über den Beginn des Ersten Weltkrieges? Bereits hierfür könnte man jenes Motiv anführen, das für Hannah Arendt so viele Menschen in die Arme der totalitären Ideologien trieb, eben das Gefühl der Verlassenheit in einer ‹zerbrochenen Welt›, in der die Menschen keine Heimat und keine Gemeinsamkeit mehr fanden.

Arendt wie ihr Lehrer Heidegger lehnen die moderne Massengesellschaft ab. Letzterer betont dabei weniger, daß die zeitgenössischen Lebensumstände die Menschen brutalisieren, verdummen oder in Unbildung halten, als daß sie diese vielmehr entwurzeln und voneinander isolieren – eine antimoderne Kritik, die auch die totalitären Ideologien vertreten. Die Menschen vereinsamen, verlieren ihre soziale Einbindung in die sich auflösenden traditionellen Institutionen wie Stand und Familie. Auf nichts können sie sich mehr verlassen, sie fühlen sich von allen und von allem verlassen: Alles, was die Zeitgenossen aufeinander bezieht, eine Gemeinschaft zwischen ihnen herstellt, zerfällt. Wie viele Schocks durchlitten jene Menschen, die die Armut vom Land in die Stadt spülte und die dann dort in den elenden Quartieren der frühen Industriearbeiterschaft landeten und endeten: entwurzelt von Heimat, damit von familiären wie sozialen Beziehungen! Wie bedrohlich aber wirkte das auf die unteren Mittelschichten, die ihren eigenen sozialen Abstieg fürchteten und die erleben muß-ten, wie sich die traditionell angesehenen Institutionen wie Kir-che und Monarchie vergebens den Wucherungen der modernen Gesellschaft entgegenstemmten, wie sie statt dessen ständig an Einfluß verloren. Der Zusammenhalt der Gesellschaft erodiert wie die politische Ordnung.

So lautet denn Arendts Grundthese in ihrem politiktheore-tischen Hauptwerk *Elemente und Ursprünge totaler Herrschaft*, das 1951 in den USA erscheint und mit dem sie bekannt wird: «Was moderne Menschen so leicht in die totalitären Bewegungen jagt und sie so gut vorbereitet für die totalitäre Herrschaft, ist die allenthalben zunehmende Verlassenheit.» (TH 978) Um diese Verlassenheit zu überwinden, um eine vermeintlich wär-mende Gemeinschaft wiederherzustellen, verzichten die Men-schen durchaus bereitwillig auf ihre Freiheit, deren liberalen Sinn sie als Einsamkeit und Armut erfahren.

Arendts Verständnis von Verlassenheit und Weltlosigkeit ver-dankt sich Heideggers *Sein und Zeit*. Das Dasein des Menschen bestimmen für Heidegger primär die Sorge und der vorausschau-ende Blick auf die Zukunft. Traditionell war das Dasein in die konkrete Umwelt eingebunden, geprägt durch die Zuhandenheit der alltäglichen Gegenstände, durch Fürsorge gegenüber der Mit-welt der anderen Menschen. Doch in der modernen Massenge-sellschaft löst sich die Mitwelt in ein anonymes Rauschen auf. Heidegger schreibt: «Mit dem ‹Rundfunk› zum Beispiel vollzieht das Dasein heute eine in ihrem Daseinssinn noch nicht übersch-bare Entfernung der ‹Welt› auf dem Wege einer Erweiterung und Zerstörung der alltäglichen Umwelt.» (SuZ 105) Die alltäglichen Gegenstände verfremden sich in der technisch medialen Welt auf eigenartige Weise, das Alltägliche verdreht sich ins schier Un-heimliche. Die technischen Gegenstände erscheinen ganz nah und bekannt, doch erweisen sie sich als absolut fremd: Man bedient den PC und weiß doch nicht, wie er funktioniert.

Die Wissenschaften, an denen sich der moderne Mensch weit-gehend orientiert, beantworten ihm schon seit längerem nicht mehr seine wesentlichen Lebens- und Sinnfragen. Die Erkenntnisse der Wissenschaften, die ja wahr sein sollen, erklären die Welt in einer Weise, die die Menschen entweder nicht mehr verstehen oder die sie kaum existentiell betreffen, geschweige denn ihnen in ihrer Lebenswelt helfen. Denn die Wissenschaften befassen sich nicht mit Warum-Fragen, die zum Sinn des Lebens oder zu Gott als letztem Grund führen. Dabei transformieren die modernen Naturwissenschaften Fragen nach der Qualität in solche nach der Quantität. Längst kann die Gehirnforschung Gefühle wie Liebe und Haß, Geschmack oder Geruch auf Gehirnströme, also auf Mengen reduzieren, die man in Zahlen ausdrückt und in Kurven darstellt.

Wie soll man sich in einer Welt heimisch fühlen, die sich mit dem Zufall zufrieden gibt, daß dieser Tisch nun einmal hier steht, aber alle Fragen, was er ist, warum er ist, als irrational und metaphysisch abtut? Arendt formuliert in ihrem Essay *Was ist Existenzphilosophie*, in dem sie sich 1946 mit Jaspers und mit Heidegger auseinandersetzt, jene weit verbreitete Kritik an der modernen Welt: «Je entleerter die Realität von allen Qualitäten, desto unmittelbarer und nackter erscheint das an ihr von nun an einzig Interessante – *daß* sie ist.» (WE 12)[17] Derart ebnet die Welt- und Sinnlosigkeit dem Gefühl der Verlassenheit den Weg, das sich spätestens seit 1850 intensiv ausbreitete.

Da zudem die wissenschaftliche Wahrheit immer abstrakter gerät, flüchten viele Menschen in totalitäre Ideologien, die ihnen die Welt wie ihre Existenz wieder sinnvoll erklären. Dabei bedienen sich diese nicht nur der Wissenschaften, sondern vermitteln ihren Anhängern ein bestimmtes, im Grunde falsches Verständnis von den Wissenschaften. Dadurch aber erscheinen die Wissenschaften nicht mehr so fremd und unverständlich. So beschränkt sich Marx im Anschluß an Hegel nicht auf Mathematik und Logik als formale Grundlagen wahrer Erkenntnis. Diese reichen nicht, um das Gesetz der Geschichte zu erkennen. Deren komplexe Abläufe lassen sich vorgeblich aber mit Hilfe der Dialektik verstehen.

Mit dieser kommt Hannah Arendt intensiv in Berührung durch ihren zweiten Mann Heinrich Blücher sowie durch ihren Freund

Walter Benjamin. Die Dialektik erfährt im 19. Jahrhundert eine dramatische Erneuerung im Zuge der Ausbreitung der Geschichtsphilosophie von Hegel zu Marx. Die offensichtlichen Deformationen in der Geschichte, die Kriege und Katastrophen, die sich schwerlich rechtfertigen lassen, erhalten dialektisch den Sinn, die Geschichte auf einen Weg des Fortschritts zu treiben. Für viele Romantiker beschleunigen Revolutionen und Kriege die gesellschaftliche Entwicklung, und zwar im positiven Sinne, nicht im negativen, wie man naiv meinen sollte. Die Geschichte erscheint vielmehr als das Weltgericht; denn die Sieger, die das Gerechte und Humane verkörpern, schreiben die Geschichte und bewegen sie voran, während die Unterlegenen zurecht untergehen und in Vergessenheit geraten: Die Bourgeoisie – so die Marxsche Geschichtsdialektik – wird in der proletarischen Revolution zerrieben und in der menschlichen Vorgeschichte versinken, die im Kommunismus in die wahre Geschichte übergeht.

Walter Benjamin vermag einer solchen Dialektik immer weniger abzugewinnen, was eine Krise in seinen Beziehungen zum Institut für Sozialforschung programmierte. Als er sich auf den Weg in die USA begibt, arbeitet er an einem Manuskript, das als Fragment Hannah Arendt im Gepäck haben wird, als sie zusammen mit ihrem Mann 1941 in die USA flieht. Das rettete der Nachwelt einen der bedeutendsten Texte Benjamins – und ein wesentliches Dokument der Marxismus-Kritik. Es sind Benjamins *Geschichtsphilosophische Thesen*, deren 9. These, die beeindruckendste, lautet: «Es gibt ein Bild von Klee, das Angelus Novus heißt. Ein Engel ist darauf dargestellt, der aussieht, als wäre er im Begriff, sich von etwas zu entfernen, worauf er starrt. Seine Augen sind aufgerissen, sein Mund steht offen, und seine Flügel sind ausgespannt. Der Engel der Geschichte muß so aussehen. Er hat das Antlitz der Vergangenheit zugewendet. Wo eine Kette von Begebenheiten vor uns erscheint, da sieht er eine einzige Katastrophe, die unablässig Trümmer auf Trümmer häuft und sie ihm vor die Füße schleudert. Er möchte wohl verweilen, die Toten wecken und das Zerschlagene zusammenfügen. Aber ein Sturm weht vom Paradiese her, der sich in seinen Flügeln verfangen hat und so stark ist, daß der Engel sie nicht mehr schließen kann. Dieser Sturm treibt ihn unaufhaltsam in die Zukunft, der er den Rücken kehrt, während der Trümmerhaufen vor ihm zum Himmel wächst. Das, was wir den Fortschritt nennen, ist dieser Sturm.»[18]

Diese Dialektik der Geschichte stößt die Verlierer in die Vergessenheit, während sich die Sieger lachend ihre Denkmäler errichten. Historischer Fortschritt, der auf solcher Dialektik beruht, begründet jedoch keine gemeinsame Welt, sondern eine, die manche Menschen ein- und andere ausschließt. Im Gefühl, Paria zu sein, kann sich Arendt mit der marxistischen Dialektik nicht anfreunden. Denn sie erfüllt ihr Versprechen einer humaneren Welt nicht, sondern häuft ungeheure Berge von Trümmern und Toten an, um eine vermeintlich bessere Welt und einen angeblich neuen Menschen zu schaffen. Arendt wird sich mit der Wahrheit einer Dialektik nicht arrangieren, die die Erinnerung an die Verlierer verdrängt. Auf diese Weise intensivieren die totalitären Ideologien letztlich das Gefühl der Verlassenheit.

Ab Oktober 1940 – deutlich auf seiten der Verlierer – bemühen sich Arendt, ihr Mann und ihre Mutter um US-amerikanische Visa. Die Juden sollen sich bei der Polizei melden, was sie geschickterweise unterlassen. Damit aber begeben sie sich in die Illegalität. Günther Anders setzt sich in den USA für sie ein. Schließlich beschleunigt Arendts Position in der Aliyah-Jugend das Verfahren. Elisabeth Young-Bruehl schreibt in ihrer Arendt-Biographie: «Mit Fahrrädern fuhren sie illegal nach Marseille hinein, um die Papiere abzuholen. Alles ging gut, bis ihnen eine Nachricht auf ihr Hotelzimmer geschickt wurde: Blücher sollte sich bei der Rezeption melden. Sie wußten, daß die Polizei keinen großen Rückstand haben konnte. Blücher ging nach unten, spielte den Ahnungslosen, gab seinen Schlüssel ab und verließ das Hotel, bevor irgendwer ihn anhalten konnte. Arendt folgte ihm kurze Zeit darauf. Als sie sicher war, daß Blücher unbehelligt in einem Café saß, ging sie ins Hotel zurück, zahlte die Rechnung und nahm ein Frühstück zu sich. Als der Hotelbesitzer auf sie zukam, um sie nach dem Verbleib ihres Mannes auszufragen, machte sie ihm eine heftige Szene, wobei sie zuerst schrie, daß ihr Mann schon auf der *préfecture* sei, und dann den Hotelier beschuldigte: ‹Daran sind Sie schuld.› Darauf holte sie Blücher ab, und sie verließen Marseille auf der Stelle.»[19] Auch aus Montauban müssen sie schnellstens abreisen und Arendts Mutter zurücklassen. Im Januar 1941, als die Vichy-Regierung kurz die Ausreisebestimmungen lockert, nehmen sie den Zug nach Lissabon, wo sie nochmals drei Monate auf das Schiff warten. Im Mai 1941 erreichen sie schließlich New York – mit den letzten 25 Dollar in der Tasche. Das war wohl auch der definitive Abschied von der Dialektik.

Arendt teilt Benjamins Abneigung gegenüber der plumpen Dialektik von dessen Freund Bertolt Brecht, der sich primär am Handeln und an dessen Erfolg orientiert. Erst langsam entbirgt die Geschichtsphilosophie ihren so illusionären wie gefährlichen Charakter. Bezeichnen Horkheimer und Adorno in ihrer berühmten *Dialektik der Aufklärung* den Fortschritt angesichts von Auschwitz und Hiroshima als Weg in die Barbarei, wird Adorno später in seinem Buch über *Negative Dialektik* just diese Schattenseiten als die unvermeidliche Rückseite aller Dialektik diagnostizieren, die nicht die Wahrheit durchsetzt, sondern nur ein einseitiges Bild übrig läßt.[20]

Arendt macht für die Verheerungen der geschichtsphilosophisch aufgeladenen Dialektik primär Marx verantwortlich. Doch auch der Liberalismus entwickelt destruktive Tendenzen. Denn beiden – so überrascht uns Arendt – galt als Sinn der Politik nicht die Freiheit, sondern die Wohlfahrt, die man durch technischen und ökonomischen Fortschritt erreicht. Für den Liberalismus bedeutet Freiheit primär freie wirtschaftliche Betätigung und Sicherheit von Leben und Eigentum. Daher basiert Politik auf einem Nutzenkalkül bzw. der Wirksamkeit.

Vor der Neuzeit kennen die abendländischen Traditionen ein solches utilitaristisches Denken kaum, jedenfalls keines, dem sich alle ethischen Orientierungen unterordnen würden. Arendt stützt ihre Analyse der totalen Herrschaft auf eine Perspektive, die vom absolutistischen Vordenker des modernen Staates, Thomas Hobbes, bis zu Karl Marx reicht und die der liberalen wie der sozialistischen Politik den Charakter der Biopolitik verleiht – um mit Michel Foucault zu sprechen –, d. h. daß sich die Politik primär um die Versorgung der Bevölkerung und um deren Entwicklung, somit um die Ökonomie kümmert,[21] aber nicht mehr um die Freiheit. Arendt schreibt: «Ausdrücklich wird der neuen Gesellschaft von ihrem größten Theoretiker ‹Hobbes› vorgeschlagen, den Bruch mit allen abendländischen Traditionen zugleich zu vollziehen. Er hat damit das Verhalten der Bourgeoisie wie des von ihr erzeugten Mobs in grandioser Weise vorgezeichnet, wie schließlich das, was man gemeinhin unter dem Untergang des Abendlandes versteht.» (TH 323)

Arendt klinkt sich damit in eine gängige antimodernistische Klage ein, die z. B. der Vordenker der US-amerikanischen Neokonservativen, Leo Strauss, anstimmt. Für diesen begründet Hobbes den Liberalismus dadurch, daß er den Lebensschutz zum Staatszweck erhebt. Damit hebt er die abendländische Tradition auf, die von der Politik verlangt, sich am ethisch Guten auszurichten.[22]

Doch Arendt unterscheidet sich von solcher konservativen Moderne-Kritik, indem es ihr um die politische Freiheit der Bürger geht, die für sie eine individuelle bleibt und die in die Vielfalt und Pluralität der Gesellschaft mündet. Leo Strauss schwebt vor, solche Freiheiten zugunsten traditioneller Vorstellungen von der untergeordneten Rolle des Individuums gegenüber Gesellschaft und Politik zu beschneiden. Er hält es für eine durchaus berechtigte und richtige politische Forderung, in einer Welt mit Gleichgesinnten leben zu wollen, die z. B. an dieselbe Religion glauben. Entstünde für Strauss *eine* Welt, wenn alle dasselbe sagen, so zerfällt diese für Arendt, weil sie Andersgläubige ausgrenzt.

Für Arendt wird Politik sinnlos, wenn ihr wichtigstes Thema nicht die Freiheit ist. Freiheit konstituiert den Sinn des Politischen. Indes erschöpft sie sich nicht in der liberalen Freiheit wirtschaftlichen Handelns. Arendts Freiheitsverständnis verdankt sich vielmehr Aristoteles und rekurriert auf die Athener Demokratie, an der sich die Bürger als deren Träger aktiv beteiligten, in der sie durch ihre Diskussionen, ihre Freundschaften und Entscheidungen die politische Welt schufen, in der wirtschaftliche Fragen in den Hintergrund traten.

Hannah Arendt ist weder so konservativ wie Leo Strauss noch so pessimistisch wie Heidegger und Walter Benjamin. Ihr großes Werk *Elemente und Ursprünge totaler Herrschaft* analysiert Nationalsozialismus und Stalinismus, ohne die Freiheit als ausweglos aufzulassen. Das knapp 1000 Seiten umfassende Werk enthält drei eigenständige Teile: I. Antisemitismus, II. Imperialismus, III. Totale Herrschaft. Mit diesem dritten Abschnitt legt sie den Grundstein für die Totalitarismustheorie, obgleich vor ihr bereits Karl Raimund Popper 1945 mit seinem zweibändigen Werk *Die offene Gesellschaft und ihre Feinde* die demokratische Welt von der geschlossenen autoritären und ideologisch gestützten Welt der modernen Diktaturen differenzierte, und Ernst Cassirer um dieselbe Zeit im totalitären Staat eine Wiederkehr von politischen Mythologien feststellt.[23]

Schon im zweiten Abschnitt entwickelt Arendt einen durchaus eigenständigen Ansatz, der auf John Hobson zurückgreift, einen der Väter der Imperialismustheorie. Hobson diagnostiziert nicht nur einen Zusammenhang zwischen Kapitalinteressen und imperialistischer Politik im 19. Jahrhundert – darauf stützt sich dann vor allem Lenins berühmtes Buch *Der Imperialismus als höchstes Stadium des Kapitalismus*. Hobson verfolgt auch sozialpsychologisch die Stimmung und das politische Milieu, das es den Oberschichten ermöglichte, in ihren Ländern eine imperialistische Politik durchzusetzen. Genau hier schließt Arendt an, wenn sie den Judenhaß des frühen 19. Jahrhunderts neben die Brutalisierung des Mobs in der Industriegesellschaft und die totalitären Bewegungen des 20. Jahrhunderts stellt. Der liberale Historiker Wolfgang J. Mommsen zählt hier Hannah Arendt zu den Denkern, «die aus heißem Herzen eine grundlegende Demokratisierung der politischen und gesellschaftlichen Verhältnisse im Sinne eines demokratischen Humanismus liberaler Prägung anstreben.»[24]

Natürlich ließen sich die modernen Nationalstaaten auf das Abenteuer des Imperialismus ein. Verantwortlich macht Arendt dafür jedoch nicht primär den Nationalstaat selbst, sondern nationalistische und imperialistische Ideologien. Der Nationalismus kommt erst auf – so Arendt –, als der Nationalstaat nicht mehr funktioniert, was etwa im letzten Drittel des 19. Jahrhunderts nach dem deutsch-französischen Krieg einsetzt.

Die wirtschaftliche Krise, in die die Klassengesellschaft des Nationalstaates gerät, bedroht die Existenz beider. Einerseits entsteht ständig Kapital, das sich nicht mehr innerhalb des Landes anlegen läßt. Dessen mögliche Entwertung könnte für seine Eigentümer sozialen Abstieg bedeuten. Erodiert derart die Klassengesellschaft, gefährdet das zugleich den Nationalstaat, da das Nationalgefühl nachläßt. Daher verbindet sich der Nationalismus mit dem Mob, der in den ökonomischen Krisen aus der Klassengesellschaft herausfiel und der nun haßerfüllt nach Identitätsmustern sucht, die sich aus der Ausgrenzung von Minderheiten am Rande der Gesellschaft speisen. Arendt bemerkt: «Der Mob setzt sich zusammen aus allen Deklassierten. In ihm sind alle Klassen der Gesellschaft vertreten. Er ist das Volk in seiner Karikatur und wird deshalb so leicht mit ihm verwechselt. Kämpft das Volk in allen großen Revolutionen um die Führung der Nation, so schreit der Mob in allen Aufständen nach dem starken Mann, der ihn führen kann.» (TH 247) Nach Hanna Pitkin verdankt sich Arendts Begriff des Mob einer psychologischen Konstellation des Schreckens und der Hilflosigkeit.[25] Doch er schließt an bestimmte Interpretationen an, nach denen vor allem die Derangierten des Ersten Weltkriegs den Faschismus anschoben.

Nationalismus strebt nach der Aufhebung jeglicher inneren Pluralität, um eine Einheit sicherzustellen, die die eigene Nation gegenüber anderen erhöhen soll. Als nationalistischer Hebel erweist sich dabei die Frage der Minderheiten. Damit zerstört der Nationalismus für Hannah Arendt eine patriotische Gesinnung, die für das eigene Volk immer unter vielen gleichberechtigten anderen Völkern eintritt, das eigene Volk aber nicht über andere Völker stellt. Dagegen attestiert der Rassismus anderen Völkern Minderwertigkeit von Natur aus. Die Kolonialbürokratie fördert ein solches Denken indirekt dadurch, daß sie sich paternalistisch für andere Völker verantwortlich erklärt, indem sie diesen gewisse Fähigkeiten der Selbstverwaltung wie der politischen Freiheit abspricht.

Natürlich bestreiten viele Arendts These wie die vergleichbaren Theorien von Hobson, Lenin und Rudolf Hilferding, nach denen Wirtschaftsinteressen und imperialistische Politik zusammenhängen. Der Imperialismus – so Arendt – sorge für wirtschaftliche Investitionen, eröffne dem überschüssigen Kapital somit neue Anlagemöglichkeiten. Längst läßt sich historisch nachweisen, daß sich der Imperialismus der europäischen Mächte am Ende des 19. Jahrhunderts für diese überhaupt nicht lohnte und nur ein teures Geschäft blieb. Häufig wollten die verantwortlichen Politiker von Kolonialabenteuern wenig wissen, trieb sie aber entweder eine aufgepeitschte Öffentlichkeit an oder mußten sie intervenieren, weil sich abenteuerlustige Landsleute in ihrer Gier nach schnellem Reichtum zu tief in ein fremdes exotisches Land gewagt hatten. Damit relativiert sich Arendts These heute.

Doch darf man nicht übersehen, daß regelmäßig höchst irrationale Motive wirtschaftliches Handeln lenken. Wie viel Kapital wird in der Weltgeschichte nicht hochspekulativ eingesetzt und verloren! Wie viele Hoffnungen weckt nicht eine Goldgräberstimmung! Wie sensibel reagieren Börsen auf Nachrichten ohne jeglichen Überraschungswert! Insofern darf man doch eine Lanze für die ökonomistischen Imperialismustheorien brechen, die zwar weniger den historisch objektivierbaren Sachverhalt, dafür aber die subjektiven Erwartungen der Beteiligten auf den Begriff bringen.

Dabei versucht Arendt nachzuweisen, daß sich die Juden eher am Rande an der Entstehung des Kapitalismus beteiligten. Nicht nur daß die Masse der Juden arm war, Juden beschränkten ihre industriellen Tätigkeiten zumeist auch auf jene Bereiche, die sich mit staatlichen Interessen verknüpften. Derart entlarvt sich – so Arendt – die These Werner Sombarts, die Juden seien die Repräsentanten des Kapitalismus,[26] als «die wissenschaftlich verkleidete Ausführung der Irrtümer des antiliberalen Kleinbürgertums der achtziger Jahre» (TH 101).

Arendt erweitert vor dem Hintergrund des Antisemitismus die ökonomischen Motive des Imperialismus um sozialpsychologische Gestimmtheiten, so daß sie der Komplexität des Phänomens *Imperialismus* erheblich näher kommt als die sozialistischen Theoretiker. Damit nämlich läßt sich der Übergang vom Nationalismus zu den totalitären Bewegungen aus dem Horizont des Imperialismus erläutern, der seinerseits wesentliche, vor allem sozialpsychologische Elemente des Totalitarismus antizipierte.

Der durch ökonomische Krisen und Imperialismus gebeutelte Nationalstaat bemerkte nicht, daß die um 1900 überall aus dem Boden schießenden imperialistischen und antisemitischen Gruppen ähnlich wie die marxistischen Revolutionäre von vornherein den Anspruch erhoben, das Parteiensystem des Nationalstaates abzuschaffen und sich selbst des Staatsapparates zu bemächtigen. Das parteipolitisch neutrale Staatsbeamtentum sollte durch die eigenen Anhänger ersetzt werden. Arendt schreibt: «In Frankreich haben die Parteien den Staat lächerlich gemacht, in Deutschland machte der Staat die Parteien lächerlich.» (TH 541) Panslawische wie pangermanische Bewegungen – das übersah man geflissentlich bzw. hielt dergleichen für unrealisierbaren Unsinn – zielten nicht nur von vornherein auf die Weltherrschaft, sondern auch auf die Kontrolle des politischen Lebens, auf die umfassende gesellschaftliche Organisation der Menschen, deren Leben man dadurch steuern wollte. Die Vorsilbe ‹pan› nimmt für Arendt das später verwendete Wort ‹total› vorweg, man denke an die totale Mobilmachung oder den totalen Krieg. In diesem Sinne ebnete die propagierte Volksgemeinschaft der «arischen» Rassengesellschaft den Weg. Sie würde schließlich allen Völkern ein Ende bereiten, auch dem deutschen. Denn schließlich setzen sich Völker nicht aus einer Rasse zusammen, sowenig wie Nationen oder Nationalstaaten.

Für Arendt schuldet sich somit der Antisemitismus der Nazis bestimmten historischen Umständen, nämlich der Schwäche des Nationalstaates und den sozialen Krisenerscheinungen, was beides zusammen in weiten Teilen der Bevölkerung das Gefühl der Verlassenheit erzeugte. Der mit dem Imperialismus entstandene Rassenbegriff rekurrierte auf vermeintlich wissenschaftliche Theorien aus Biologie und Vererbungslehre. Aus diesen verschiedenen Aspekten entsprang dann «jene Atmosphäre allgemeiner Zustimmung (...), aus der es kein Entrinnen mehr gab» (TH 210). Für manche aber schien sich just darin *eine* gemeinsame Welt zu regenerieren, die das Gefühl der Verlassenheit aufheben würde.

Doch sobald die totalitären Bewegungen an die Macht gelangten, konnten sie sich nicht mehr auf die breite Zustimmung verlassen. Nicht nur das Charisma politischer Führer verblaßt schnell. Um ihre Herrschaft zu sichern, bzw. indem sie vorgeben, ihre Zielvorstellungen einer gemeinsamen Welt zu verwirklichen, müssen totalitäre Regime zu Maßnahmen greifen, die den Widerstand gegen sie verstärken. Um diesen Widerstand radikal auszuschalten, aber natürlich auch um sich der eigenen Anhänger zu versichern, bleibt den totalitären Regimes gar nichts anderes übrig, als sich auf den Terror zu verlegen. Er avanciert zu mehr als einer kurzfristigen Maßnahme und wird höchstens propagandistisch bedauert. Faktisch aber rechnen die Vertreter dieser Bewegungen nicht nur fest damit, sondern halten den Terror für eine sinnvolle erzieherische Maßnahme. Das bekräftigen jene Anhänger, die den Terror gegen sich selbst nicht selten befürworten, weil sie um den eigenen Wankelmut nur zu gut wissen. Damit zeichnet sich für Arendt die totale Herrschaft gegenüber allen anderen Formen autoritärer Herrschaft und der Diktatur durch den Terror aus: «Terror wird zu der spezifisch totalen Regierungsform.» (TH 727)

Der Terror realisiert jene gräßliche Stimmung der brutalen Aggressivität gegenüber Andersdenkenden und des Pogroms gegenüber vermeintlich Fremden oder Minderwertigen, die der imperialistische Nationalismus auf den Weg brachte. *Eine* gemeinsame Welt – und das gilt genauso für den Stalinismus – kann sich der Totalitarismus nur durch die absolute Kontrolle der Menschen vorstellen: wenn alle dasselbe denken und alle gleichgeschaltet handeln; wenn ihre Reaktionen absolut abrufbar funktionieren und ihnen jegliche Spontaneität ausgetrieben wurde; wenn man sie zu Marionetten degradiert. Hat man ihnen derart das Selbstdenken definitiv ausgetrieben, vertiert das ihre Menschlichkeit. Letztlich setzt der Terror also eine vollständig disziplinierte Gesellschaft durch – man erinnere sich an George Orwells *Animal Farm*.

Zwar gelingt es dem Terror, teilweise das Gefühl der Verlassenheit zu reduzieren. Vom Gemeinschaftserlebnis im nationalsozialistischen Deutschland oder von der viel zitierten Nestwärme in der DDR schwärmen immer noch Menschen. Doch indem der Terror die Menschen so organisiert, als gäbe es sie gar nicht in der Mehrzahl, als gäbe es keine Unterschiede zwischen ihnen, schon gar keinen Pluralismus, als existierten sie nur im Singular, als Volksgemeinschaft oder als Arbeiterklasse, werden nicht nur die Zwischenräume zwischen ihnen aufgehoben, sondern damit *eine* gemeinsame Welt selbst. Denn für Arendt entsteht Welt nur aus der freien Kommunikation der Menschen miteinander, während der Terror Welt generell abschafft. Dieser einheitliche Megamensch bietet den Menschen zwar einen letzten Halt als Gemeinschaft, wenn auf nichts mehr sonst Verlaß zu sein scheint. Die Ängste, die die Verlassenheit erzeugt, werden durch die Ängste, die der Terror provoziert, kompensiert und verdrängt. Doch läßt sich das schwerlich als Politik verstehen. Der Totalitarismus zerstört nicht nur die Welt, sondern erweist sich als unpolitisch.

Zwei zentrale Aspekte spielen bei diesem totalitären Terror als Staatsform eine herausragende Rolle, nämlich einmal die Geheimpolizei und zum anderen das Konzentrationslager. In einem totalitären Staat verfügen nicht die offiziellen Institutionen und Organisationen über die staatliche Gewalt, sondern die vielen geheimen. Jede halbwegs wichtige Organisation besitzt ihren eigenen Geheimdienst. Gerade in dieser Hinsicht gleichen sich Nationalsozialismus und Stalinismus, die Arendt erstens durch den gemeinsamen sozialpsychologischen Hintergrund von Weltverlust sowie dem Gefühl der Verlassenheit, zweitens durch das für die Herrschaftsweise charakteristische Merkmal des Terrors, drittens durch die Macht der Geheimdienste und viertens durch die Masseninhaftierung in Konzentrationslagern parallelisiert –

eine These, die ihr gerade aus dem linken politischen Spektrum sehr viel Kritik einbrachte.

Das Konzentrationslager machte es möglich, eine ungeheure Zahl von Menschen zu inhaftieren und dabei ihre Arbeitskraft auszubeuten. Zumeist sperrte man gar keine politischen Gegner ein, sondern ziemlich willkürlich normale Menschen mit vielleicht kleinsten Verfehlungen oder nur auf Grund von Denunziationen. Derart präsentiert sich der Terror als allgegenwärtig. Andererseits leiden diese Geheimorganisationen unter einem enormen Finanzbedarf, der nur durch die Ausbeutung von Arbeitskraft gedeckt werden kann. Oder bestimmte Arbeiten wären viel zu teuer, um sie zu bezahlen, sind für den Staat aber von großem Interesse – man denke an Sibirien.

Die Lager besaßen eine interne Terrorstruktur, die sofort bei der Ankunft des Häftlings anhob. Dieser konnte nur überleben, wenn er gegen die zahllosen herrschenden Regeln verstieß, so daß er notorisch unter Todesangst leben mußte. Die Arbeit in den Lagern war extrem hart und gefährlich, die Ernährung miserabel. In den deutschen Lagern – so Arendt – veränderte sich der willkürliche und tumbe Terror der SA, die die ersten Lager 1933 mit politischen Häftlingen betrieb, als die SS die Lager übernahm. Arendt schreibt: «Das eigentlich Grauenhafte der Lager jedoch ist gerade, daß diese spontane Vertiertheit in den deutschen Lagern mehr und mehr zurücktrat, nachdem die SS ihre Verwaltung übernommen hatte, und von einer absolut kalten, absolut berechneten und systematischen Zerstörung der menschlichen Körper zum Zwecke der Zerstörung der menschlichen Würde abgelöst wurde, die sich genug in der Gewalt hatte, den Tod zu verhindern oder auf unabsehbar lange Zeit hinauszuschieben.» (TH 932)

Totalitäre Herrschaft entwickelt auch nach innen eine hochdifferenzierte hierarchische Struktur, die die Anführer wie die Eliteformationen über gewöhnliche Parteimitglieder bis hin zu den Sympathisanten von der Außenwelt abschirmt, die Wirklichkeit somit nicht ins Gedankengebäude der Eliten hineinläßt, so daß diese um so unbeschwerter der Bevölkerung ihre ideologischen

Konstrukte verkaufen können. Andererseits bedient sich die oberste Hierarchieebene nach Belieben der propagierten Ideen. Wechselt man dabei gelegentlich das bislang vertretene Paradigma, zwingt das alle Gefolgsleute um so intensiver zu blindem Vertrauen, wie es obendrein Säuberungen ermöglicht, so daß sich nirgendwo Widerstand einnisten kann. Hannah Arendt stellt fest: «Totalitäre Führer sind keine Demagogen im gewöhnlichen Sinne, und sicher keine ‹charismatischen Führer› im Sinne Max Webers. Was sie auszeichnet, ist die unbeirrbare Sicherheit, mit der sie sich aus bestehenden Ideologien die Elemente heraussuchen, die sich für die Etablierung einer den Tatsachen entgegengesetzten, ganz und gar fiktiven Welt eignen.» (TH 762)

In der vorbeugenden Verhinderung jeglicher Kritik brachte es Stalin zu einer gewissen Meisterschaft, wenn eine Säuberungswelle die andere jagte, sich gerade die Gefolgsleute nicht mehr sicher fühlen konnten. Denn nach der Vernichtung der äußeren Opposition fühlt sich der totalitäre Führer von vermeintlichen inneren Kritikern bedroht. Auf diese übt der Terror einen solchen Druck aus, daß sie am Ende gestehen, was sie nicht taten – wie es bei den sowjetischen Schauprozessen beinahe an der Tagesordnung war. Wollen sie ihre Treue beweisen, müssen sie lügen, sich in Selbstkritik ergehen, obgleich sie sicher sein dürfen, daß sie damit ihrem Todesurteil zustimmen. Aber so erweisen sie der Partei, an die sie immer glaubten, noch einen letzten Dienst.

Der Terror als extreme Form gewalttätiger Politik entspringt nicht etwa allein der staatlichen Ebene, obwohl er dort ungeheuerliche Ausmaße annehmen kann. Terrorismus und Gewalt finden auch nicht nur bei brutalisierten oder tumben Menschen ihre Helfershelfer, Unterstützer oder Befürworter. Ihre Vordenker und Applaudierer rekrutieren sich vielmehr genauso aus Akademikern, den Gebildeten, den Künstlern und Intellektuellen. Daß Philosophen den Pazifismus favorisieren, passierte in der Geschichte der Philosophie eher selten. Gerade diejenigen, die von ihrer Profession her das Argumentieren, das Zuhören, das sich gegenseitig Überzeugen gelernt haben sollten, bewundern gerne die Gewalt, die das ‹ewige Gerede› endlich beendet, weil sie selbst im Grunde doch nicht so gerne mit anderen diskutieren und diese lieber belehren. Solche Philosophen müssen dazu nicht unbedingt in der Tradition Platons stehen, wo der Philosoph König sein soll, weil er ja die umfänglichste Bildung und die größte Weisheit besitzt. Sie bilden sich vielmehr allzu leicht ein, sie, die Intellektuellen, wüßten, wie die Welt funktioniert, so daß man endlich auf sie hören sollte.

Jedenfalls entstand im Laufe des 19. Jahrhunderts ein bis dahin unbekannter Typus des *Berufsrevolutionärs*, der häufig eine Mischung aus Intellektuellem und Gewalttäter bzw. Terroristen darstellte. Prototyp bleibt sicher Lenin. Arendt schreibt in ihrem Buch *Über die Revolution* aus dem Jahr 1963: «Die Geschichte des Berufsrevolutionärs im neunzehnten und zwanzigsten Jahrhundert gehört in Wahrheit weder in die Geschichte der arbeitenden noch der besitzenden Klassen, wohl aber in die noch nicht geschriebene Geschichte des produktiven Müßiggangs. In dieser Hinsicht gehören die Berufsrevolutionäre in die gleiche Kategorie wie die modernen Künstler und Schriftsteller, die zwar oft genug Hungerleider waren, aber sich dennoch den Luxus leisteten, nicht für ihren Lebensunterhalt zu arbeiten. (...) Für sie alle wurde die Bohème eine Insel seligen Müßiggangs inmitten des unerträglich geschäftigen Jahrhunderts der industriellen Revolution.» (ÜR 332)[27] Die totalitären Ideologien vor allem in der Nachfolge von Hegel und Marx erlaubten diesen selbsterklärten Berufsrevolutionären, ihre individuelle terroristische Neigung zum Ausdruck des Weltgeistes zu erheben oder mit einem gleichfalls selbstdefinierten Interesse des Proletariats zu kombinieren. Jedenfalls waren sie häufig bereit, für eine gelungene Aktion, für das Attentat auf den Großfürsten, in dem sich ihr Leben sinnvoll realisieren sollte, ihr Leben hinzugeben. Hannah Arendt spricht von ‹Bombenexpressionismus›, der mit dem 11. September 2001 gewiß einen Höhepunkt erreicht hat.

Natürlich soll der Terror primär die ideologisch aufgeladene Politik totalitärer Regime durchsetzen bzw. deren Existenz sichern. Doch argumentativ umgarnt man ihn mit scheinwissenschaftlichen Szenarien, die ihm dadurch Legitimität verleihen, daß der Terror nur den historischen Prozeß beschleunige, daß er nur das befördere, was sich von Natur aus sowieso als stärker erweisen werde. Wenn die Menschheit sich diesem Prozeß einordnet – und der Totalitarismus will ihr dazu verhelfen –, dann können Natur und Geschichte schneller zu jener gemeinsamen Welt zusammenwachsen, welche die Totalitarismen als das wahre Ziel der Entwicklung verkünden.

Denn der Totalitarismus befindet sich im eigenen Selbstverständnis nicht nur auf dem richtigen Weg zur Welt der Volksgemeinschaft oder der klassenlosen Gesellschaft. Er entspricht vielmehr damit der objektiven Struktur von Natur und Geschichte, folgt somit den richtigen, d. h. wahren wissenschaftlichen Erkenntnissen, also der Wahrheit als solcher. Arendt bemerkt: «Praktisch heißt dies, daß Terror die Todesurteile, welche die Natur angeblich über ‹minderwertige Rassen› und ‹lebensunfähige Individuen› oder die Geschichte über ‹absterbende Klassen› und ‹dekadente Völker› gesprochen hat, auf der Stelle vollstreckt, ohne den langsameren und unsicheren Vernichtungsprozeß durch Natur oder Geschichte selbst abzuwarten.» (TH 958) Der Terror entspringt nicht der blinden Willkür eines Gewaltherrschers, seines Machthungers, sondern den objektiven Gesetzen von Natur und Geschichte. Damit zwingt er alle Menschen durch ein eisernes Band zusammen, so daß kein Raum der Freiheit mehr zwischen ihnen bleibt, somit die Welt zerbricht.

Denn totalitäre Ideologien proklamieren zwar die Wahrheit, um ihren Illusionen Gewicht zu verleihen. Aber sie *fragen* nicht nach ihr. Sie bedienen sich wissenschaftlicher Erkenntnisse, solange diese die eigenen Zwecke und Ziele fördern. Jegliche *Zweifel*, die zu den modernen Wissenschaften so originär gehören wie zum Begriff der *Wahrheit*, werden verbannt. Doch Wahrheit, seit Sokrates sie ausgiebig diskutierte, erfüllt ihre Ansprüche nur, wenn sie immer wieder überprüft und in Frage gestellt wird. Sie mündet in einen unendlichen Prozeß, der sich niemals abschließen läßt. Jaspers bringt dieses Verständnis auf den Punkt: «Mit der Wirklichkeit unserer Wahrheit sind wir immer nur auf dem Wege. Niemand hat sie, wir alle suchen sie.»[28] Wer Wahrheit für absolut erklärt oder letzte bzw. definitive Wahrheiten verkündet, verdreht den Sinn der Wahrheit, gibt ihren Anspruch auf. Unter dem Deckmantel solcher angeblich sicherer Wahrheiten soll sich der Terror legitimieren.

Eine fiktive, ideologische Welt läßt sich auch nicht widerlegen. Grundsätze, die als letzte Wahrheiten unterstellt werden, sperren sich gegenüber jeder Diskussion, führen, um mit Popper zu sprechen, in eine geschlossene Gesellschaft. Daher kann man – so Arendt – die totalitäre Propaganda weder mit Gegenpropaganda noch einfach mit der Wahrheit bekämpfen.

Hier zeigt sich die Richtigkeit von Arendts Unterscheidung zwischen Vernunftwahrheiten und Tatsachenwahrheiten. Vernunftwahrheiten entspringen der Mathematik und der Logik, denen man als solchen schlicht nicht widersprechen kann. Bestenfalls läßt sich deren Relevanz bezweifeln, wie es die marxistische Dialektik versucht, wenn sie in Natur und Geschichte fleißig Gegensätze diagnostiziert, die vorgeblich die Entwicklungen antreiben. Tatsachenwahrheiten dagegen scheinen einerseits selbstverständlich: Das, was passiert ist, ist eine Tatsache und diese, weil sie passiert, ist wahr. Doch kein in sich geschlossenes System wie Logik und Mathematik schützt diese Wahrheiten wie die Vernunftwahrheiten. Tatsachen müssen vielmehr überhaupt erst bemerkt werden. Dazu brauchen sie Zeugen oder Indizien, eine Berichterstattung, z. B. die *Ilias*, die den trojanischen Krieg beschreibt. Zeugen aber können lügen, Indizien kann man fälschen oder anders interpretieren.

Totalitäre Herrschaft bedient sich fleißig dieser Möglichkeit, Tatsachenwahrheiten zu beeinflussen und zu verdrehen. «Politisch aber ist (...) die Scheidung der Tatsachenwahrheiten von der Vernunftwahrheit von großer Bedeutung. Wir brauchen nur an solch anspruchslose Richtigkeiten zu denken wie, daß ein Mann namens Trotzki in der Russischen Revolution eine gewisse Rolle gespielt hat, die in keinem sowjetrussischen Lehrbuch erwähnt wird, um gewahr zu werden, daß keine Vernunftwahrheit es mit der Tatsachenwahrheit an Gefährdung aufnehmen kann. Und da ja Tatsachen und Ereignisse, die unweigerlichen Ergebnisse menschlichen Zusammenlebens und –handelns, die eigentliche Beschaffenheit des Politischen ausmachen, müssen wir in diesem Zusammenhang an Tatsachenwahrheiten primär interessiert sein. Wenn politische Macht sich an Vernunftwahrheiten vergreift, so übertritt sie gleichsam das ihr zugehörige Gebiet, während jeder Angriff auf Tatsachenwahrheiten innerhalb des politischen Bereichs selbst stattfindet.» (ZV 331)

Tatsachenwahrheiten können von staatlichen Institutionen mit deren ganzer Macht verändert oder verfälscht werden. Totalitäre Regime finden ihre wissenschaftlichen Helfershelfer, die die ideologischen Wahrheiten untermauern, so wie sie immer gewissenlose Wissenschaftler auftreiben, die unmenschliche Experimente durchführen. Aber auch der einzelne kann Tatsachenwahrheiten bezweifeln oder ihnen gar widersprechen. Denn erstens läßt sich vermeintlich alles bezweifeln, obwohl das eine schlichte Überdehnung der Kompetenz des Zweifelns darstellt. Und so wie man für einen Zweifel Hinweise und Argumente benötigt, hat zweitens nicht jeder, der mit Zweifeln konfrontiert wird, jederzeit die richtigen Gegenargumente parat, so daß ein Zweifel auch andere Menschen beeindruckt. Manchmal treffen solche ideologischen Vorstellungen zudem auf offene Ohren. Schließlich dringt das wissenschaftliche Wissen gemeinhin nicht bis in jeden Winkel der Welt vor.

Just deswegen bedürfen manche sehr sensiblen Tatsachenwahrheiten wie der Holocaust auch eines juristischen Schutzes, obwohl man gerne vorschnell meint, das vertrage sich weder mit dem demokratischen Recht auf Meinungsfreiheit noch mit dem Wesen der Wahrheit, daß Wahrheit nur dann wirklich Wahrheit ist, wenn sie sich ohne Hilfe durchsetzt. Aber warum sollte Wahrheit so stark sein? Für Arendt beherbergt sie vielmehr eine unvermeidliche Schwäche.

Insistiert Arendt auf der Bedeutung von Tatsachenwahrheiten in der Politik, dann widerspricht sie der Behauptung, daß man in der Politik im Grunde gar nicht nach der Wahrheit fragen sollte. Wenn man aber *eine* gemeinsame Welt nicht aufgeben will, dann muß man für Arendt darum streiten, was man als Wahrheit anerkennt und was nicht. Der Totalitarismus bemüht sich dagegen für Arendt vor allem darum, auf die Gefühle der Verlassenheit und der Weltlosigkeit mit einem Abschied von den Tatsachenwahrheiten zu reagieren. Durch allerlei Illusionen sollen die Menschen diese Gefühle verlieren.

Wie es eine Theorie-Debatte über den Imperialismus der europäischen Mächte im 19. Jahrhundert gibt, so gibt es auch eine über den Faschismus. Arendt spielt in dieser Diskussion mit ihrem Totalitarismusbegriff eher eine Außenseiterrolle. Denn im Gegensatz zum Mainstream der Faschismustheorien trennt sie deutschen Nationalsozialismus und italienischen Faschismus voneinander, und zwar mittels ihres Totalitarismusbegriffs. Den italienischen Faschismus nimmt sie davon aus, erklärt ihn für nicht totalitär, eine Unterscheidung, die sich allerdings kaum durchsetzte und über die der konservative Historiker Ernst Nolte schreibt: «Hannah Arendt dagegen stellt in den beiden ersten Teilen ihres Buches mit dem Antisemitismus und dem Imperialismus ausschließlich Prämissen des Faschismus dar, während sie im dritten Teil unter dem übermächtigen Eindruck der Vernichtungsaktionen Hitlers und Stalins den italienischen Faschismus vom Nationalsozialismus trennt und damit die Möglichkeit eines Allgemeinbegriffs leugnet, allerdings mit Hilfe von Argumenten, die zu den schwächsten des ganzen Buches gehören.»[29]

Oder stören Arendts Argumente nur Noltes Perspektiven, um zu einem abschließenden Urteil über jene Epoche zu kommen? Das Verhältnis zur eigenen Armee wie zum Staat bezeugt für Arendt am klarsten den Unterschied zwischen Nationalsozialismus und Faschismus: Während Mussolini seinen Faschismus an der Armee wie am Staat orientierte, die Bewegung mit beiden zu verschmelzen suchte, aber damit auch beide in ihrem jeweiligen Primat beließ, ordneten Nationalsozialismus und Stalinismus Armee und Staat ihren jeweiligen Parteien und Eliteformationen unter. Sie zerstörten damit den militärischen wie den etatistischen Geist.

Führerprinzip, hierarchische, autoritäre und militärdiktatorische Strukturen ähneln zwar dem nationalsozialistischen Herrschaftsgefüge. Diese Parallelen indes tragen nach Arendt eher zur Verwirrung bei. Vielmehr besitzt das Führerprinzip an sich keine totalitären Züge, schließlich bedient man sich seiner überall in Politik, Wirtschaft und Gesellschaft, wo jemand in eine leitende Position gewählt wird. Ein Führer als solcher entfaltet noch keine Hierarchien; so haben beispielsweise spontane politische Bewegungen durchaus Führer, aber ohne Organisationen.

Autorität gar steht dem Totalitarismus strikt entgegen, zielt Autorität doch auf Eingrenzung eines Bereiches, in dem sich dann der einzelne frei entfalten kann. Nur der Totalitarismus bezweckt die völlige Aufhebung der Freiheit. Der totalitäre Führer entwickelt gerade keine Autorität, sondern stützt seine Wirkung auf terroristische Gewalt. Wenn man Führerprinzip und Autorität als wesentliche Charakteristika des Totalitarismus begreift, dann, so Arendt, verharmlost man diesen.

Mit dieser Argumentation trifft Arendt natürlich all jene, die die Strukturen und Lebensverhältnisse in Nazi-Deutschland als weitgehend normal betrachten und nur an wenigen außergewöhnlichen Stellen als moralisch deformiert. Je totalitärer sich ein Regime entfaltet und je weniger es den Menschen ein normales Leben erlaubt, um so fragwürdiger wird jede Tätigkeit für das Land, die Nation etc. Dann kann man Mitläufer nicht so leicht exkulpieren.

Natürlich dramatisieren die Judenverfolgung und der Holocaust diese Problematik. In Arendts *Bericht* über *Eichmann in Jerusalem*, in dem sie die Unterscheidung zwischen Faschismus und Nationalsozialismus 1963 wiederholt, avanciert die Frage nach der Normalität sogar zum moralischen Kriterium. Selbst das Terror-Regime von Salò – die faschistische Regierung, die sich 1943 unter deutscher Ägide nach dem Sturz Mussolinis etablierte – führte die Anordnungen zur Judenverfolgung und Deportation nur schleppend aus. Zuvor boykottierte Italien nicht nur jahrelang die deutsche Judenverfolgung und wurde dabei durchaus Vorbild für andere besetzte oder verbündete Länder wie vor allem Dänemark, Holland, Frankreich oder Rumänien. Vielmehr bot Italien jüdischen Flüchtlingen Schutz, auch in den italienisch besetzten Gebieten Frankreichs und Jugoslawiens. Als es sich aus diesen Gebieten zurückziehen mußte, begleiteten die dort lebenden Juden die italienische Armee. Arendt konstatiert: «Die Sabotage muß die Nazis um so mehr irritiert haben, als sie ganz offen ausgeübt wurde, auf beinahe spöttische Manier. Die Versprechungen wurden von Mussolini selbst oder von anderen hohen Würdenträgern abgegeben, und wenn die Generäle sie dann einfach nicht wahrmachten, fand Mussolini Entschuldigungen für sie mit der Begründung, sie hätten nun einmal eine ‹andere geistige Haltung›.» (EJ 280)[30]

Muß es verwundern, daß Arendt eine weitgehende Kontrolle der Lebenswelt zum Charakteristikum des Totalitarismus erhebt, und zwar durch Verfolgung, Ausgrenzung und Vernichtung bestimmter Gruppen der Bevölkerung?

Auch Arendts weitere Differenzierungen gefallen weder konservativen noch linken Intellektuellen: Die Nazis flüchteten sich, je weiter der Krieg fortschritt, immer stärker in den Totalitarismus, also in die Kontrolle aller Lebensumstände und in die Vernichtung der verhaßten Bevölkerungsgruppen wie Juden, Zigeuner, die Intellektuellen Osteuropas. In der Sowjetunion milderten sich dagegen im Laufe des Krieges die totalitären Strukturen. Die UdSSR nach dem Tod Stalins erweist sich für Arendt sogar als nicht mehr totalitär. Sie schreibt 1966 im Vorwort zum dritten Teil ihrer Totalitarismus-Studien unter dem Titel «III Totale Herrschaft»: «Nicht das Kriegsende, sondern Stalins Tod acht Jahre danach brachte den Umschlag. Rückblickend scheint es, als habe dieser Tod nicht bloß eine Nachfolgekrise und ein ‹Tauwetter› nach sich gezogen, das so lange anhielt, bis ein neuer Führer sich durchgesetzt hatte, sondern einen echten, wenn auch nie unzweideutigen Abbau totaler Herrschaft.» (TH 632) So hält sie denn um diese Zeit – also wenige Jahre vor der Kulturrevolution – das Regime Mao Tse Tungs für weniger totalitär als das Stalins, was sich indes schwer nachvollziehen läßt.

Totalitäre Tendenzen attestiert sie andererseits auch dem *McCarthyism* in den USA, und zwar nicht deshalb, weil er Kommunisten verfolgte, sondern weil er darauf abzielte, daß jeder

Bürger den Nachweis erbringt, kein Kommunist zu sein. Denn der Totalitarismus definiert seine Feinde als objektive Gegner, die ob ihrer Existenz als schädlich und gefährlich eingestuft werden, gleichgültig wie sie sich selbst einschätzen. In diesem Sinne wurden unter McCarthy Menschen zu Kommunisten erklärt, die überhaupt nicht daran dachten, in den USA den Kommunismus einzuführen, noch daß sie sich selbst für einen Feind der USA hielten. So erstickt der Totalitarismus jegliche Freiheit.

Hannah Arendt verweigert sich auch der Rede von Ersatz- oder *politischen Religionen*, wie der konservative Politikwissenschaftler Eric Voegelin den Totalitarismus bezeichnet. Dieser floh wie Arendt vor den Nazis in die USA, mochte aber nicht unter den liberalen und linken Emigranten an der Ostküste bleiben, sondern ging in die Südstaaten, den Bibelgürtel, während Arendt sich in New York niederließ. Alle diese Ideologien, auch Nationalismus und Liberalismus, besitzen für Voegelin religiöse Hintergründe, während sich der christliche Glaube auf eine nicht-ideologische Tradition der Theologie berufen kann. Voegelin zeichnet den Weg zu den von ihm sogenannten politischen Religionen des 20. Jahrhunderts bis zurück zur gnostischen Religiosität in den ersten Jahrhunderten vor Christus: Die frühe Gottesferne der Gnosis führe zur Entwertung einer Welt ohne Gottes Nähe und bereite mit dem Gottesmord dem Menschenmord in der Moderne den Weg. Letztlich begreift Voegelin alle ideologischen Bewegungen des 19. und 20. Jahrhunderts als Resultate der Moderne, genauer: des liberalen und aufklärerischen Denkens und sieht am Horizont einen drohenden Untergang des christlichen Abendlandes aufziehen.[31]

Hannah Arendt folgt indes keiner solchen Perspektive, auch nicht der pessimistischen von George Orwell, der drei Jahre vor Arendts Totalitarismus-Schrift seinen Roman *1984* veröffentlicht, in dem er die totalitäre Herrschaft eines alle Lebensumstände kontrollierenden «großen Bruders» für die nicht allzu ferne Zukunft erwartet. Die Geschichte verläuft sich für Arendt dagegen nicht notwendig in immer totalitäreren Strukturen. Schwerlich vermag totale Herrschaft Bleibendes zu stiften, birgt sie vielmehr den Keim ihres Untergangs in sich selbst, indem sie alle Freiheit aufhebt und dadurch die Welt zerstört, die sie terroristisch konstruieren möchte. So gerät der Totalitarismus nicht nur auf antipolitische Wege, sondern auf antisoziale, wenn ihm im Angesicht von Verlassenheit und Weltlosigkeit nur die terroristisch verfugte Gemeinschaft einfällt, die gerade keine Gemeinsamkeit entfaltet.

Wenn Arendt überhaupt eine Linie bis in die Antike ziehen würde, dann führte sie von der athenischen Demokratie, Sokrates und Aristoteles zu den freiheitlichen demokratischen Tendenzen des modernen liberalen Staates und nicht wie für Voegelin von Platon nur bis zu Thomas von Aquin. Hier steht sie dem modernen Denken von Popper zweifellos näher: Der Totalitarismus bricht mit den Traditionen der offenen liberalen Gesellschaft, verlängert diese nicht gottesfern, wie Voegelin behauptet. Sie schreibt: «Diese totalitäre Ideologie eine Religion zu nennen bedeutet nicht nur, ihr ein völlig unverdientes Kompliment zu machen; es läßt uns auch übersehen, daß der Bolschewismus, obwohl aus der Geschichte der westlichen Welt erwachsen, nicht mehr in deren Tradition von Zweifel und Säkularität gehört und daß sein Lehrgebäude ebenso wie seine Taten einen wirklichen Abgrund zwischen der freien Welt und den totalitären Teilen des Erdballs haben entstehen lassen.» (ZV 308) Daher kann man Arendt nicht als Generalkritikerin der Moderne konservativ eingemeinden.

Gegenüber Hannah Arendt herrscht unter den Geisteswissenschaftlern und Intellektuellen weltweit eine merkwürdige Stimmung der Verehrung einerseits und der herben Kritik andererseits, achtet man zwar ihre Werke, teilt aber regelmäßig nicht ihre Thesen, die ja ständig die konventionellen Ansichten und den Mainstream überschreiten. So meint Eric Voegelin über Arendts Totalitarismus-Studien, daß sie die Phänomene nur bis ins 18. Jahrhundert verfolge. Doch mit Verlaub gesagt, hat er Hannah Arendt hier wohl nicht richtig verstanden. Sie stellt keine geschichtlichen Ursache-Wirkungs-Verhältnisse bis ins 18. Jahrhundert dar, sondern Komplexe, deren Verhältnisse zueinander der Leser sich selber erarbeiten muß. Daher greifen viele Kritiker gerne die Verfahrensweisen an. Denn diese präsentieren sich gleichfalls als ziemlich unkonventionell.

Arendt denkt nämlich nicht historisch im Sinne klar rekonstruierbarer *Kausalzusammenhänge* von Grund und Folge, Ursache und Wirkung. In einem unveröffentlichten Text, den Karl-Heinz Breier dankenswerterweise ausgegraben hat, bemerkt sie: «Kausalität, d. h. der Sachverhalt der Festlegung eines Ereignisablaufes, in dem immer ein Ereignis in einem anderen gründet und aus diesem abgeleitet werden kann, ist wahrscheinlich eine ganz und gar fremde und verfälschende Kategorie im Bereich historischer und politischer Wissenschaften.»[32]

So schreibt Arendt mit ihrer Varnhagen-Studie keine ordentliche Biographie, in der sich eins aus dem anderen ergäbe, man das Leben der Person schön erklärt, sondern eine Art *Collage*, die auf konkrete Ursache-Wirkungszusammenhänge genauso verzichtet wie auf ein Verstehen aus den verfolgten Zwecken heraus. Das formt ein Bild, das eine Vielzahl von Zusammenhängen höchstens andeutungsweise skizziert, ohne sich auf eindeutige Bezüge festzulegen. Ähnlich geht sie auch in ihrer Totalitarismus-Studie vor: Drei jeweils umfängliche Teile stehen beinahe unvermittelt nebeneinander und der Leser muß die Bezüge weitgehend selber herstellen. Dergleichen entspricht weder einer ordentlichen Geschichtswissenschaft noch philosophisch ideengeschichtlicher Vorgehensweise. Doch Arendt hat bei Heidegger gelernt, daß Begründen, also durch Ursachen erklären oder auf Zwecke hin entwerfen, ein nur sehr eingeschränktes Bild von der Wirklichkeit zuläßt bzw. Wirklichkeit auf bestimmte Aspekte festlegt und reduziert. Darauf will sie sich nicht beschränken.

Arendt folgt methodisch ihrem Freund Walter Benjamin und dessen Figur des *Flaneurs*, die Benjamins eigener Perspektive ähnelt. Sie schreibt: «Es ist der Flaneur, der in den Großstädten durch die Menge in betontem Gegensatz zu ihrem hastigen, zielstrebigen Treiben ziellos dahinschlendert, dem die Dinge sich in ihrer geheimen Bedeutung enthüllen, an dem ‹das wahre Bild der Vergangenheit› vorbeihuscht, und der in der Erinnerung das Vorbeigehuschte um sich versammelt.» (FZ 202) Wie der Sturm des

Fortschritts den Engel der Geschichte in Paul Klees Bild *Angelus novus* vor sich hertreibt, so reißt die Menge den Flaneur mit sich fort. Ob der zwecklosen schlendernden Bewegung erfaßt sie ihn von hinten und schiebt ihn weiter, während dieser sich neugierig umschaut. Was der Flaneur entdecken kann, das sind einzelne Bruchstücke, die aus dem Treiben längst herausfielen. Doch die Verwesung alles Lebendigen ergibt zugleich einen Kristallisationsprozeß, es bilden sich Perlen, die der historisch Interessierte im Stil des Flaneurs zu entdecken, im Sinne eines *Perlentauchers* zu ertauchen vermag.

Mit dieser Einstellung entwickelt Arendt ihre Studien über Varnhagen oder über den Totalitarismus und unzählige Aufsätze über verschiedene politisch-historische Phänomene. Just als Perlen, Kleinodien, die das Denken und die Gespräche anregen, tragen alle diese Bemühungen dazu bei, eine Welt wiederzugewinnen, die schon seit längerem zerbrochen ist. Arendt ist denn auch keine Wissenschaftlerin, sondern Essayistin, und ihre Totalitarismusstudie stellt nichts anderes als einen Mammutessay dar. Die Wirklichkeit besteht für sie aus einer Pluralität von Perspektiven, nicht aus einer zentralen Linie wie für Voegelin.

3. Kapitel
Der Totalitarismus als Umwertung der ethischen Werte

Antisemitismus und Totalitarismus schließen wesentlich an die in der Moderne verbreiteten Gefühle der Verlassenheit und der Heimatlosigkeit an. Sie gründen die Gemeinschaft jedoch auf den Ausschluß bestimmter Volksgruppen. Dazu bedienen sie sich des Terrors und zerstören mit der Illusion, daß die Gewalt das Recht setzt, just den politischen Raum, in dem sich allein durch freie Kommunikation *eine* gemeinsame Welt zu entfalten vermag. Systematisch blenden totalitäre Systeme dementsprechend die Wahrheit, vor allem die der Tatsachen aus, die sie auch mit Hilfe dubioser pseudowissenschaftlicher Theorien verdrehen.

Mit Weltlosigkeit und Verlassenheit gibt sich auch Hannah Arendt nicht zufrieden. Das Grundmotiv, das ihr Denken durchzieht – wie kann man die ‹zerbrochene Welt› wiederherstellen? –, sucht als Antwort nach der Wahrheit der Tatsachen, die aber durch ihre Fragilität keineswegs alleine ausreicht. Brauchen wir dazu nicht vor allem eine Ethik?

Nicht wenige Zeitgenossen insistieren darauf, daß sich auch unter der totalitären Herrschaft die Menschen durchaus noch an den traditionellen ethischen Werten orientierten. Böse Ideologien nutzten sie lediglich aus und leiteten sie fehl. Muß man nicht gerade angesichts des Totalitarismus an der ethischen Tradition festhalten?

Hannah Arendt hat sich nie im üblichen Sinn mit Ethik beschäftigt, also gefragt, wie man Handlungsnormen begründen kann. Ihre Auseinandersetzung mit der Ethik fand eher indirekt und subtil statt. Oder aufsehenerregend, provokant, anscheinend alle Üblichkeiten auflösend – so jedenfalls verstanden viele ihre große Studie über *Eichmann in Jerusalem. Bericht von der Banalität des Bösen.*

Die renommierte Wochenzeitschrift *New Yorker* schickte sie 1961 nach Jerusalem zum Prozeß gegen Adolf Eichmann, den Organisator des Holocaust, den israelische Fahnder 1960 in Argentinien aufgespürt und nach Israel entführt hatten – der größte Erfolg für Simon Wiesenthal. Zum ersten Mal in der Geschichte des Holocaust saßen die Opfer über einen der Haupttäter zu Gericht. Obwohl die Forderung erhoben wurde, Eichmann vor einen internationalen Gerichtshof zu stellen, wollte und konnte sich Israel die Chance nicht entgehen lassen, selber diesen Prozeß zu führen. Arendts Studie legte nicht nur in diese Wunde den Finger und kritisierte zahlreiche Aspekte des Prozesses.

Vor allem ihre Hauptthese, daß sich in der Person Eichmanns weniger satanische Mächte präsentierten, als vielmehr das Böse in seiner Alltäglichkeit und Banalität, traf vor allem ihre jüdischen Zeitgenossen tief. So bemerkt Gary Smith noch im Jahre 2000: «Arendt verweigerte sich der Einsicht in die kranke, sadistische Natur dieses Täters und schritt mit dem ganzen Stolz ihrer Intelligenz über die historische Erfahrung und die aktuellen Empfindungen ihrer Zeitgenossen hinweg. Auch beim Wiederlesen nach so vielen Jahren wächst von Seite zu Seite der Eindruck, daß es ihr nicht darum geht, über einen Prozeß zu berichten oder die widersinnige Konsequenz eines historisch einmaligen Verbrechens zu begreifen, um sie der gebildeten Schicht Amerikas zu vermitteln, nein, sie nutzt ihre unbestreitbare literarische Kraft dazu, die Historie des Holocausts so mit der Figur des banalisierten Eichmanns zu verbinden, daß ihr ‹Report› auf den Seiten des *New Yorker* und im späteren Buch sie selbst als die erste Intellektuelle erstehen läßt, die den Bann des Unbegreiflichen durch eine souveräne Erzählung zu brechen weiß.»[33] Doch Arendt trifft mit ihren Nachfragen genau die Stelle, die den Bruch in der Tradition der abendländischen Ethik markiert und der zu bedenken ist, wenn man danach fragen will, welche Rolle die Moral auf der Suche nach *einer* gemeinsamen Welt zu spielen vermag.

Dieser Bruch als Antwort auf Weltlosigkeit und Verlassenheit speist sich aus dem *Rassismus*, der zweifellos seinen Höhepunkt im Holocaust erreichte, obwohl Massenmorde mit ähnlichen

Intentionen an vielen Orten der Welt begangen wurden. Den Rassenbegriff erfanden nicht die Deutschen, nicht die Nazis, nur setzten diese ihn konsequent wie sonst niemand in die Tat um.

Als verhängnisvoll sieht Hannah Arendt dabei zunächst die Entwicklung in England. Zwar wurde 1834 in den britischen Kolonien die Sklaverei abgeschafft, doch bei der Diskussion um Menschenrechte beschritt man nicht den verfassungsrechtlichen Weg. Vielmehr zog man es vor, lieber ererbte Rechte als Engländer zu besitzen, anstatt allgemeine menschliche Rechte national zu sichern. Der Imperialismus förderte zudem das Bewußtsein, einem herausragenden Volk anzugehören.

Der Antisemitismus verschärfte sich dabei vor allem während des Burenkrieges in Südafrika, wo sich längst eine Rassengesellschaft entwickelt hatte. Hier zogen sich Juden als Finanziers der Briten den Haß der Buren zu. Ob ihrer weißen Hautfarbe galten sie den Buren zudem als ein besonders teuflisches Prinzip der Verwirrung der Rassen und gerieten mit ihnen auch religiös in Konflikt, da sich die Buren ebenfalls auf das Alte Testament beriefen.

Genausowenig kamen die Deutschen selber auf die Überlegenheit der germanischen Rasse. Sie ist eine Erfindung des französischen Schriftstellers Joseph Gobineau, dessen *Essai sur l'inégalité des races humaines* man in antisemitischen Kreisen und bei den Nazis fleißig las. Schließlich noch gestützt auf mißverstandene Theorien über die Evolution, erhielt der nationalsozialistische Antisemitismus ein Korsett, das ihn zu einer ungeheuren Gefahr für das Judentum in Europa machte.

Man hätte es vorab wissen können, hätte man *Mein Kampf* gelesen und nicht bloß Reden des Reichskanzlers angehört. Daran gemessen haben die Nazis politisch den Zweiten Weltkrieg gewonnen, so die provozierende These Hannah Arendts im November 1944 in ihrem Aufsatz *Organisierte Schuld*: «Je größer die militärischen Niederlagen der deutschen Armee im Felde werden, desto stärker macht sich der Sieg der politischen Kriegführung der Nazis, die sehr zu Unrecht oft mit bloßer Propaganda identifiziert wird, geltend.» (VT 35)

Arendt stellt eine Verbindung her zwischen dem Mord an Millionen in den letzten Kriegsjahren und dessen Vorbereitung durch das *Euthanasie-Programm*, das in den ersten Kriegswochen startete und auf Grund dessen bis zum Beginn des Krieges gegen die Sowjetunion rund 50 000 Menschen ermordet wurden – eine Verbindungslinie, die die heutige Forschungslage allerdings nicht mehr ohne weiteres zuläßt. Töten durch Gas bezeichneten die Nazis als ‹Gnadentod›, und selbst noch der deutsche Verteidiger von Eichmann in Jerusalem, ein Dr. Servatius, erklärte beim Prozeß, daß das Töten durch Gas als ‹medizinische Angelegenheit› zu betrachten sei (EJ 197). Noch 1945 kursierten unter der deutschen Bevölkerung gar Gerüchte vom sanften Tod durch Gas (EJ 200). Doch das Euthanasie-Programm stieß insgesamt auf viel zu großen Widerstand; viele ‹Volksgenossen› wollten offenbar den neuen Sinn der Medizin nicht so ganz einsehen.

Mit dem Überfall auf die Sowjetunion verlegte man dann Anlagen und Techniker in den Osten zur Vorbereitung des Holocaust. Die Massenerschießungen durch insgesamt vier Sondereinsatzkommandos von SS *und* deutscher Polizei mit tatkräftiger Unterstützung lokaler Wehrmachtsstellen (EJ 196) liefen parallel zu den eigentlichen Vorbereitungen des Holocaust. Die *Massenmorde* im Rußlandkrieg hinter der Front, zumeist getarnt als Erschießungen von Partisanen, denen nicht nur Juden, sondern auch sowjetische Funktionäre, Zigeuner, Asoziale, Geisteskranke zum Opfer fielen – Raul Hilberg schätzt ihre Zahl auf eineinhalb Millionen[34] –, gingen laut Arendt auf einen Befehl aus der Reichskanzlei im Frühjahr 1941 an die SS zurück.

Noch bevor auf der sogenannten *Wannseekonferenz* die Ermordung des europäischen Judentums zwischen Leuten à la Heydrich, Polizei- und Gestapo-Chefs, vor allem aber Staatssekretären und ehrenwerten höheren Beamten aus den Ministerien organisatorisch abgeklärt wurde – es gab dabei keinerlei Einwände –, erfuhr Eichmann davon, daß die Juden auf Befehl der Reichskanzlei nicht mehr «nur» deportiert, sondern ermordet werden sollten. Zuvor hatte er in verschiedenen Städten solche Deportationen organisiert. Wie weit sich gegen die Planungen des

Völkermordes bei Eichmann so etwas wie ein Gewissen regte, bleibt zweifelhaft. Im Prozeß bekundete er seine wochenlange Betroffenheit, die erst die Wannseekonferenz beendete, als nicht nur seine Nazi-Kollegen mit Eifer die technischen Fragen des Massenmordes erörterten, sondern auch die ehrenwerten höheren Beamten.

Eichmanns Haltung blieb trotzdem eine Weile zwiespältig. Sicherlich hatte er jahrelang die Deportationspläne ausgearbeitet und die Idee verfochten, die Juden nach Madagaskar zu verfrachten. Andererseits wußte er über die Massenerschießungen hinter der russischen Front sehr genau Bescheid. Er lenkte sogar einmal einen Transport mit 25 000 Juden aus Deutschland, die zur Erschießung nach Minsk gebracht werden sollten, nach Lodz um, wo das erste jüdische Ghetto eingerichtet worden war, in dem es keinerlei Vorbereitung zum Massenmord durch Gas gab. Diese Angelegenheit brachte ihm erheblichen Ärger ein. Doch er hatte sie offenbar vergessen, führte sie jedenfalls zu seiner Verteidigung in Jerusalem überhaupt nicht an.

Daß der Prozeß gegen Eichmann eine *völkerrechtliche Legitimität* besaß, beruhte darauf, daß Eichmann de facto staatenlos war. Für Arendt entbehrte das nicht einer gewissen Ironie, hatte doch Nazideutschland geflohenen oder ausgewanderten Juden regelmäßig die Staatsbürgerschaft entzogen, und es bestand auch darauf, daß Juden, die aus anderen Ländern in die Vernichtungslager transportiert wurden, zuvor von ihren Heimatländern für staatenlos erklärt wurden. Zwar wäre es Arendt lieber gewesen, wenn ein internationaler Gerichtshof gegen Eichmann verhandelt hätte, ging es für sie doch um die Anklage von Verbrechen, die sich zweifellos gegen die Menschheit als solche richteten oder zumindest gegen ein Verständnis, wie es sich im Abendland über Jahrtausende hin entwickelt hatte. Andererseits wollten die Nazis zunächst die Juden vernichten, obgleich andere Gruppen mit auf dem Programm standen und ebenfalls ermordet wurden, wie die Zigeuner und die gebildeten Schichten vor allem in Polen, aber auch in Rußland. Arendt zieht gleichwohl die Legitimität des israelischen Gerichtes nicht grundsätzlich in Zweifel, wenn sie schreibt: «Ich war und bin der Meinung, daß dieser Prozeß im Interesse der Gerechtigkeit und von nichts sonst stattfinden mußte, und ich denke auch, daß die Richter, als sie in der Urteilsbegründung betonten, daß der ‹Staat Israel als Judenstaat gegründet und als solcher anerkannt› ist und daß ihm daher Strafhoheit für ein am jüdischen Volk begangenes Verbrechen zusteht, sich mit vollem Recht auf Grotius beriefen, der (…) dargelegt hat, wie die Würde und Ehre des Verletzten es erfordern, daß Straftaten nicht frei ausgehen.» (EJ 56)

Arendt kritisiert jedoch die Atmosphäre während des Prozesses, die zwar nicht der eines Schauprozesses ähnelte als vielmehr einem *Medienspektakel*, bei dem das Publikum sich immer wieder besonders erregte, und zwar gerade dann, wenn Zeugenaussagen emotional bewegten, die häufig aber mit der Tätigkeit und daher mit der Schuld des Angeklagten gar nichts zu tun hatten. Ihr missfällt die vom israelischen Ministerpräsidenten und Staatsgründer David Ben Gurion veranlaßte Prozeßführung des Oberstaatsanwaltes Gideon Hausner, der den engen Rahmen eines Prozesses auf allgemeine Fragen hin zu überschreiten versuchte. Moshe Landau, der Vorsitzende des Gerichts, wie auch die beiden anderen Richter, die sich selbst jeder medialen Präsentation verweigerten und manchmal vielleicht etwas zu rücksichtsvoll mit der Verteidigung umgingen, verhinderten dagegen uferlose Darlegungen, die das Verfahren nicht betrafen, oder Reflexionen des Staatsanwaltes darüber, wie so etwas Schreckliches passieren konnte. Nichtsdestotrotz geriet der Prozeß zum Medienspektakel, weil der Staatsanwalt während des Prozesses Pressekonferenzen abhielt und Fernsehinterviews gab – gesponsert durch einen US-Fernsehsender mit Werbung zwischendrin.

Dem hält Arendt entgegen: Gerechtigkeit «verlangt äußerste Zurückhaltung und den Abbruch aller Beziehungen zur Öffentlichkeit, sie erlaubt gerade noch die Trauer, aber nicht einmal den Zorn, und sie diktiert schließlich strengste Enthaltsamkeit gegenüber allen Verlockungen, sich durch Scheinwerfer, Kameras und Mikrophone ins Rampenlicht zu spielen» (EJ 73).

Besonders harsche Kritik handelte sich Arendt mit ihrem Vorwurf ein, die Kooperation der Juden mit den Nazis vor allem bei den Deportationen habe den Holocaust eminent verschlimmert. Judenräte, die von den Nazis und kooperierenden Juden gemeinsam bestimmt wurden und die in den Ghettos, Gemeinden und Lagern die innere Organisation leiteten, arbeiteten mit den Deportationsbehörden zusammen. Sie erstellten die Listen, wer wann deportiert wurde. Hierzu wären die Aussagen Eichmanns von besonderem Interesse gewesen. Doch danach wurde er gar nicht gefragt.

Dabei geht es nicht um die Rolle der Kapos, der jüdischen Lagerpolizisten, die nach der Befreiung zumeist gelyncht wurden. Bereits 1951 stellt Arendt dazu fest: «Wir wissen aus vielfachen Beschreibungen, bis zu welchem Grade die ‹Konzentrationäre› mit den eigentlichen Verbrechen der SS verwickelt wurden, indem man ihnen – den Verbrechern, den Politischen, den Juden in den Ghettos und Vernichtungslagern – weite Teile der Verwaltung überließ und sie damit dem nie zu lösenden Konflikt auslieferte, entweder ihre Freunde in den Tod zu schicken oder andere, ihnen zufällig nicht bekannte Menschen ermorden zu helfen.» (TH 930) Überall setzte die SS in der Vernichtungsmaschinerie jüdische Sonderkommandos ein, die dabei zweifellos strafbare Handlungen begingen, um ihr unmittelbar bedrohtes Leben zu retten. Um deren grauenvolle Kooperation – vom Ausräumen der Gaskammern, bis hin zum KZ Theresienstadt, wo die Selbstverwaltung so weit reichte, daß noch der Henker ein Jude war, ging es Arendt nicht.

Die Judenräte und Judenältesten indes kooperierten zumeist in der Hoffnung, die dramatische Situation zu mildern und noch Schlimmeres zu verhüten, also Menschen zu retten. Die schrecklichste Rechnung entstand dabei in Budapest, wo der Leiter der zionistischen Organisation mit Eichmann einen Deal vereinbarte, etwa 1600 prominente Juden ausreisen zu lassen. Dafür kooperierte er bei den Deportationen, die fast 500 000 ungarische Juden den SS-Schergen auslieferten. Wobei Arendt nicht darauf verzichtet zu erwähnen, daß Leute wie der genannte Leiter und seine

Mitarbeiter (EJ 211) ihr Volk dabei natürlich auch belogen und sich Ausreden zurechtzimmerten, daß es noch schlimmer wäre, in der Erwartung der sicheren Ermordung zu leben. So bemerkt sie denn auch kategorisch: «Diese Rolle der jüdischen Führer bei der Zerstörung ihres eigenen Volkes ist für Juden zweifellos das dunkelste Kapitel in der ganzen dunklen Geschichte.» (EJ 209)

Natürlich war die Situation der Juden als Vertriebene und Deportierte absolut katastrophal. Sie hatten keinen Staat, keine Exilregierung und keine Armee. Niemand fühlte sich irgendwie verpflichtet, sich für sie zu interessieren, nachdem die Nazis ja darauf bestanden, daß alle deportierten Juden für staatenlos erklärt wurden: Es war beinahe so – schreibt Arendt –, als wenn sie gar nicht existierten.

Arendt sammelt in ihrem Prozeß-Bericht denn auch die Beispiele dafür, daß sich Verweigerung der Kooperation häufig als erfolgreich erwies. Allein schon zu fliehen erhöhte die Überlebenschance um 50 Prozent. Die Hälfte der Geflohenen wurde wieder gefangen und ermordet, während diejenigen, die abwarteten, zu 99 Prozent dieses Schicksal erlitten. In großer Zahl aber konnten die Juden in den Ghettos schwerlich fliehen.

Arendt weist auch auf erfolgreiche Beispiele des Widerstandes hin, allen voran in *Dänemark*, wo die dänische Regierung sich strikt weigerte, die etwa 8000 Juden, davon 1500 staatenlose, die aus Deutschland stammten, zu deportieren. Öffentlich erklärte der König, er würde den gelben Stern als erster tragen. Die mit den deutschen Institutionen zwangsweise kooperierende Regierung drohte mit ihrem Rücktritt. Da sich sogar die deutschen Besatzungsbehörden kooperationsunwillig verhielten, versuchten deutsche Polizeieinheiten die Juden zu finden und zu verhaften. Doch kurz vor der Aktion verlangten die deutschen Militärbehörden, daß die deutsche Polizei keine Gewalt anwenden dürfe, da sonst Konfrontationen mit der dänischen Polizei drohten. Zudem wurde die Aktion verraten und von den jüdischen Vorstehern rechtzeitig verkündet, woraufhin «nur» etwa 400 zumeist alte Leute ihre Türen öffneten und nach Theresienstadt transportiert wurden. Doch dort passierte ihnen aufgrund permanenten dänischen Drucks nicht allzu viel. Den großen anderen Teil der Juden brachte man danach mit Fischerboten nach Schweden in Sicherheit – für arme Juden zahlten dänische Bürger die Überfahrt.

In *Italien* und *Bulgarien* behinderte man ständig geschickt die nazideutschen Verfolgungsbehörden. In *Holland* überlebten zwar von ursprünglich 140 000 nur etwa 10 000 Juden, diese aber vor allem durch die Hilfe der holländischen Bevölkerung. Die französische Regierung in Vichy – so die Arendtsche Interpretation, die aber im Licht späterer Erkenntnisse insgesamt als zu positiv erscheint – erließ zwar anfänglich antijüdische Gesetze, sie zeigte sich auch zunächst offen, daß nichtfranzösische Juden – also zumeist Flüchtlinge aus Deutschland – deportiert würden. Doch Eichmanns erste Versuche, große Transporte aus Bordeaux auf den Weg zu bringen, scheiterten, weil die französische Polizei nur wenige ausländische Juden zusammengetrieben hatte. Als dann doch die ersten größeren Transporte zustande kamen und die deutschen Behörden auch die französischen Juden einbeziehen wollten, weigerten sich selbst französische Antisemiten, solche Anordnungen zu befolgen. Am Ende des Krieges überlebten 250 000 Juden, rund 50 000 waren ermordet worden, darunter verhältnismäßig wenige französische Juden. Die Nazis wagten es nicht einmal, die Juden unter den französischen Kriegsgefangenen aus den Lagern in Deutschland zu deportieren. Arendt hält den Kooperationswilligen entgegen: «Wenn es hart auf hart kam, verfügten die Nazis, wie sich zeigte, weder über genug Personal noch über die entsprechende Willenskraft um ‹hart› zu bleiben. Gerade bei den Leuten in der Gestapo und der SS paarte sich Rücksichtslosigkeit keineswegs mit Härte; auch die Rücksichtslosesten unter ihnen zeigten eine erstaunliche Neigung umzufallen, sobald sie mit entschlossenem Widerstand konfrontiert waren.» (EJ 267)

Am deutschen Widerstand läßt Arendt nicht viel Gutes. Bereits in den ersten Jahren zerbrach das Regime die linke Opposition. Allerdings dokumentiert die spätere Forschung – Timothy W. Mason recherchierte dazu Gestapo-Berichte[35] – mehr Widerständigkeit in Deutschland gegen die Nazis in der Bevölkerung, was man lange kaum beachtete.

Der konservative Widerstand der Generäle – so Arendt – erging sich noch kurz vor dem Ende des Regimes in Gewissenszweifeln, die zwischen dem Problem des Hochverrats, ihres Eides, der Sorge um ein drohendes Chaos und der kompromißlosen Forderung der Alliierten nach bedingungsloser Kapitulation pendelten. Viele von ihnen waren zudem nicht nur antisemitisch, sie hatten in den ersten erfolgreichen Jahren ja häufig mit dem Regime geliebäugelt. So stellt Arendt dem deutschen Widerstand der Militärs ein vernichtendes Zeugnis aus: «Von dem, was im Osten geschah, waren sie alle unterrichtet, aber daß angesichts dieser Ungeheuerlichkeiten ein Bürgerkrieg noch das Beste war, was Deutschland hätte passieren können, davon wäre wohl kaum einer von ihnen zu überzeugen gewesen.» (EJ 187)

Dagegen verteidigt Golo Mann 1964 die moralische Anstrengung des deutschen Widerstands gegen Arendt heftig: Dieser habe sich doch in einer ehrlichen und ernstzunehmenden Gewissenkrise befunden – was aber unter den gegebenen Umständen eher nach moralischem Luxus klingt. Auch Hans Mommsen insistiert indes darauf, daß Arendt den deutschen Eliten, gerade unter den Militärs, ein zu weitreichendes Wissen um den Holocaust unterstellt: letztlich das entscheidende Kriterium, das Arendts Einschätzung relativieren kann. Dabei gilt es zumindest folgende Aspekte zu beachten: Den industriellen Massenmord am europäischen Judentum führten konkret die Bürokratien vom Auswärtigen Amt über das Wirtschafts- und Bauministerium, die sogenannten Vier-Jahres-Plan-Behörden in Berlin bis zu den örtlichen Verwaltungen, die Reichsbahn und alle mit ihr verbundene Logistik, die Post, die Chemieindustrie, die Bauindustrie, die Wehrmacht und die deutsche Polizei aus – insgesamt waren schätzungsweise zwei Millionen Menschen daran beteiligt. Den Generalswiderstand versorgten höchste Kreise der Polizei und der Geheimdienste mit Informationen. Von der Rampe von Auschwitz aus betrachtet, dachte er mehr an die deutsche Nation als an die Humanität, der er aber unendlich näher kommt als jene Militärs, die keinen Widerstand leisteten. Mommsen schreibt in seinem einleitenden Essay zur Neuauflage von Arendts Prozeß-Bericht: «Als Darstellung der bloßen Abläufe, die zu Auschwitz führten, das die Gesamtheit der gegen Juden gerichteten Maßnahmen des Völkermords symbolisiert, ist Hannah Arendts Interpretation lückenhaft, manchesmal nicht widerspruchsfrei und quellenkritisch nicht hinreichend abgesichert. Sie stellt gleichwohl eine unentbehrlich erscheinende Herausforderung an die Forschung dar, das Binnenklima des NS-Systems näher zu analysieren und die eigentümliche Diffusität herauszuarbeiten, unter der sich einzigartige Verbrechen wie die ‹Endlösung› vollziehen konnten, ohne auf nennenswerten Widerstand zu stoßen. Dies ist Arendt bei der Schilderung der Mentalität aus der heraus Eichmann handelte, in bis heute gültiger Weise gelungen.» (EJ 14)

Zumeist aber übersieht man, daß sich in Arendts Prozeß-Bericht mit seinem historisch-dokumentarischen Charakter bezüglich der von Hans Mommsen hier angesprochenen Zusammenhänge eine Analyse der abendländischen Ethik unter Bedingungen der Weltlosigkeit und Verlassenheit entbirgt. Dabei geht es nicht nur um das moralische Versagen vieler Zeitgenossen angesichts des Terrors, sondern um die Veränderungen, die die Ethik durch den Totalitarismus erlitt. Denn wesentliche Normen und Werte der traditionellen Ethik widerstanden dem Terror nicht. Das macht Arendts Bericht zu einem moralphilosophischen Essay.

Dr. Servatius verteidigte die Handlungen seines Mandanten als Hoheitsakte, die dieser nur vollstreckt habe, für die er aber keine Verantwortung trage, und forderte daher einen Freispruch. Zwar funktionieren hierarchische Strukturen bis heute just nach diesem Muster. Max Weber, der 1918 den Begriff der *Verantwortung* in den Diskurs der abendländischen Ethik einführt, erklärt Untergebene für nicht verantwortlich für Handlungen, die auf Anweisung erfolgten. Gerade NS-Schergen berufen sich auf diese Struktur, im Zweifelsfall mit dem dramatisierten Argument des Befehlsnotstands.

Dem hält Arendt das Ergebnis der Nürnberger Prozesse entgegen, daß man keinen Fall kennt, bei dem ein SS-Mitglied bei der Beteiligung an Mordtaten wegen Befehlsverweigerung erschossen wurde (EJ 179). Im Gegenteil: Wie die Nazi-Behörden bei der Deportation von Juden generell den einfachsten Weg wählten, so ließen sie schnell jene ziehen, die bei den Massakern nicht mitmachen wollten.

Umgekehrt überschätzte das Gericht Eichmanns Abteilung, die zweifellos die Deportationen steuerte. Es sah in ihm einen selbständigen Akteur des Völkermordes am europäischen Judentum, somit einen Hauptverantwortlichen. Er selbst brachte es aber doch nicht zu mehr als zum Befehlsempfänger. Das Gericht befand sich in einer Zwickmühle. Im Grunde lehnte es eine totale Verantwortung des Menschen für sein Leben ab, wie sie Sartre angesichts der deutschen Besatzung in Frankreich propagierte.[37] Das widerspricht auf vielfältige Weise den Erfahrungen und Traditionen, scheint gar die Stabilität einer Gesellschaft zu bedrohen, wenn sich jeder Beamte für selbstverantwortlich erklärte. Auch kann man eine solche totale Verantwortung wohl schwerlich juristisch fassen, um daraus im Gericht verwertbare Argumente abzuleiten. Eichmann eine leitende Funktion und eine sich daraus ergebende Verantwortlichkeit nachzuweisen, erschien dem Gericht daher leichter, als sich auf eine Diskussion einzulassen, welche Verantwortung ein Untergebener für den Holocaust trägt, der ja «nur» die Züge fahren ließ. Dabei sind Eichmanns Taten alleine schon grauenvoll genug, ständig Züge – Viehwaggons zumeist, in denen die Opfer tagelang eingepfercht waren – zu organisieren, deren Zielbahnhöfe aus Gaskammern und Krematorien bestehen.

Auch Israel stand mit der juristischen Aufarbeitung des Holocaust vor einem gewaltigen Problem, begingen die Täter doch zumeist Taten, die erstens fast immer auf Anweisung erfolgten und die zweitens zum Zeitpunkt ihrer Taten offenbar nicht strafbar waren. Gerade vor dem Hintergrund der jüdischen Passivität gegenüber der nationalsozialistischen Verfolgung formuliert Arendt bereits in ihrer Totalitarismus-Studie einen Begriff der *Verant-*

wortung, der sich eher an Sartre denn an Max Weber orientiert: «Wenn die einen sich in der Weltgeschichte ihr Alibi für konkrete Mordtaten holen, so wünschen die anderen, weil sie angegriffen und in der Defensive sind, unter gar keinen Umständen konkret ihren Anteil an Verantwortung zu diskutieren.» (TH 37) Aber mutet diese Forderung im Fall des nationalsozialistischen Völkermordes an den Juden nicht zuviel zu?

Arendt verschärft indes die Verantwortung und markiert die Stelle, an der sie endet, aber ohne zu entlasten: «Die Gaskammern des Dritten Reichs und die Konzentrationslager der Sowjetunion haben die Kontinuität abendländischer Geschichte unterbrochen, weil niemand im Ernst die Verantwortung für sie übernehmen kann.» (TH 946) Trotzdem hat sich ein solcher Anspruch längst durchgesetzt, wenn man heute die Weltmächte, aber auch alle Weltbürger für alles verantwortlich macht, was auf dem Planeten passiert.

Wenn Arendt auf der Wirksamkeit von Kooperationsverweigerung wie auch von Verzögerungs- und Ausweichtaktiken anstelle der Kooperation mit Nazi-Behörden insistiert, dann weist sie damit den Judenräten trotzdem keine ursächliche Schuld am Holocaust zu. Aber sie spricht die Opfer im Rahmen ihrer Handlungsoptionen nicht von jeglicher Verantwortung frei. Wer die deutsche Grundschuld gerne relativieren möchte, der wird sich sofort solcher Argumente bedienen. Doch den Bankräuber bestraft man bestimmt nicht milder, eher härter, wenn er einen Helfershelfer zum Mitmachen zwang oder eine terroristische Vereinigung bildete.

Jedenfalls empfand es Arendt als besonders wohltuend, wenn jüdische Widerstandskämpfer im Prozeß aussagten: Ihre Taten zerrissen trotz ihrer Aussichtslosigkeit die erstickende Atmosphäre der Hilflosigkeit, wenn das Schlimmste ist, unschuldig zu sein und es auch zu bleiben. Wer sich nicht auflehnt, der verschärft das Gefühl der Verlassenheit, erhöht die Weltlosigkeit, kann sich wie die Judenräte wahrlich auf keine Wahrheit berufen. Ebensowenig gilt in einer total ‹zerbrochenen Welt› noch die sokratische Maxime, lieber Unrecht zu leiden, als Unrecht zu tun:

Denn Unrecht bloß auf sich zu nehmen, zwingt unter totalitären Bedingungen und solchen des Völkermordes in die Mittäterschaft. Sich an traditionellen obersten Werten wie dem Tötungsverbot oder dem Eid zu orientieren, sichert nicht mehr die Moralität des eigenen Lebens ab. Die normative abendländische Ethik spielt vielmehr die Rolle des Komplizen des Bösen.

Als Rechtfertigungsgrund führte Eichmann an, daß das Kriegsgeschehen die Sitten verrohte, man in diesem Todeswirbel ständig mit dem eigenen Tod rechnete und deshalb keine Gedanken an den Tod von aussortierten Menschengruppen verlor. Eichmann bat um ein milderes Urteil mit der Begründung, er habe unnötige Härten immer vermieden. Doch die SS wollte soweit ohne Emotionen auskommen, daß sie dergleichen in die Dienstvorschrift für Eichmann geschrieben hatte: Er tat also nur seine Pflicht, wenn er Härten vermied – kein Grund für mildernde Umstände.

Es gehörte zum Selbstbewußtsein der SS, ihre Mordtaten als psychische Belastung zu verstehen und auf eine sehr merkwürdige Weise «anständig» bleiben zu wollen, wie es ein gewisser Himmler der SS predigte, um damit Moral just dort zu meinen, wo dieses Wort beim besten Willen nicht angebracht erscheint. Von selbigem Chef der SS *und* der deutschen Polizei sind die Worte überliefert, er könne das Massenmassakrieren durch das Maschinengewehr, dem in Rußland Hunderttausende zum Opfer fielen, seinen Männern von den Sonderkommandos nicht zumuten, so daß die NS-Bürokratie daraufhin das Gas favorisiert haben soll.

Im Grunde perfektionierten die Nazis die *Verantwortungslosigkeit* der Untergebenen in großen Apparaten, und die Kriegsmaschine Deutschland stellte den totalen Apparat dar. Geraten damit die traditionellen ethischen Orientierungen in den Sog der massenmörderischen Verirrungen? Offenbar verkehrten sich die ethischen Gefühle und der moralische Verstand im Zuge dieses Verwaltungsmassenmords definitiv nicht nur bei den unmittelbar Verantwortlichen, die der sittlichen Rede wirklich nicht wert sind, sondern vor allem bei den Menschen in den großen Apparaten, die diesen Massenmord ohne zu murren vollstreckten, und darüber hinaus nicht nur in Deutschland, sondern in der gesamten modernen abendländischen Welt: Die traditionellen Werte erlitten hier ihre *Umwertung*, die sich durch den Ausbau der großen Systeme, Bürokratien, Apparate in der industriellen Massengesellschaft lange schon ankündigte und darin auch verbarg.

Das Gericht wollte in Eichmann einen der Hauptverantwortlichen des Holocaust sehen. Doch sie hatten den Prototyp des *eigentlichen Täters*, nämlich den *Ausführenden* geschnappt, der sich von einigen der rund zwei Millionen unmittelbar am Völkermord Beteiligten nur dadurch unterschied, daß er sich nicht damit herausreden konnte, nicht gewußt zu haben, was er da verbrach. Ohne es selbst richtig wahrzunehmen, hatten die Israelis wirklich den Schlimmsten erwischt, ohne dessen Ignoranz und Dienstfertigkeit die Hauptverantwortlichen ihre Befehle nicht in die Tat hätten umsetzen können – einen schrecklichen Typus, weil es ihn damals so häufig gab und er immer noch überall vorkommt: der Ausführende, natürlich ohne daß sich dadurch die Schuld der Anführenden relativierte.

Eichmann ließ sich kein einziger Mord nachweisen, den er eigenhändig begangen hätte. Genausowenig trieb ihn fanatischer Haß auf die Juden an. Er unterstellte ihnen weder alles Schlechte noch war er aus ideologischen Gründen davon überzeugt, daß man sie ausrotten müßte. Er hatte familiäre Verbindungen zu Juden und von dort Hilfe erhalten. In der Jugend kannte er jüdische Freunde und wahrscheinlich liebte er in seiner Wiener Zeit eine Jüdin. Trotzdem organisierte er den Holocaust nach bestem Wissen und Gewissen. Unter Bedingungen des Totalitarismus, so die Arendtsche These, erweist sich das Verbrechen als normal und eine moralische Haltung als die Ausnahme. Eichmann war keine.

Das Prinzip, das seinem Leben Halt verlieh und das sehr viele Menschen in der militarisierten Gesellschaft der ersten Hälfte des 20. Jahrhunderts stabilisierte, ist die Tugend des Gehorsams, die eine lange Tradition im Abendland hat. Es handelt sich bei Eichmann auch nicht um Kadavergehorsam, wie ihn Hans Mommsen differenzieren möchte. Dazu begegnet man einerseits dieser Form des Gehorsams zu häufig und andererseits ergriff Eichmann ja durchaus Eigeninitiative und erklärte sich keineswegs immer mit den Befehlen der Vorgesetzten einverstanden. Als besagter Himmler im Herbst 1944 die Mordmaschinerie in den Vernichtungslagern stoppte, um die noch lebenden Juden als Faustpfand gegenüber den Alliierten zu verwenden, empörte dies Eichmann. Mit aller Energie plante er die weitere Vernichtung. Doch wiederum, so Arendt, trieb ihn hier nicht etwa Fanatismus, Judenhaß etc., sondern sein bereits erwähntes Gewissen, das ihn gut zwei Jahre zuvor – wenn auch nur für vier Wochen – in die umgekehrte humanere Richtung gelenkt hatte. Die höchste Autorität genoß bei Eichmann nicht sein unmittelbarer Vorgesetzter, sondern – nicht ungewöhnlich – der Staatschef. Denn er wußte, daß der SS- und Polizei-Chef diesen Stop der Vernichtungsmaschinerie hinter dem Rücken der Reichskanzlei verfügt hatte. Autoritätsgläubigkeit soll nicht nur bei Untertanen totalitärer Regime vorkommen, sogar nicht selten bei Philosophen. Wenn Arendt über Eichmann schreibt: «Was die niedrigen Motive betraf, so war er sich ganz sicher, daß er nicht ‹seinem inneren Schweinehunde› gefolgt war; und er besann sich ganz genau darauf, daß ihm nur eins ein schlechtes Gewissen bereitet hätte: wenn er den Befehlen nicht nachgekommen wäre und Millionen von Männern, Frauen und Kindern nicht mit unermüdlichem Eifer und peinlichster Sorgfalt in den Tod transportiert hätte.» (EJ 98) Dann vollendet sich darin Max Webers Anweisung an den Untertanen von 1918: «Ehre des Beamten ist die Fähigkeit, wenn (...) die ihm vorgesetzte Behörde auf einem ihm falsch erscheinenden Befehl beharrt, ihn auf Verantwortung des Befehlenden gewissenhaft und genau so auszuführen, als ob er seiner eigenen Überzeugung entspräche: ohne diese im höchsten Sinn sittliche Disziplin und Selbstverleugnung zerfiele der ganze Apparat.»[38] In der Debatte um Daniel Goldhagens Buch *Hitlers willige Vollstrecker. Ganz gewöhnliche Deutsche und der Holocaust* stellte sich die beinahe unbedeutende Frage, warum so viele Deutsche die ihnen übertragenen Aufgaben so gründlich und nicht wenigstens ein wenig nachlässig und schlampig ausführten – die Frage, die das ganze Ausmaß des Scheiterns der traditionellen Ethik offenbart.

Denn in dieser Struktur sieht Hannah Arendt keinen Abweg aus den abendländischen Traditionen der Ethik, der es uns heute erlaubte, einfach zu diesen zurückzukehren. Nein, das Erschreckende, das Arendt formuliert, ist nicht nur, daß sie dem Massenmörder durchgängig Alltagsqualitäten bescheinigt, die damals mehr noch als heute gerne für Tugenden gehalten wurden. Auch Himmler beschreibt Arendt nicht als unnormalen Menschen, schlimmer noch: sie zeichnet ihn mit den Prädikaten ‹Spießer› und ‹guter Familienvater› aus. Sie konstatiert 1944 in ihrem Aufsatz *Organisierte Schuld*: «Und er hat seine neueste, das gesamte Land umfassende Terrororganisation bewußt auf der Annahme aufgebaut, daß die meisten Menschen nicht Bohemiens, nicht Fanatiker, nicht Abenteurer, nicht Sexualverbrecher und nicht Sadisten sind, sondern in erster Linie ‹jobholder› und gute Familienväter. Es war, glaube ich, Péguy, der den Familienvater den ‹grand aventurier du 20^{ieme} siècle› genannt hat; er ist zu früh gestorben, um in ihm noch den großen Verbrecher des Jahrhunderts zu erleben.» (VT 44) Entweder man begreift die traditionellen Werte der Humanität als umgewertet in solche der Inhumanität, da sie sich zu Komplizen der Verbrechen machen ließen, d. h. sie ebnen nicht mehr selbstredend den Weg zu humaneren Verhältnissen. Oder die traditionelle Ethik hat sich zumindest nicht gegen die totalitären Verbrechen verwahrt. In beiden Fällen verlieren traditionelle Werte zumindest an normativer und orientierender Kraft. Folglich muß man von nun an überprüfen, welche Folgen sie von Fall zu Fall zeitigen.

Gibt es individuelle Eigenheiten, die zu solcher Verantwortungslosigkeit beitragen? Arendt diagnostiziert bei Eichmann vor allem eine sprachliche Inkompetenz, mit der er kämpfte und die er nie überwand. Er produzierte endlose Sätze ohne Syntax, in denen Redensart an Redensart anschloß. Die Richter warfen ihm das zurecht vor, glaubten allerdings fälschlicherweise, daß sich dahinter etwas verberge, abscheuliche Gedanken beispielsweise. Doch wenn man bei Eichmanns Sätzen wenig verstand, dann lag das daran, daß es sich wirklich um leeres Gerede handelte, daß in ihnen die reine *Leere* herrschte.

Sowenig wie er *etwas* auszudrücken hatte, sowenig vermochte er sich daher auch *etwas* vorzustellen. Also konnte er sich in einen anderen Menschen nicht hineinversetzen. Dieser ‹absolute Mangel an Vorstellungskraft› schützte ihn vor den Worten anderer Menschen wie vor der Wirklichkeit als ganzer. Daß die nationalsozialistischen Sprachregelungen, z.B. Mord eine Sonderbehandlung zu nennen, schlichte Lügen darstellten, bemerkte er nicht. Sie blieben für ihn reine Sprachregelungen. Das dahinter Steckende, das Verborgene erkannte er gar nicht. Er stellte sich folglich niemals vor, was er anstellte.

Allein deshalb war Eichmann weder dumm noch ein notorischer Verbrecher. Doch er konnte mangels Vorstellungskraft genau eines nicht, nämlich denken. Die Sinnlosigkeit von Eichmanns Gerede korrespondiert also mit der Unfähigkeit zu denken und einem Mangel an Vorstellungskraft. Das allein und keine Gemeinheit oder Boshaftigkeit ebnete dem Verbrechen den Weg. Arendt schreibt 1971: «Wie monströs die Taten auch immer waren, der Täter war weder monströs noch dämonisch, und das einzige unverkennbare Kennzeichen, das man in seiner Vergangenheit ebenso wie in seinem Verhalten während des Prozesses und der vorausgehenden polizeilichen Untersuchung entdecken konnte, war etwas vollkommen Negatives: nicht Dummheit, sondern eine merkwürdige, durchaus authentische Unfähigkeit zu denken. In der Rolle des prominenten Kriegsverbrechers funktionierte er ebenso wie zuvor unter dem Nazi-Regime; es bereitete ihm nicht die geringste Schwierigkeit, völlig andere Regeln zu akzeptieren.» (ZV 128)

Arendts Kritik, die viele für arrogant hielten, zielt in Wirklichkeit auf das Alltagsbewußtsein, wenn sie die Unfähigkeit zu denken selbst hochintelligenten Menschen attestiert, die dadurch nicht etwa in ihrem Leben scheitern. Im Gegenteil beruht deren beruflicher Erfolg just auf dieser Gedankenlosigkeit. Sie erklärt Arendt zu einem so wichtigen wie einflußreichen Faktor im Leben, den man in der Tat überall antrifft. Just aber aus solch banaler Gedankenlosigkeit entspringt das Böse, nicht aus sadistischen Trieben, nicht aus satanischen Fantasien, nicht aus einem teuflischen Wesen. Hier schließt Arendt an einen Gedanken Heinrich Blüchers an, der das Böse als Oberflächenphänomen bezeichnete.

Mit dieser These stieß Arendt ihre jüdischen Mitbürger vor den Kopf. Wie konnten die Überlebenden der nationalsozialistischen Vernichtungslager eine solche These ertragen? Als die einzelnen Essays nacheinander im *New Yorker* erschienen, regte sich noch kaum Widerspruch, doch als sie diese in einer Buchfassung herausgab, erhob sich wütender Protest vornehmlich von ihren jüdischen Freunden. Pressekampagnen schienen sich regelrecht koordiniert gegen sie zu richten. Ihren Verteidigern verweigerte man dagegen den Publikationsraum. Angesichts des großen Aufruhrs in New York glaubte sie schon beinahe an eine Verschwörung. Selbst gute Freunde zogen sich von ihr zurück. Mit Hans Jonas kam der Kontakt nach einem Jahr wieder zustande, während er mit Kurt Blumenfeld darüber endete, starb dieser doch noch vor einer möglichen Versöhnung 1963. Heinrich Blücher hielt zu ihr. Karl Jaspers unterstützte sie ebenfalls. Hauke Brunkhorst kommentiert 1999 in seiner Arendt-Monographie summarisch: «Phänomenologisch und historisch hat die Banalitätsthese eine hohe Plausibilität. Inzwischen hat die Kontroverse über die Banalität des Bösen im Zuge der Goldhagen-Debatte eine neue Wendung genommen. Ohne die Plausibilität der These in Abrede zu stellen, läßt sich nämlich fragen, ob nicht mit der Fixierung auf den ‹Spießer› als ‹Verbrecher des 20. Jahrhunderts› (Arendt) die Brutalität des Bösen zu kurz kommt. Berühmt wurde Arendt schon mit ihrer Totalitarismusstudie. (…) Im großen und ganzen scheint die historische Forschung zum Nationalsozialismus (…) ihre Untersuchungen eher zu bestätigen als zu widerlegen.»[39]

Indes verschärft Arendt diese These 1963 in ihrer Schrift *Über die Revolution* sogar noch: Seit Rousseau versteht man gemeinhin unter dem Bösen Selbstsucht und Heuchelei, während sich das Gute dem angeborenen Gefühl verdankt, mit leidenden Menschen mitzuleiden. Doch so einfach darf man Gut und Böse nicht mehr unterscheiden. Montesquieu bemerkte schon, daß es auch zuviel des Guten geben könne. Das Gute selbst besitzt eine inhärente Neigung, ins Böse umzuschlagen. Arendt schreibt: «Das

Gute ist stark, stärker als das ‹elementar Böse›, darum teilt es mit diesem Bösen auch die elementare Gewalttätigkeit, zu der alle Stärke neigt und die allen Formen politischer Organisation zum Unheil ausschlägt.» (ÜR 111)

Gut und Böse verdrehen sich und lassen sich nicht mehr ohne weiteres von vornherein bestimmen. So nahmen viele Menschen, nicht nur überzeugte Nazis, die schleichende Veränderung ihrer moralischen Kategorien gar nicht wahr. Diese Transformation der Moral schloß vor allem die Juden, aber natürlich auch andere Gruppen zunehmend aus der Gemeinschaft aus und erklärte sie am Ende für vogelfrei, so daß die Mehrheit der Bevölkerung teilnahmslos zuschaute, wenn diese Gruppen malträtiert, vertrieben und deportiert wurden. Arendt diagnostiziert insofern sehr richtig, daß moralisches Handeln unter den Nazis manchmal erheblich mehr Urteilskraft verlangte: «Im Dritten Reich hatte das Böse die Eigenschaft verloren, an der die meisten Menschen es erkennen – es trat nicht mehr als Versuchung an den Menschen heran.» (EJ 249)

Doch schon seit längerem kann man nicht mehr selbstverständlich über das Gute und das Böse reden: Gutes transformiert sich unversehens in Böses und umgekehrt – man denke an den Gehorsam, Treue, Familiensinn. Unter den Nazis galt als gut und richtig, zu applaudieren, wenn die Nachbarn deportiert werden. Normal war, sich unwürdig zu benehmen. Arendt schreibt: «Die Originalität des Totalitarismus ist nicht deshalb schrecklich, weil mit ihm eine neue ‹Idee› in die Welt gekommen ist, sondern weil seine schieren Handlungen einen Bruch mit allen unseren Traditionen darstellen; zweifellos haben sie unsere Kategorien des politischen Denkens und unsere Maßstäbe für das moralische Urteil gesprengt.» (ZV 112)

Sonderfälle, Berühmtheiten, reiche Juden, bei denen man eine Ausnahme machte, verkörperten so etwas wie Milde und doch verdrehten sie, so Arendt, noch stärker Gut und Böse. Man sollte hier Arendt keinen moralischen Rigorismus vorwerfen. Solches Handeln, das sie auch bei den Judenräten kritisiert, entspringt zwar der drängendsten Not zu überleben und darf sich wohl manchmal zurecht jenseits von Gut und Böse positionieren, aber eben nicht auf der Seite des Guten.

Was nicht die Geschichte, aber das ethische Denken immer ausschloß, nämlich den Menschen hinsichtlich seines Nutzens zu beurteilen, just das erhob der Totalitarismus zum Grundprinzip. Damit konnte er Menschen im Zeitalter der Überbevölkerung, der Boden- und der Heimatlosigkeit – so Arendt – schlicht für überflüssig erklären: die Voraussetzung nicht nur für deren physische Vernichtung. Vielmehr verschiebt sich damit das ethische Selbstverständnis der Menschen, dessen sittlicher Rahmen wie dessen moralische Kategorien.

Obwohl Rolf Zimmermann Arendts These von der Banalität des Bösen für verkürzt hält, schließt er in der Grundaussage seines Buches *Philosophie nach Auschwitz* an Arendt an: «Der Nazismus enthüllte ein Potenzial der moralischen Transformation des Menschen, so daß es angemessen ist, von einer nazistischen Transformationsmoral zu sprechen, durch die herkömmliche moralische Grenzen verlassen werden sollten, um in einem groß angelegten Transformationsprojekt ein neues ‹Menschentum› zu schaffen.»[40] Der Nazi-Oberste sprach selber explizit von der ‹ungeheuren Umwälzung der Moralbegriffe›. Die SS als Elite des Regimes entwickelte mit ihrem Erziehungs- und Ausbildungsprogramm eine zunehmende Verwandlung des Gewissens, das Handlungen gerade nicht mehr autonom beurteilen sollte. Kants kategorischer Imperativ fordert als moralisches Grundgesetz jeden einzelnen auf, selber zu entscheiden, welche Maxime moralisch, d. h. verallgemeinerbar ist und welche nicht. Dagegen formuliert der Nazi-Ideologe Hans Frank 1942 den kategorischen Imperativ des neuen Menschen nach dem Augenmaß der SS: «Handle so, daß der Führer, wenn er von deinem Handeln Kenntnis hätte, dieses Handeln billigen würde!»[41]

Dadurch verwandelt sich indirekt und leider gar nicht so langsam das 6. Gebot «Du sollst nicht töten» in ein Gebot «Du sollst töten»: und zwar all jene, die den Kampf der stärkeren Rasse um die Weltherrschaft behindern könnten – wie die Geisteskranken – oder die man als Feinde dieser Weltherrschaft deklariert wie die

Juden. Noch radikaler spricht das Gunnar Heinsohn 1995 aus: «Die Judenbeseitigung sollte das Recht auf Töten wiederherstellen. Auschwitz war ein Völkermord für die Wiederherstellung des Rechts auf Völkermord.»[42]

Kann man an die ethische Tradition, die der Totalitarismus zerriß, trotzdem noch anknüpfen? Oder diskreditierte sie sich so weit, daß man nach neuen ethischen Wegen suchen muß? Hannah Arendt bezweifelt in der Tat die Relevanz der traditionellen Ethik. Denn deren moralische Orientierungen wurden korrumpiert und brachen zusammen, so daß man ihnen heute nicht mehr unbefragt folgen kann. Arendt konstatiert: «Mein Bericht hat sich bei diesem Kapitel aufgehalten, das der Jerusalemer Prozeß der Welt nicht in seinem wahren Ausmaß vor Augen führte, weil es den tiefsten Einblick in die *Totalität des moralischen Zusammenbruchs* gewährt, den die Nazis in allen, vor allem auch den höheren Schichten der Gesellschaft ganz Europas verursacht haben, nicht allein in Deutschland, sondern in fast allen Ländern, nicht allein unter den Verfolgern, sondern auch unter den Verfolgten.» (EJ 219)

Im Grunde demonstrieren die totalitären Ideologien, wie leicht man die ethischen Orientierungen der Menschen verändern kann. Zwar verflüchtigten sich solche Veränderungen mit dem Ende der Regime sehr schnell wieder. Trotzdem läßt sich die Wiederkehr totalitärer Ideologien wie des Nationalsozialismus und des Rassismus keineswegs ausschließen. Zudem unterschätzt man leicht deren Nachwirkungen – man denke an die frühe Bundesrepublik, in die Konrad Adenauer viele ehemalige Nazis wieder integrierte mit dem Effekt, daß das die historische Aufarbeitung der nationalsozialistischen Verbrechen behinderte. So prägten die von den Nazis transformierten ethischen Werte das gesellschaftliche Klima, und zwar vornehmlich jene, die sie der Tradition entnommen und im totalitären Sinne verstärkt bzw. umgewertet hatten: Man denke an Gehorsam, Treue, Untertänigkeit, denen man nicht zu Unrecht einen Mangel an demokratischem Geist nachsagt.

Letztlich aber wirkt Arendt im Angesicht von Eichmann ratlos, gibt sie zu, daß sie den Holocaust mit ihren Instrumenten nicht hinlänglich erfaßt. Letztlich bleibt kaum etwas anderes, als im Sinne von Albert Camus trotz des Wissens um die Aussichtslosigkeit im Versuch nicht nachzulassen, Auschwitz zu verstehen. Ähnlich hilflos klingt Adornos berühmter Imperativ: «Die Forderung, daß Auschwitz nicht noch einmal sei, ist die allererste an Erziehung.»[43] Doch wie soll man diesen zweifellos moralischen Imperativ umsetzen?

Hannah Arendt, die im Grunde einfach enttäuscht den deutschen Widerstand anprangert, von dem die Opfer an der Rampe von Auschwitz in der Tat als einzigem noch schnelle Hilfe hätten erhoffen können, vermag schließlich nur noch die verzweifelte Tat von Studenten im Lichthof der Münchner Universität zu loben und markiert damit das moralische Zeichen für den neuen Anfang *einer* gemeinsamen Welt, einen Anfang, der trotzdem viel mehr verlangt: «Nur einmal, in einer einzigen verzweifelten Geste hat sich dies ganz und gar Vereinzelte und Lautlose in der Öffentlichkeit kundgetan: das war, als die Geschwister Scholl unter dem Einfluß ihres Lehrers Kurt Huber jene Flugblätter verteilten, in denen Hitler nun wirklich das genannt wurde, was er war – ein ‹Massenmörder›.» (EJ 193)

4. Kapitel
Zionismus und jüdischer Glaube als Antworten auf die Weltlosigkeit

Antisemitismus und Totalitarismus beschleunigen eine massive Umwertung aller Werte, wenn bestimmte Gruppen als unbrauchbar, schlicht überzählig aus der Menschheit ausgeschlossen werden. Dabei definieren sie nicht nur ethische Normen um, sie berufen sich auch auf traditionelle ethische Werte wie Gehorsam, Treue, Pflichterfüllung, die sich leicht in den Dienst des Verbrechens stellen lassen. Diese Anknüpfung an traditionelle Werte erhöht die Akzeptanz des Totalitarismus in der Bevölkerung. Damit verliert die überlieferte Ethik viele orientierende Gewißheiten. Kann man sich noch damit zufriedengeben, persönlich ‹anständig› zu bleiben, aber fleißig irgendwo an einem Rädchen mitzudrehen, an dessen Ende Gemeinheiten, wenn nicht gar Grausamkeiten begangen werden? Muß man sich wirklich nicht um die Folgen seines Handelns kümmern, wenn man oberste Normen befolgt?

Als die Verwaltung Ostpreußens in Königsberg mit Schreibern und Kopisten aus nicht mehr als 20 Mann bestand, konnte unbestechliche Pflichterfüllung, die jeden gleich behandelte, noch als schlechthin human gelten. Doch seit die großen Apparate ausufern und zugleich ausdifferenzieren, weiß der einzelne kaum noch, wozu seine Tätigkeit beiträgt. Der Lokomotivführer sah noch, wohin er den Zug lenkte: an die Rampe von Auschwitz; nicht mehr unbedingt derjenige, der die Weiche dorthin stellte. Das Böse ergibt sich im Zeitalter der großen Apparate aus bisher an sich ethischen Handlungsweisen und aus Alltagshandlungen, die gängigerweise positiv bewertet werden, deren Sinn und Folgen sich durch die großen Apparate jedoch verdrehen. Die Moral verhindert folglich nicht mehr selbstredend, daß man auf der Seite des Bösen landet.

Wie kann man trotzdem zu *einer* gemeinsamen Welt gelangen? Eine Antwort, die vornehmlich die Moderne selbst für die Katastrophen des 20. Jahrhunderts verantwortlich macht, plädiert für die Rückkehr nicht nur zur traditionellen Ethik, sondern vor allem zum religiösen Glauben, den Aufklärung und säkulare Strömungen weitgehend hinter sich ließen. Hannah Arendt streift ihr Judentum denn auch nicht ab, entwickelt dazu vielmehr eine differenzierte Position. Andererseits beseelt sie jedoch keine allzu große Affinität zum religiösen Glauben.

Ob Benjamin oder sie selbst: diese Generationen assimilierter, säkularer Juden schrieben in ihrer jeweiligen Muttersprache, nicht auf Hebräisch, dessen sie zumeist gar nicht mehr mächtig waren. Daher konnten sie schwerlich die Antworten auf die Herausforderungen des modernen Lebens in religiöser Frömmigkeit suchen. Arendt bemerkt: «Entscheidender war, daß sie ins Judentum nicht zurück wollten, nicht zurück wollen konnten; aber nicht weil sie an Fortschritt und damit ein automatisches Verschwinden des Judenhasses glaubten oder weil sie zu ‹assimiliert›, dem Judentum der Herkunft zu entfremdet gewesen wären, sondern weil ihnen alle Traditionen und Kulturen gleich fragwürdig geworden waren.» (FZ 227)

So lebten diese heimatlosen Juden wie die liberalen Intellektuellen überall im Bewußtsein, daß mit der Säkularisierung der religiöse Glaube seine öffentlich politische Geltung verlor. Religion und Politik traten auseinander. Für Platon besaß der Glaube an die Hölle einen klaren politisch-pädagogischen Zweck. Wenn der Tod zur Disziplinierung nicht hinreicht, dann muß man mit dem ewigen Leben, genauer dem ewigen Leiden drohen. Doch heute motiviert die Furcht vor der Hölle, letztlich der Glaube an eine ausgleichende Gerechtigkeit, höchstens noch eine Minderheit. Im öffentlichen Diskurs büßte diese Vorstellung ihre Kraft völlig ein.

Dagegen bedienen sich die Aufklärer des 17. und des 18. Jahrhunderts – Arendt verweist auf John Locke und John Adams – pragmatisch einer politischen Theologie, die die politischen Institutionen mit einem religiösen Fundament versieht, das den aufklärerischen Zweifel bremsen soll. Arendt betont: «In der Rückschau wirkt es fast wie ein Trick der wenigen Gebildeten, der die vielen davon abhalten soll, ihnen auf dem schlüpfrigen Wege der Aufklärung zu folgen.» (GW 436)[44]

Die religiöse Offenbarung verschwindet in der Aufklärung für Arendt nicht einfach spurenlos, sondern transformiert sich in die Entdeckung des rein Menschlichen, des *Lebendigen*, das in der Aufklärungskritik, sei es bei Søren Kierkegaard, Henri Bergson oder Gabriel Marcel, wieder religiös eingeholt wird. Derart entdeckt Arendt selbst in Brechts Feier des Lebens religiöse Züge, obwohl dieser sich nachdrücklich weigerte, auf ein Paradies zu hoffen oder sich vor der Hölle zu fürchten. Arendt schreibt: «In seiner jubelnden Ablehnung aller Jenseitsspekulationen und seinen Preisgesängen auf Baal, den Gott der Erde, schwingt eine wahrhaft enthusiastische Dankbarkeit. Nichts, sagt er, kann größer sein als das Leben, das uns, so wie es ist, gegeben wurde – und solcher Dankbarkeit wird man kaum in dem, was man gemeinhin Nihilismus nennt, (...) begegnen.» (FZ 271)

Auch Arendt folgt der existenzphilosophischen Orientierung am Lebendigen. Vor allem Kierkegaard hielt als erster den aufgeklärten Wissenschaften entgegen, sie würden das lebendige Individuum nicht begreifen, im Gegenteil, sie würden dessen Lebendigkeit austreiben, indem sie es wissenschaftlich sezierten. Andererseits antizipiert er indirekt und wider Willen Nietzsches These vom Tode Gottes, wenn nur noch ein *Sprung* in den Glauben zur Religion führt, keine Einübung in die Traditionen, wie es Katholizismus und Judentum vertreten: Für diese erfährt der Gläubige langsam die wichtigen Glaubensgrundsätze und festigt derart seine Überzeugung. Kierkegaard dagegen lehnt alle Argumente für den Glauben als unzulänglich ab und verlangt einen Sprung, ohne daß man dafür hinlängliche Gründe hätte.[45] Doch für Arendt schwächt das den Glauben: «Es mag in der Tat so sein, daß der Sprung in den Glauben mehr dazu getan hat, authentische Glaubenshaltungen zu unterminieren, als die im allgemeinen abgedroschenen Argumente der berufsmäßigen Aufklärer oder populären Beweisführungen der professionellen Atheisten.» (ZV 306)

So brach die Krise der Religion nach Arendt nicht etwa durch die Religionskritik aus, sondern als die Theologen selbst anfingen, Nietzsches These vom Tod Gottes zu diskutieren. Der Sinn dieser These erschließt sich für Arendt weniger in der Einsicht, daß es keine gemeinsamen obersten Werte gibt, als vielmehr darin, daß es keine wahre Welt mehr gibt, wie es Nietzsches *Götzendämmerung* andeutet: Denn man streitet um die Objektivität der Tatsachen ohne Aussicht auf eine Lösung all dieser Fragen.

Die Religion selbst gewinnt vor diesem Hintergrund einen diesseitigen Sinn, indem die Religion den Menschen dort beruhigt, wo sein Verständnis endet. Damit reagiert die Religion nur auf diesseitige Probleme. Arendt schreibt 1951 in ihr *Denktagebuch*: «Man hat so viel Aufhebens um den Glauben an Gott gemacht, weil es so schwer ist, sich zuzugestehen, daß alle menschlich-personalen Beziehungen auf Glauben gegründet sind. Die Möglichkeit der Reservatio mentalis beruht auf der Unmöglichkeit, in das menschliche Herz wissend zu blicken, auch in das eigene Herz. Die Unmöglichkeit der wissenden Sicherheit um einen Menschen (...) macht die Erforschung des Menschen unmöglich und erzeugt als höchste Tugenden im Personalen Glaube, Liebe, Hoffnung. Wenn diese Tugenden auf Gott bezogen werden, so ist Gott nur der Inbegriff menschlicher Verhältnisse. Das Schlimme daran ist nur, daß, als man Gott als den großen Unbekannten ansetzte, man so getan hat, als kennte man den Menschen.» (D 125)[46]

Arendt bezieht sich auf eine ursprünglich religiöse Vorstellung, die sich längst säkularisierte, nämlich auf die Schwierigkeit bzw. gar die Unmöglichkeit, den anderen Menschen oder sich selbst zu verstehen – ein Gedanke der sich bei Kierkegaard findet, aber auch im jüdischen Denken, vor allem bei Emmanuel Lévinas.[47] Arendt konstatiert: «Luther (...) meinte, die Existenz Gottes sei notwendig, weil es ein Wesen geben müsse, dem der Mensch trauen kann. Nur ist nicht einzusehen, warum es ein solches Wesen geben muß. Könnte es nicht sein, daß gerade die wesentliche Unbekanntheit des Menschen seine Ebenbildlichkeit ausmacht?» (D 126) Nur wenn die Menschen anerkennen, daß sie sich letztlich niemals durchschauen und verstehen, akzeptieren sie den Fremden – eine wesentliche Voraussetzung für den Pluralismus, somit für *eine* gemeinsame Welt.[48]

Arendt besitzt einen persönlichen Bezug zur Religion, einen existentiellen – möchte man sagen, hätte ihr Karl Jaspers dabei nicht widersprochen. Als er von Arendts Studien über Varnhagen erfuhr, wollte er eine jüdische Existenz nicht als strukturell akzeptieren: Zu existieren sei allen Menschen gemeinsam. Er schrieb am 20. März 1930 in einem Brief an Arendt: «Die ‹jüdische Existenz› wird von Ihnen existenz-philosophisch objektiviert – und damit dem existentiellen Philosophieren der Möglichkeit nach vielleicht die Wurzel abgegraben. Mit dem Auf-sich-selbst-angewiesen-Sein wird dann nicht mehr völliger Ernst gemacht, wenn dieses jüdisch-schicksalhaft begründet wird, statt in sich selbst zu wurzeln. Der Gegensatz von Freischweben und Verwurzelt-Sein ist mir philosophisch gar nicht geheuer.»[49] Das Jüdische kann einer Existenz erst nachträglich zugeschrieben werden als eine Art Wesensbestimmung, die auch für Sartre der Existenz nicht mehr vorausgeht, die vielmehr jeder Mensch selbst entfalten muß. Sartre interpretiert das Jüdische einer Existenz sogar als durch den Blick des Antisemiten überhaupt erst ins Leben gerufen.[50] Die Nazis verlangten einen Ariernachweis und diskutierten auf der Wannseekonferenz, was man denn mit ‹Viertel-› und ‹Halbjuden› macht, wie man sie zwangssterilisiert.

Für Arendt dagegen gewinnt das Jüdinsein etwas Schicksalhaftes. Denn just was auch den Existentialismus auf den Weg brachte, nämlich Welt- und Bodenlosigkeit, wirft den einzelnen auf sich selbst zurück. Es verwundert nicht, wenn Arendt die abstrakte Existenz überschreitet, wenn sie die reale Existenz ins Auge faßt, in der sich die Phänomene der Einsamkeit spiegeln. Für diese reale Seite der Existenz muß der Mensch die Verantwortung übernehmen. Sie verliert aber an Zufälligkeit, wenn man sie konkret und nicht bloß abstrakt betrachtet.

In diesem Sinn sieht sich Arendt auch mit Israel verbunden. Ihr Verhältnis dazu reicht zurück in ihre Zeit, als Kurt Blumenfeld in den zwanziger Jahren sie in das Judentum einführte und als er sie nach Beginn der Nazi-Herrschaft bat, die zionistische Organisation zu unterstützen. Sie betont: «Zionismus und Kommunismus waren (…) die bereitstehenden Formen der Rebellion (…). Beides waren Auswege aus der Realitätslosigkeit in die Welt, aus der Verlogenheit und dem Selbstbetrug in eine ehrliche Existenz. Aber so sieht es nur im nachhinein aus.» (FZ 224) Die jüdischen Intellektuellen fühlten sich im Haus ihrer Väter nicht mehr wohl. Sie wollten sich nun ein neues Haus bauen, so daß der Zionismus in West- und Mitteleuropa von einer hochassimilierten und gebildeten Schicht getragen wurde.

Den Nationalismus von Theodor Herzl, der angesichts des Antisemitismus der Jahrhundertwende für einen Judenstaat in Palästina warb und damit den Zionismus begründete, lehnte Arendt ab. Herzl schreibt in seinem programmatischen Buch *Der Judenstaat*: «Man wird in den Tempeln beten für das Gelingen des Werkes. Aber in den Kirchen auch! Es ist die Lösung eines alten Druckes, unter dem Alle litten.»[51] Vor allem teilte Arendt nicht die zionistische Einschätzung des Antisemitismus, er setze die früheren Formen des Judenhasses einfach fort. Nur wenn der Antisemitismus immer wiederkehrt, stellt die Auswanderung nach Palästina die einzige Chance dar, diesem zu entgehen.

So sehr Arendt die in Palästina lebenden Juden in den dreißiger Jahren bewunderte, so kamen sie ihr zugleich weltabgewandt vor, kümmerten sie sich bloß um ihre eigenen Probleme. Das kaschierte die Aufnahme von unzähligen Flüchtlingen, die allerdings ihre Position gegenüber den Arabern stärkten. In den vierziger Jahren in den USA distanzierte sich Arendt vom Zionismus und kritisierte bereits 1944 jene gewalttätigen Gruppen wie die Irgun, zu der auch der spätere Ministerpräsident Menachem Begin gehörte, als Terroristen. Später wirft ihr Gershom Scholem sogar vor, das jüdische Volk nicht zu lieben. Auf diesen Vorwurf antwortete sie: Sie liebe ihre Freunde, nicht aber ein ganzes Volk. 1945 bemerkt sie: «Der Zionismus erwuchs einmal, genau wie seine bekannteren Zeitgenossen, etwa der Sozialismus, oder der Nationalismus, aus genuiner politischer Begeisterung, und er teilt mit ihnen das traurige Schicksal, daß er seine politischen Existenzbedingungen überlebt hat und nur noch als ein Schatten seiner selbst durch Ruinen unserer Zeit wandelt.» (VT 151)

Die Bedeutung, die *Palästina* früher und später *Israel* für die allermeisten Juden weltweit hat, unterschätzte Arendt, die selber eher euro-amerikanische Kosmopolitin war. Sie wunderte sich über den Zionismus, der Palästina als menschenleeres Land betrachtete und die Rechte der dort lebenden Bevölkerung nicht beachtete. Sie dagegen dachte an eine Heimstatt für die Juden, wo sie zusammen mit den Arabern leben sollten, nicht aber an einen Nationalstaat. So sagte sie Israel 1945 massive Konflikte mit den Arabern voraus: «Der Nationalismus ist schon schlimm genug, wenn er auf nichts anderes als die rohe Stärke der Nation baut. Sicherlich schlimmer ist aber ein Nationalismus, der notwendigerweise und eingestandenermaßen von der Stärke einer fremden Nation abhängig ist. Dieses Schicksal droht dem jüdischen Nationalismus und dem vorgesehenen jüdischen Staat, der unvermeidlich von arabischen Staaten und arabischen Völkern umgeben sein wird. Selbst eine jüdische Mehrheit in Palästina, ja sogar eine Umsiedlung aller palästinensischen Araber, die von den Revisionisten offen gefordert wird, würde nichts Grundlegendes an einer Situation ändern, in der die Juden entweder eine auswärtige Macht um Schutz gegen ihre Nachbarn ersuchen oder eine wirkliche Verständigung mit ihren Nachbarn erreichen müssen.» (VT 140)

Arendts Konsequenz erscheint klar. Auch der jüdische Nationalstaat kann unter den gegebenen Umständen die ‹zerbrochene Welt› nicht heilen. Seit Jahrzehnten muß man seinen verzweifelten Überlebenskampf beobachten, der sich wesentlich seinen Geburtsfehlern verdankt, nämlich der Vertreibung der Palästinenser und der Gründung eines ethnisch-religiösen Staates. Allerdings darf man gegen Arendts Einwände vermuten, daß ein friedliches Zusammenleben von Arabern und Juden verbunden mit einer immer stärkeren Einwanderung kaum glücken konnte. Der Staat Israel und seine heutige politische Lage zwischen jüdischem und muslimischem Fundamentalismus und säkularen politischen Lagern vertieft die Brüche in der Welt, so weltoffen und sympathisch Israel in vieler Hinsicht wirkt und so sehr man den jüdischen Wunsch nach einer Heimstatt, einem Land, einem Staat verstehen kann.

Daß der Staat Israel wenig zu *einer* gemeinsamen Welt beiträgt, liegt vornehmlich am nationalistisch geprägten Charakter aller Nationalstaaten. In diesem Staatsverständnis hat sich Rousseaus Vorstellung durchgesetzt, wonach der Staat einem organischen Körper gleicht, in dem die Menschen die Glieder und Zellen dieses Körpers darstellen, sich diesem also unterordnen. Seit den Zeiten Rousseaus bzw. der amerikanischen und der französischen Revolution findet daher in den westlich orientierten Gesellschaften ein Kampf der Individuen um ihre Individualität statt, den die Individuen – hier folgt Arendt der pessimistischen Kulturdiagnose Georg Simmels[52] – sukzessive verlieren, da die Gesellschaften immer konformistischer werden. Die *eine* Welt entsteht nach Arendt aber nicht, wenn sich die Gesellschaften homogenisieren, indem sie sich ethnisch reinigen. Denn solche einheitlichen Staaten und Gesellschaften schließen genau jene Welt aus, an der alle teilhaben können und die für Arendt die einzige Welt bleibt, weil *die* Welt niemand monopolisieren darf und letztlich gar nicht kann.

Wäre Hannah Arendt angesichts der sich beschleunigenden Prozesse der Individualisierung heute noch so pessimistisch? Erblickte sie darin nur die Verschärfung der Weltlosigkeit? Ich nehme zumindest an, daß sie die *Bürgerinitiativbewegung*, wie sie der Münchner politische Philosoph Peter Cornelius Mayer-Tasch auf den juristischen Begriff gebracht hat, als aktive politische Teilhabe begrüßen würde wie auch spätere derartige Prozesse, in denen die Bürger politische Mündigkeit entwickeln. Schließlich hat Arendt auch die Studentenbewegung unterstützt.

Arendt meidet zur Diagnose der Moderne zwar nicht den Rückgriff auf religiöse Argumente. Doch sie interpretiert sie im säkularen Verständnis, in dem sich der Gegensatz zwischen Staat und Individuen entbirgt. Bereits in ihrer Doktorarbeit *Der Liebesbegriff bei Augustin* schreibt sie 1929: «In der auf Adam gegründeten societas hat der Mensch sich unabhängig gemacht von seinem Creator. Er ist auf andere Menschen angewiesen, nicht auf Gott. Das genus humanum hat seinen Ursprung in Adam und nicht im Creator. Es ist entstanden generatione und hat Bezug zu seinem Ursprung nur durch alle Generationen hindurch. Die Gemeinschaft der Menschen, gegründet auf ihre Verwandtschaft ist also eine societas von den Toten her und mit den Toten. Das aber heißt, sie ist geschichtlich. Die Unabhängigkeit dieser Welt von Gott gründet gerade in dieser Geschichtlichkeit.»[53]

Auch wesentliche politische Begriffe stammen längst nicht alle aus einer religiösen Tradition, wie es die politische Theologie behauptet. Die moderne politische Freiheit, die sich mit den Menschenrechten verknüpft, entspringt für Arendt nicht der ‹Freiheit eines Christenmenschen›, die Gott gegeben habe. Genau das aber beklagt Leo Strauss – der mit Arendt ein Emigrantenschicksal teilt, das allerdings erheblich undramatischer ablief, und der schnell an amerikanischen Universitäten Karriere machte –, daß nämlich das theologisch-naturrechtliche Denken in den USA verblaßt sei. Wer versteht 1950 die folgenden Sätze der US-amerikanischen Unabhängigkeitserklärung noch wörtlich? «Wir halten diese Wahrheiten für von selbst einleuchtend: daß alle Menschen gleich geschaffen, von ihrem Schöpfer mit gewissen unveräußerlichen Rechten begabt sind, daß darunter sind Leben, Freiheit und das Streben nach Glückseligkeit.»

Um 1920 bemerkt bereits der christliche Philosoph Ernst Troeltsch, daß im Gegensatz zur westlichen Welt im deutschen Denken Vorstellungen wie unveräußerliche Rechte oder Humanität unverständlich werden, daß sich statt dessen das historische Denken durchgesetzt habe, welches Ideen oder ethischen Orientierungen nur noch relative Gültigkeit bescheinigt.[54] Wenn sich nach dem Zweiten Weltkrieg kaum mehr jemand in den USA auf die göttliche Begründung der Menschenrechte beruft, dann hat sich schließlich der deutsche Relativismus durchgesetzt und damit letztlich die Nazis. So schreibt Leo Strauss: «Es wäre nicht das erste Mal, daß eine im Feld besiegte und gleichsam in ihrer politischen Existenz vernichtete Nation ihre Bezwinger der vornehmsten Frucht ihres Sieges beraubt hätte, indem sie ihnen das Joch ihres eigenen Denkens auflegte.»[55]

Arendt dagegen lehnt absolute und überhistorische, somit auch religiöse Begründungen der Menschenrechte ab, die für Strauss der jüdisch-christlichen Tradition entspringen. Rechte des Menschen, die von Gott oder der Natur stammen sollen – hier stimmt Arendt statt dessen dem Gegner der Französischen Revolution Edmund Burke zu –, ergeben nur einen Widerspruch in sich: Wenn der Staatenlose eben keine Rechte hat, wie sollten ihm Menschenrechte eignen? Rechte verleihen Staaten und keines besteht von Natur oder Gott aus. Zudem erlebte Arendt die Hilflosigkeit von Menschenrechtsvertretern am eigenen Leib: «Die Menschenrechte haben immer das Unglück gehabt, von politisch bedeutungslosen Individuen oder Vereinen repräsentiert zu werden, deren sentimental humanitäre Sprache sich oft nur um ein geringes von den Broschüren der Tierschutzvereine unterschied.» (TH 603) Angesichts der Übermacht der Staaten droht dem Individuum der kulturelle Untergang.

Das Politische verdankt sich für Arendt – anders als bei Strauss – keiner göttlich-natürlichen Schöpfung, sondern besitzt verschiedene menschliche Gründungsmythen. Zwei beeinflussen das Denken des Abendlandes nachhaltig. Der eine mit religiöser Herkunft beinhaltet die mosaische Gesetzgebung auf dem Sinai, die aus einem Haufen geflüchteter Sklaven einen politischen Körper, das Volk Israel formt. Den anderen, römischen schildert Vergil mit der Flucht des Äneas aus dem untergehenden Troja, eine Geschichte, die den trojanischen Krieg umdreht, der nicht in der Vernichtung eines Volkes endet, sondern im friedlichen Zusammenschluß zweier gleichberechtigter Völker und der daraus entspringenden Gründung Roms. Dem römischen Gründungsmythos haftet etwas Unvergängliches an: Rom, die ewige Stadt, eine Legende, die nach dem Untergang Roms die katholische Kirche übernahm. Sie paßte sich den römischen Denkweisen an und baute daraus in der Tat eine dauerhafte Institution auf.

Arendt will nicht den Verlauf der Geschichte rekonstruieren, sondern jene Anfänge erfassen, die die Geschichte in ihr Licht tauchten und ihr dadurch einen Sinn verliehen. Just hier an solchen Anfängen kann auch der religiöse Glaube bzw. die religiöse

Überlieferung eine Rolle spielen, die ja ebenfalls der Welt einen Sinn geben: Moses, die Geburt Christi, Mohammed.

Arendts Verständnis von Geschichte als einem pluralen Konglomerat von Anfängen, Anschlüssen und Enden grenzt daher keine transzendenten bzw. religiösen Sinnzusammenhänge aus. Sie selbst beruft sich aber anders als Carl Schmitt oder Strauss nicht darauf. Natürlich können sie zu *einer* gemeinsamen Welt beitragen. Sie dürfen sich dabei aber nicht der Gewalt bedienen oder die Menschen den öffentlichen Angelegenheiten entziehen. Andernfalls beschleunigt Religion den Weltverlust und die mitmenschliche Verlassenheit, die Sekten mit Nestwärme zu kompensieren suchen.

Auf der individuellen Ebene jedoch wächst der Religion eine wichtige Rolle bei der Bemühung um *eine* gemeinsame Welt zu. Warum geht Rahel Varnhagen in die europäische Geschichte ein? Weil sie sich zuletzt wieder zum Judentum bekennt; weil sie ihre Rolle als Paria annimmt. Zumindest für eine gewisse Zeit entwickelt die jüdische *Paria-Existenz* die Kraft, jene Welt anzudeuten. So schreibt Arendt: «Heine hatte, wenn auch nur als ein Dichter, sich so verhalten, als ob das jüdische Volk durch die Emanzipation wirklich frei geworden wäre, als ob jene alle europäischen Emanzipationen beherrschende Bedingung, der zufolge Juden nur Menschen sein durften, wenn sie aufhörten, Juden zu sein, überhaupt nicht existiere. Darum konnte er das, was in seinem Jahrhundert bereits nur sehr wenige Menschen gekonnt haben, die Sprache eines freien Mannes sprechen und die Lieder eines natürlichen Menschen singen.» (VT 60) Erst wenn Religionsfreiheit herrscht, wenn jeder ‹grundlos› bzw. aus religiösen Gründen sein Leben gestalten darf, wie er will, und an der Politik teilnehmen kann, ohne ob seiner religiösen Argumente ausgegrenzt zu werden und chancenlos zu sein, erst dann entsteht jene Welt, die die einzige ist, weil sie die gemeinsame darstellt. Heinrich Heine schafft es als einziger deutscher Jude – so Arendt –, von sich sagen zu können, zugleich Jude und Deutscher zu sein.

In der Lage des bewußten Paria befand sich der emanzipierte Jude vornehmlich in Mittel- und Westeuropa, während in Osteuropa die nichtemanzipierten jüdischen Massen das Dasein eines unbewußten Paria fristeten. Daher sollte der emanzipierte Jude zum Rebell avancieren, der nicht nur für die Freiheit seines unterdrückten Volkes kämpft, sondern sich dabei auch mit anderen Freiheitskämpfern solidarisiert, seien es nationale oder soziale. Arendt bemerkt: «Politisch gesprochen war jeder Paria, der kein Rebell wurde, mitverantwortlich für seine eigene Unterdrückung, und damit mitverantwortlich für die Schändung der Menschheit in ihm. Vor dieser Schande gibt es kein Entkommen weder in die Kunst noch in die Natur.» (VT 62)

In besonderer Weise verkörpert für Arendt Charlie Chaplin den jüdischen Paria, in einer Zeit, in der dieser zwischen den totalitären Ideologien und den von ihnen provozierten Kriegen langsam untergeht. Chaplin spielt auf der Leinwand häufig die Rolle des unschuldig in Verdacht Geratenen, des *Suspekten*. Was bei Heine noch eine Charaktereigenschaft des Dichters umschreibt, das entwirft Chaplin als eine tragische Grundkonstellation der modernen Gesellschaft: Wie kann ein allgemeines und gleiches Recht – die Errungenschaft von Aufklärung und Moderne, die man ja nicht missen möchte – den individuellen Taten gerecht werden? Dabei baut sich eine äußerst gefährliche Spannung auf, die viele Leute animiert, die sich von der Justiz ungerecht behandelt fühlen, nach jenem starken Mann zu rufen, der beneidete Nutznießer dieser Sachlage malträtieren soll. Doch solange sich die Menschen einfach als Opfer betrachteten, ohne andere dafür verantwortlich zu machen, vor allem jene, die die Verantwortung dafür bestimmt nicht trugen, solange besaß Chaplin eine ungeheure Popularität. Arendt schreibt: «Dem Paria, (...) der außerhalb der Gesellschaft steht und aller Welt suspekt ist, gehörte die Sympathie des Volkes, das offenbar in ihm all das wiederfand, was an Menschlichem in der Gesellschaft nicht zu seinem Recht kommt.» (VT 65) Der Paria eröffnet eine mögliche Welt, die sich als einzig gemeinsame erweist, weil in ihr auch die Suspekten Menschlichkeit verkörpern.

Trotzdem vergißt Arendt keineswegs den utopischen Charakter einer solchen Konstruktion. Sie scheiterte bereits bei Rahel

Varnhagen, weil sie nur eine individuelle Antwort bleibt, die eine soziale Lage nicht nachhaltig zu ändern vermag. Als Revolutionär schafft der Paria, ob katastrophal als Kommunist oder tragisch als Zionist, genausowenig *eine* gemeinsame Welt. Arendt sieht keine individuellen Auswege: «In dieser Welt des 20. Jahrhunderts kann man sich nicht mehr außerhalb der Gesellschaft, als Schlemihl und Traumweltherrscher einrichten. Es gibt keine ‹individuellen Auswege› mehr – weder für den Parvenü, der einst auf eigene Faust seinen Frieden mit der Welt gemacht hatte, in welcher man als Jude nicht Mensch sein durfte, noch für den Paria, der auf eine solche Welt individuell verzichten zu können gemeint hatte.» (VT 79) Am Ende verliert der Paria selbst sein Wesen, und zwar schlicht durch Anerkennung, wie Friedrich G. Friedmann bemerkt: «Mit der Staatsgründung Israels fand jedoch die Weltlosigkeit des jüdischen Parias, ja sein Pariasein selbst, ein Ende. (…) In den ‹USA› löste sich das jüdische Pariasein in der Vorstellung von der jüdisch-christlichen Kontinuität auf.»[56]

Trägt dann die Religion nur wenig zur gemeinsamen Welt bei, weil diese zwischen den Individuen, auf der politischen Ebene entsteht, von der sich die Religion seit der Aufklärung immer weiter zurückziehen mußte? Nun könnte ja einerseits die Religion erneut in die politische Arena einsteigen – man denke an die Schüler von Leo Strauss. Doch diese Lösung wäre sicherlich nicht im Sinne Arendts, drohen hier doch wirklich unlösbare religiöse Konflikte.

Andererseits begegnen sich nach Arendt auf der politischen Bühne ja nicht die Vertreter von Parteien, sondern die Menschen in ihrer individuellen Besonderheit. Deswegen entfaltet sich das politische Feld grundsätzlich pluralistisch. Wird dieser Pluralismus aufgehoben, handelt es sich nicht mehr um Politik. Just zu dieser Besonderheit aber gehören die ethischen, religiösen, sozialen Traditionen der Menschen. *Eine* gemeinsame Welt läßt sich daher kaum ohne diese Traditionen vorstellen, allerdings unter der Bedingung religiöser Toleranz, zu der gerade jene jüdische Konzeption des letztlich nicht verstehbaren Anderen und Fremden beiträgt. Unter diesen Voraussetzungen muß es darum gehen, nach den Gemeinsamkeiten in ethischer Hinsicht zu suchen, wie es z. B. der Theologe Hans Küng mit seiner Konzeption des Welt-ethos entwirft.

5. Kapitel
Politisches Handeln als Kommunikation in der Öffentlichkeit

Arendt plädiert keineswegs für eine Abkehr von der modernen Gesellschaft und für eine Rückkehr zu den religiösen Orientierungen der Prämoderne. Religiosität gewinnt für sie vielmehr als Feier des Lebens eine weitgehend innerweltliche Relevanz. Trotzdem achtet Arendt die Religion, jedenfalls wenn diese nicht mehr den eigenen Glauben durchsetzen will, sondern Toleranz und Glaubensfreiheit akzeptiert, die es umgekehrt den Menschen überhaupt erst erlauben, ihre Traditionen zu leben. Religionsfreiheit gehört essentiell zu *einer* gemeinsamen Welt, aber sie alleine garantiert sie noch nicht.

Im modernen Denken unterstellt man dagegen, daß sich diese durch tätige Gestaltung der Welt erreichen läßt: durch die Schaffung von besseren Lebensbedingungen der Menschen, durch Wirtschaftswachstum und technischen Fortschritt, also durch Handeln und Arbeiten, so daß der Ausschluß von anderen Menschen aus der Welt jeglichen neidischen oder eifersüchtigen Sinn verliert. Jeder Politiker, jeder Wirtschaftsführer und viele Wissenschaftler predigen solche Sätze.

Arendt bewundert die Einsicht von John Locke und Adam Smith, daß Arbeit nicht nur eine Mühsal darstellt, die man so weit wie möglich meidet, sondern daß in ihr vielmehr die eigentliche Quelle des Reichtums und somit besserer Lebensbedingungen liegt. Doch wie weit trägt die Arbeit? Wohin reicht das Handeln heute? Schaffen Arbeit und Handeln *eine* gemeinsame Welt? Angesichts der Rede von der Globalisierung könnte man das meinen; die Globalisierung konstituiert schließlich technisch und ökonomisch weltweite Zusammenhänge. Andererseits kritisieren Globalisierungsgegner sicher zu Recht, daß es dabei zu viele Verlierer und zu wenige Gewinner gibt.

Hannah Arendt verfolgt die Frage nach der gemeinsamen Welt 1958 in ihrem Buch *Vita activa oder Vom tätigen Leben* hinsichtlich des Handelns, während sie in ihrem unvollendeten Alterswerk *Vom Leben des Geistes* das kontemplative Leben betrachten wird. Diese Unterscheidung zwischen einer aktiven, tätig handelnden und einer besinnlichen Lebensform stammt von Aristoteles. Beide Lebensformen führen zur menschlichen Erfüllung.[57] Daran anschließend betont man von der Stoa über die mittelalterliche Scholastik bis in die frühe Neuzeit hinein vor allem die Kontemplation, die man einem aktiven Leben weitgehend vorzieht. Erst mit der frühen Neuzeit wandeln sich diese Bewertungen und Orientierungen. Zunehmend interessiert man sich für das tätige Leben und weniger für weltabgewandte philosophische Spekulation. Philosophie selbst gerät langsam unter den Druck, diesen Wandel nicht nur reflexiv zu begleiten, sondern zum Handeln selbst beizutragen. Das gipfelt wohl im 20. Jahrhundert in der Entstehung der Wissenschaftstheorie, wenn sich Philosophie einbildet, den Wissenschaften theoretische Grundlagen liefern zu müssen, an denen diese indes kaum Interesse zeigen.

Dabei unterscheidet die neuzeitliche politische Philosophie das *Handeln* nicht mehr vom *Herstellen*, das ein Werk der Hände ist und einen Gegenstand hervorbringt, eben etwas produziert. Politisches Handeln hat dementsprechend für die politische Philosophie durchweg ziel- und zweckgerichteten Charakter. Was sonst, möchte man fragen? Soll Politik für Arendt etwa leeres Gerede sein? Mißt man Politik nicht berechtigterweise an ihren Erfolgen?

Nach der neuzeitlichen politischen Philosophie muß politisches Handeln Erfolge zeitigen, die Geschichte gestalten – man denke an die vielen berühmten historischen Augenblicke um 1989 herum. Das gelingt der Politik im Verständnis der Aufklärung, das sich bis heute wenig änderte, vornehmlich dadurch, daß sie Gerechtigkeit durchsetzt, den Frieden herstellt, indem sie beispielsweise den Weltstaat errichtet – ein Ziel, vor dem Globalisierungsgegner eher zittern. Doch wer es nicht von vornherein für unmöglich hält, daß der Frieden weltweit und lange aktiv gesichert werden kann, dem drängt sich die Idee des Weltstaates bzw. einer globalen Innenpolitik zwangsläufig auf.

Natürlich erweist sich das immer wieder als äußerst schwierig, so daß beispielsweise Alexis de Tocqueville daran eher zweifelte. Optimistischer zeigt sich Marx, für den sich Geschichte aktiv und zielstrebig gestalten läßt: Die Gesellschaft soll durch solches politisches Handeln, das etwas schafft, eine Form erhalten, die alle Klassen und damit die Herrschaft des Menschen über den Menschen beseitigt. Ein Endstadium zu erreichen, in dem die chaotische geschichtliche Entwicklung zum Erliegen kommt, darauf zielen alle Tyranneien und Totalitarismen des 20. Jahrhunderts. Sie wollen tausendjährige Reiche *gründen*.

Aber schon vor den Faschisten greifen Machiavelli und Robespierre auf den römischen Mythos der *Gründung* zurück. In Rom verweist der Mythos indes weit in die Vergangenheit, um den in Rom vorhandenen politischen Raum zu legitimieren, nicht um ihn vermeintlich tatkräftig überhaupt erst herzustellen. Der römische Mythos fängt also nicht erst etwas an, was dann konstruiert werden muß, sondern interpretiert lediglich die vorhandene Welt. Machiavelli und Robespierre glauben indes, daß *Gründen* etwas mit *Herstellen* und tatkräftig Konstruieren zu tun hat, durch das man ein großes Reich aufbaut. Daher avanciert das Gründen zum Mittel der Politik, das sich – ob bei Machiavelli, Robespierre oder bei Marx – der Gewalt bedienen darf, um eine neue politische Welt zu schöpfen.

Doch Hannah Arendt denkt an eine andere Herkunft des politischen Handelns. Für sie heißt *handeln* primär *miteinander kommunizieren und miteinander etwas unternehmen*. Robinson Crusoe auf der einsamen Insel handelt nicht. Handeln gestaltet vielmehr die zwischenmenschlichen Beziehungen als ein kompliziertes, unübersichtliches und ständig sich wandelndes Geflecht. Als solches ohne einen Rahmen, der ihm Halt verleiht, bleibt das Handeln instabil, ergeben sich aus ihm keine Lebensverhältnisse, denen man sich anvertrauen könnte. Denn jede Handlung zieht beliebig viele unterschiedliche Reaktionen nach sich, bewegt sich der Handelnde doch immer unter Menschen, die ähnlich agieren.

Daher läßt sich Handeln auch kaum begrenzen. Vielmehr überschreitet es notorisch Grenzen.

Handeln, also miteinander die menschlichen Angelegenheiten besprechen und gestalten, braucht daher Grenzen und Regeln, die ihm Form und Stabilität geben. Nur dann läßt es sich längerfristig realisieren. Einen solchen Rahmen bietet die griechische Polis, der Stadtstaat, der sich durch die Stadtmauern nach außen abgrenzt und im Inneren durch die Gesetzgebung die Kommunikation der Bürger auf dem Marktplatz regelt. So versucht bereits die Polis diese Dynamik des Handelns zu kanalisieren: durch Zäune und Gesetze, durch Grenzen. Arendt schreibt: «Ursprünglich und vor dem Erscheinen der Philosophie in der Politik war es die Gründung der Polis selbst, die Abhilfe schaffen sollte für die den menschlichen Angelegenheiten innewohnende Zerbrechlichkeit. Die Polis war die Antwort auf Erfahrungen, die vor ihrer Entstehung gemacht worden waren, und sie beruhte von Anfang bis Ende auf der Grundüberzeugung, daß menschliches Zusammenleben nur darum und in dem Maße sinnvoll ist, als es in einem ‹Teilnehmen und Mitteilen von Worten und Taten› besteht.» (VA 246)

Heute produziert ein Parlament vornehmlich Gesetze, was man allgemein als politisches Handeln versteht. Für Arendt jedoch heißt Gesetzgebung, die Polis überhaupt erst aufzubauen, um das menschliche Handeln im politischen Rahmen zu ermöglichen. Insofern stellt Gesetzgeben gerade kein politisches Handeln dar. Ödipus befreit Theben von der Sphinx – ein Gründungsakt – und öffnet damit die Polis, in der die Bürger wieder frei miteinander über ihre Angelegenheiten kommunizieren können. Ebenso ordnet Odysseus Ithaka nach seiner Rückkehr von seiner Irrfahrt neu, indem er die Freier vertreibt und die Hetären hängt, also alte Sitten und Ordnung, die während seiner Abwesenheit verkamen, wieder belebt, um derart seinen Untertanen einen Kommunikationsraum zu schaffen. In ihrer Totalitarismus-Studie bemerkt Arendt: «Alle Gesetze im Sinne des positiven Rechts sind stabilisierende Faktoren für die ewig sich ändernden Umstände, für die notwendige Unbeständigkeit menschlicher

Angelegenheiten, in denen menschliches Handeln sich in einer ständigen Bewegung hält und ständig neue Bewegung hervorruft.» (TH 949) Muß mit diesem unbeständigen Handeln nicht jegliche gemeinsame Welt zerfallen?

Doch bereits die nachsokratischen Schulen in der griechischen Philosophie interessieren sich primär für die Gesetzgebung und deuten das Handeln in ein ziel- und zweckgerichtetes Herstellen um, eben Gesetze zu erlassen, wie der Töpfer seine Vase formt. Weil dem Handeln das Odium der Vergeblichkeit, der Schrankenlosigkeit, der Unabsehbarkeit seiner Folgen anhaftet, will die Philosophie dieses auf ein fabrizierendes Herstellen begrenzen, das einen vorgegebenen Zweck erhält und zu einem Ende gelangt und das sich insofern dem nicht zielgerichteten Handeln als überlegen erweist. Von da an muß Handeln etwas herstellen, ein Endresultat zeitigen.

Gehandelt wird nicht mehr, wenn sich die Bürger auf dem Marktplatz versammeln und sich über die Lage ihrer Stadt gemeinsam Gedanken machen. Das gilt jetzt als nutzloses Palaver. Just solche rein kommunikativen, so ungreifbaren wie zerbrechlichen Aspekte, die sich sachlich nicht bestimmen lassen, und das, was sich aus solcher Kommunikation wie von selbst ergibt, werden seither aus dem politischen Handeln weitgehend ausgeschlossen, um die politischen Verhältnisse zu stabilisieren. Arendt schreibt: Überall «werden wir auf die für alle eigentlich unpolitischen Menschen typische Neigung treffen, das Handeln und Miteinandersprechen als eitle Betriebsamkeit abzustempeln und den öffentlichen Angelegenheiten nur insoweit eine Existenzberechtigung zuzugestehen, als sie dem allgemeinen Nutzen dienen und angeblich höhere Zwecke fördern – z. B. im Falle von Homo faber, die Welt schöner oder nutzbringender gestalten oder, im Falle des Animal laborans, das Leben erleichtern und verlängern.» (VA 264)

Handeln kommt vom Griechischen *archéin*, das lateinisch mit *agere* übersetzt wird – *in Bewegung setzen*, *anführen* –, und vom Griechischen *práttein*, lateinisch *gerere* – *ausführen*, *betreiben*, *vollziehen*. Was ursprünglich gerade im politischen Bereich zusammengehört, tritt bald auseinander zum Anführer und Herrscher, zum Befehlenden und zum Untertan, Ausführenden, Befehlsempfänger. Bei beiden wird eigentlich nicht mehr gehandelt, auch wenn sich der Anfänger mit dem Ruhm des Vollenders schmückt. Arendt bemerkt: »Die dem Handeln eigentümliche Doppelseitigkeit des Vollzugs, daß es angefangen und vollendet werden muß, daß daher der Anfänger und Führer von anderen abhängt, die ihm mit der Durchführung helfen müssen, und daß andererseits diese anderen, die in seinem Gefolge auftreten, von ihm insofern abhängen, als sie ohne ihn nie etwas zu tun bekommen hätten, spaltet sich in zwei ganz und gar voneinander geschiedene Funktionen auf – die Funktion des Befehlens, die zum Vorrecht des Herrschers, und die Funktion, Befehle zu vollstrecken, die zur Pflicht seiner Untertanen wird.« (VA 235)

Doch man kennt die Klagen über Politiker, die nichts bewegen. Heute finden zunehmend die Leistungen von Wissenschaftlern und Technologen Beachtung, die stärker ins Licht der Öffentlichkeit treten, weil ihre Entdeckungen und Entwicklungen das Leben der Menschen nachhaltiger prägen als die Leistungen und Taten von Politikern. Der technische Fortschritt erlangt dadurch eine zunehmende politische Dimension, beeinflussen z. B. die Kommunikationsmittel immer stärker die Politik. Dergleichen steigert der Totalitarismus ins schier Unerträgliche. Indem die Welt zielstrebig und zweckgerichtet hergestellt wird, vernichtet man die politischen Spielräume, hebt man die menschliche Pluralität auf und paßt alle Beteiligten einer Einheit an.

Arendt unterscheidet nicht nur Handeln vom Herstellen, sondern beide vom Arbeiten. Anders als beim Herstellen geht es beim Arbeiten primär um die Befriedigung der elementaren Bedürfnisse, die den Menschen in den Kreislauf der Natur einbinden. Wie die Naturprozesse wiederholt sich das Arbeiten permanent, während das Herstellen mit dem Werk endet. Herkules muß nur einmal den Augiasstall ausmisten, der danach sauber bleibt. Der moderne Mensch muß die Küche immer wieder putzen, dieselben Handgriffe andauernd wiederholen.

Daß Arbeiten und Herstellen in der Moderne weitgehend auseinandertreten, zeigt sich auch daran, daß vielen der finanzielle Aspekt einer Arbeit wichtiger wird als das, was sie dabei konkret tun. Dergleichen fordert man von Studenten, wenn man sie vor brotlosen Künsten warnt, die ja interessant sein mögen, wo aber die Verdienstmöglichkeiten gering erscheinen. In möglichst einträchtige, gleichwohl routinemäßige Arbeit sollen sich die Menschen schicken. Sie zielt allein auf die Lohnkunst, wie Platon das bloße Geldverdienen nannte, nicht mehr auf irgendeine spezielle Kunstfertigkeit, sagen wir, die Heilkunst. Um so mehr bindet sich die Arbeit nach Arendt in einen Bedürfniskreislauf ein, auf den sich die Menschen in der Arbeitsgesellschaft reduzieren lassen. Stellt sich aber nicht just hier *eine* gemeinsame Welt, und zwar als ständige Wiederholung, her? Muß sie schlicht erarbeitet werden?

Doch auch vom Handeln unterscheidet sich das Arbeiten fundamental. Natürlich steht bei gewissen Tätigkeiten die Kommunikation mit anderen Menschen im Vordergrund. Dabei geht es indes nicht um die gemeinsamen öffentlichen Angelegenheiten, sondern einzig und allein um den Zweck der Reproduktion bzw. des Geldverdienens. Denn Arbeit verbleibt im Dunkel, gelangt nicht in die Helle der Öffentlichkeit, wo der politisch Handelnde auf dem Athener Marktplatz mit anderen Menschen spricht und sich engagiert. Private oder politische Worte, mögen sie bei der Arbeit fallen, dienen der Lohnkunst, sollen das Verkaufsgespräch auflockern oder die Atmosphäre angenehmer gestalten, damit der Kunde wiederkommt. So ordnet Arendt die Arbeit der Privatsphäre zu, dem Haus, wo die Frauen seit jeher in patriarchalischen Gesellschaften ein Leben im Dunkel fristen, sich ihre Tätigkeit immer schon ständig wiederholt.

Dies hält Seyla Benhabib für eine Verschränkung in Arendts Denken. Warum sollte Hausfrauenarbeit immer im Dunkel stattfinden müssen? Könnte sie nicht auch die Enge des Hauses überschreiten? In der Tat fügt sich Arendts Konzentration auf eine *politische* Öffentlichkeit kaum mehr ins mediale Zeitalter ein. Als politisch erweisen sich heute viele Tätigkeiten, die Arendt als solche noch nicht anerkennen konnte, eröffnen sich dadurch doch

Teilhabemöglichkeiten für viele bisher von der Öffentlichkeit ausgeschlossene Menschen. Außerdem treten diverse Tätigkeiten, die sich nicht um die gemeinsamen Angelegenheiten kümmern, ins mediale Licht einer Öffentlichkeit, so daß sich diese wirklich nicht mehr auf die politischen Angelegenheiten beschränken läßt. Hier bemerkt man bei Arendt einen antimedialen Reflex, den man in dieser Generation von Intellektuellen häufig antrifft, mit dem wir uns heute jedoch schwerlich zufrieden geben können.

Dem modernen Menschen liefert die Arbeit den Sinn seines Lebens, befindet er sich doch in einer Arbeitsgesellschaft. Ist das nicht seine Welt? Nein. Arendt rückt in dieser Frage vom gegenwärtig vorherrschenden Meinungsbild ab: Denn Handeln realisiert sich immer *in der Helle der Öffentlichkeit*, führt zu Kommunikation, Ruhm und Ehre und nicht bloß zu schnödem Geld. Es wendet sich in vielfältigen Bezügen an die Mitwelt: «Für Menschen heißt Leben (…) soviel wie ‹unter Menschen weilen› (…) und Sterben soviel wie ‹aufhören unter Menschen zu weilen›. (…) Das Handeln bedarf einer Pluralität, in der zwar alle dasselbe sind, nämlich Menschen, aber dies auf die merkwürdige Art und Weise, daß keiner dieser Menschen je einem anderen gleicht, der einmal gelebt hat oder lebt oder leben wird.» (VA 17) Auf dieser *Pluralität*, die sich der Vielheit der Menschen verdankt, ihren Unterschieden, Eigenheiten, besonderen Interessen und Neigungen beruht jede Gesellschaft. Daraus entfaltet sich für Arendt die Grundstruktur des Handelns. Wer wie die Totalitarismen diese Pluralität zerstört, verhindert Kommunikation, unterbindet Handeln und fällt aus der Politik heraus bzw. dem Unpolitischen anheim.

Handeln heißt für die griechische Klassik, sich selbst zu enthüllen. Nach Hans-Georg Gadamer sollte das griechische Wort *praxis* gerade nicht mit *Handeln* übersetzt werden. Beispielsweise bedeutet *eu prattein* – die Unterschrift unter einem Brief – *Laß es Dir gut gehen*.[58] Daher grenzt sich das Handeln vom Herstellen auch insofern ab, als sich die Folgen des Handelns eben nicht übersehen lassen. Wenn der Mensch handelt, so weiß er letztlich nie, ob ihm damit Erfolg beschieden sein wird und ob ihm dieser auch zum Glück gereicht. So stellt Arendt fest: «Der Urheber einer Tat kann diese seine Tat niemals mit der gleichen selbstverständlichen Gewißheit für sich in Anspruch nehmen und als sein Eigenes erkennen wie der Hersteller sein Produkt. Jeder, der anfängt zu handeln, muß wissen, daß er etwas begonnen hat, dessen Ende nicht mehr bei ihm steht, das er nicht mehr voraussagen kann und dies schon darum nicht, weil gerade durch seine Tat sich alle bisher geltenden Konstellationen, unter deren Voraussetzungen er selbst handelte, völlig geändert haben.» (ZV 105)

Arendt trennt das politische Handeln ebenfalls von der Kunst, wo Werke geschaffen werden. Denn die Tätigkeit künstlerischen Schaffens erscheint ihr nicht weniger entfremdet als jede andere Form des Herstellens. Dem Menschen gerecht werden allein die Kommunikation und das gemeinsame Handeln, die ihn nicht entfremden, während sich die Arbeit des Künstlers im Werk vergegenständlicht, so daß sie sich letztlich nicht wesentlich von der des Handwerkers oder Arbeiters abhebt. Also keine Flucht in die Kunst, wie sie doch angesichts der Schrecken des 20. Jahrhunderts gang und gebe ist, man denke an Adorno und Heidegger? Nein, in der Tat; nur daß Arendt schließlich zwar nicht auf die Kunst, aber auf die Ästhetik zurückgreifen wird, um dem Politischen auf die Sprünge in *eine* gemeinsame Welt zu helfen.

Diese entsteht – wenn überhaupt – nur aus der *dynamischen Bewegung* des politischen Handelns, die Arendt allein mit gewissen Künsten parallelisiert, die sich wie der Tanz in ihrer Aufführung, durch ihren Vollzug erfüllen, nicht in ein fertiges Werk münden. Wie der Tanz aus der Bewegung lebt, so nährt sich auch die Politik im wesentlichen von ihrer eigenen Dynamik. Perikles vertritt in seiner Totenrede in Thukydides' *Geschichte des Peloponnesischen Krieges* ursprünglich eine solche Auffassung: «Denn einzig bei uns heißt einer, der daran ‹an staatlichen Dingen› gar keinen Teil nimmt, nicht ein stiller Bürger, sondern ein schlechter, und nur wir entscheiden in den Staatsgeschäften selber oder denken sie doch richtig durch. Denn wir sehen nicht im Wort eine Gefahr fürs Tun, wohl aber darin, sich nicht durch Reden zuerst zu belehren, ehe man zur nötigen Tat schreitet.»[59] Auch Demokrit bekräftigt diese Perspektive in den überlieferten Sätzen: «Die Politik ist die größte Kunst. Es lohnt sich, sie zu studieren und sich politischer Arbeit zu widmen, die dem Menschenleben Größe und Glanz verleiht.»[60]

Politisches Handeln verwirklicht sich in seiner Dynamik in der öffentlichen Kommunikation, präsentiert sich wie der Tanz als Selbstzweck. Denn es hält sich selbst, ohne sich auf Werke zu stützen, mißt sich somit auch nicht am Erfolg, wie man es heute überall hören kann. Vielmehr zieht es das Interesse durch seine außeralltägliche Größe auf sich, in der auch nicht etwa nur das Gute, sondern gleichermaßen das Böse anklingt. Aristoteles redet von *energeia*. Platon vergleicht die Staatskunst mit der Seefahrt. Doch nur für kurze Zeit – dessen ist sich Arendt bewußt – herrschte ein solches Verständnis vor: «Die eigentliche Würde der Politik, die bis tief in die Neuzeit gehalten und selbst heute noch nicht ganz verblaßt ist, weist auf Erfahrungen zurück, die damals in der Frühzeit abendländischer Geschichte auf kleinstem Raum und innerhalb weniger Jahrzehnte sich unvergessen der europäischen Menschheit eingeprägt haben.» (VA 260)

Angesichts dieser Dynamik des politischen Handelns kann der Handelnde selbst nicht entscheiden, was eine Handlung wirklich bedeutet. Handeln, also miteinander die öffentlichen Angelegenheiten kommunizieren, solches Handeln, wie es Arendt von der griechischen Antike übernimmt und der Moderne vorhält, findet immer auf einer Bühne *im Licht der Öffentlichkeit* statt, auf der andere Menschen den Sinn von Handlungen und Ereignissen beobachten, beschreiben und interpretieren. Letztlich verleihen die Beobachter, die mehr als der Handelnde sehen, dem Handeln den *gemeinsamen* Sinn, der *eine* Welt entstehen läßt. Arendt schreibt: «Wie schön auch immer die Welt der Dinge, die uns umgibt, sein mag, sie erhält ihren eigentlichen Sinn erst, wenn sie die Bühne für Handelnde und Sprechende bereitstellt, wenn sie durchwebt ist von dem Geflecht menschlicher Angelegenheiten und Bezüge und den Geschichten, die aus ihnen entstehen. Ohne von Menschen bewohnt und von ihnen andauernd besprochen zu werden, wäre die Welt nicht mehr als ein Haufen beziehungsloser Dinge (...).» (VA 258)

Nicht erst heute sorgen sich Politiker um ihren Platz in den Geschichtsbüchern, da allein der Zuschauer den Schlüssel zum Sinn der Ereignisse und der Taten besitzt. Einerseits will der Handelnde nun einmal gesehen werden und erfreut sich genauso wie der Zuschauer an der Handlung. Ohne Zuschauer gäbe es keinen Sinn, fehlte dem Handelnden nicht nur der Überblick, sondern bliebe die Welt auch unvollkommen. Denn so Arendt: «Der Sinn läßt sich erst nachträglich entdecken, wenn die Menschen nicht mehr handeln, sondern die Geschichte des Geschehenen zu erzählen beginnen; dann scheint es, als wären die Menschen, solange sie ihre einander entgegengesetzten Ziele ohne Verstand und Vernunft verfolgen, von einer ‹Naturabsicht›, einem ‹Leitfaden› der Vernunft geführt worden.» (GW 383)

Daher braucht die Politik auch die Werke der Kultur bzw. der Kunst, welche die Zeiten überdauern und an die Vergangenheit erinnern, somit auch den vergänglichen politischen Taten des Menschen Dauer verleihen. Ohne solche Erinnerung vermag sich die Politik überhaupt nicht ihrer Traditionen zu vergewissern: «Ohne die Schönheit der Kulturdinge, ohne die leuchtende Herrlichkeit, in welcher sich, politisch gesprochen, Dauer und potentielle Unvergänglichkeit der Welt manifestieren, bleibt alles Politische ohne Bestand.» (ZV 302)

Welchen Druck würden die Politiker auf die Dichter ausüben, wenn diese allein die historischen Platzanweiser wären wie noch in der Frühgeschichte Griechenlands! Einst sicherte allein die Dichtung – man denke an Homer – den Helden ihren ewigen Ruhm. Doch wer bleibt in unvergänglicher Erinnerung, wird somit unsterblich: der Dichter oder der Handelnde? Was nützt die große Tat ohne den Dichter? Bereits die antike Polis sollte daher nicht nur die Unübersichtlichkeit allen Tuns strukturieren, sondern vor allen Dingen das Handeln seiner Vergessenheit entreißen und es von der Abhängigkeit von der Dichtung emanzipieren. In diesem Sinne versteht Arendt das Wort des Perikles, nach dem nicht Homer Athen die Unsterblichkeit verschaffe, sondern einzig und allein die Macht der Polis. So avanciert die Polis zum Ort der Erinnerung und des Andenkens, das die großen Taten immerwährend gegenwärtig hält. Die Strafe des Ödipus für Vatermord und Mutter-Sohn-Inzest gipfelt dementsprechend in ewiger Verdammnis, wenn er leichen- und grablos verschwindet.

Wenn Robinson Crusoe niemand zuschaut, dann reduziert sich all sein Tun auf bloße Reproduktion, auf Arbeit, auf ständige Wiederholung des immer Gleichen. Robinson Crusoe lebt so lange im Verborgenen, bis er von seiner Insel befreit wird und Bericht erstatten kann, seine Geschichte Aufmerksamkeit erregt. Im öffentlichen Raum befinden sich die Handelnden im Entborgenen, werden sie beobachtet, man spricht über sie, ihre Geschichte wird überliefert.

Schöpft dann nicht jedes Gerede *eine* Welt? Nein, denn das intime Gespräch mit der Freundin gilt nicht der Sorge um die öffentlichen Angelegenheiten. In solchem rein persönlichen Gespräch entsteht eben auch keine Welt, die nur vom Gespräch in der Öffentlichkeit über die gemeinsamen Angelegenheiten gestaltet wird – vielleicht eine etwas enge Auslegung, denn – so möchte ich meinen – zumindest eine kleine Welt entfaltet sich auch im privaten Gespräch, aber natürlich nicht *eine* gemeinsame. Arendt schreibt: «Menschlich ist die Welt nicht schon darum, weil sie von Menschen hergestellt ist, und sie wird auch nicht schon dadurch menschlich, daß in ihr die menschliche Stimme ertönt, sondern erst, wenn sie Gegenstand des Gesprächs geworden ist.» (FZ 41)

Solcher Kommunikation entspringt die Menschenwelt, nicht aber dem Geist, der sich in den Elfenbeinturm oder in die Studierstube zurückzieht, in die Stille der Bibliothek. Hier orientiert sich Arendt an Jaspers, der die *Helle der Öffentlichkeit* nicht wie viele andere Philosophen gemieden hat und der zugleich darin die Kommunikation betont. Jaspers konstatiert in seinem Buch *Der philosophische Glaube*: «Wahrheit ist, was uns verbindet – und: in der Kommunikation hat Wahrheit ihren Ursprung. Der Mensch findet in der Welt den anderen Menschen als die einzige Wirklichkeit, mit der er sich verstehend und verläßlich verbünden kann.»[61]

Der Totalitarismus und natürlich auch gewisse Tendenzen der modernen technischen Welt bedrohen diese Form einer pluralen Öffentlichkeit, in der sich die Bürger miteinander austauschen. Doch wenn diese Freiheit aufgehoben wird, wenn die Menschen nicht mehr frei und öffentlich miteinander kommunizieren dürfen, dann erstirbt dieser politische Raum, wie *eine* gemeinsame Welt zerfällt.

1938 riß der Kontakt zwischen Arendt und Jaspers ab. Während der Nazizeit litt Karl Jaspers vor allem unter der massiven Bedrohung für seine Frau, die jüdischer Herkunft war. 1937 wurde er von der Hochschule entlassen, 1938 erhielt er Publikationsverbot. In den letzten Kriegsjahren, in denen sich seine Frau angesichts drohender Deportation häufig verstecken mußte, traf er alle Vorbereitungen, um sich einer etwaigen Verhaftung durch Gifteinnahme zu entziehen. Ihre Deportation war definitiv für den 14. April 1945 vorgesehen, was die Befreiung Heidelbergs durch amerikanische Truppen am 1. April verhinderte. Melvin Lasky, ein Kollege von Arendt bei der Zeitschrift *Partisan Review*, besuchte Jaspers im Spätsommer 1945, wobei der Name Hannah Arendt fiel. Jaspers nannte Lasky daraufhin seinen Weihnachtsmann. Über die US-Militärpost gelangte im September 1945 der erste Brief von Jaspers an Arendt.

Welt besitzt für Arendt keinen statischen Charakter, sondern einen oszillierenden: Die Kommunikation wie das Handeln bewegen sich ständig; der öffentliche Raum bedarf einer permanenten Zufuhr von Kommunikationsangeboten; die Bürger müssen die Politik immer wieder neu in Angriff nehmen und weitertragen.

Freiheit und Pluralität realisieren sich in der Kommunikation, in der Begegnung der Bürger im öffentlichen Raum. Arendt schließt auch hier an Jaspers an, der schreibt: «Freiheit verwirklicht sich in Gemeinschaft. Ich kann nur frei sein in dem Maße wie die Anderen frei sind. Zugunsten gegründeter Einsicht schmilzt die bloße Meinung ein im liebenden Kampf zwischen den Nächsten.»[62] In ihrem Vortrag «Freiheit und Politik» bemerkt Hannah Arendt: «Ursprünglich erfahre ich Freiheit und Unfreiheit im

Verkehr mit anderen und nicht im Verkehr mit mir selbst. Frei *sein* können Menschen nur in Bezug aufeinander, also nur im Bereich des Politischen und des Handelns; nur dort erfahren sie, was Freiheit positiv ist und daß sie mehr ist als ein Nicht-gezwungen-Werden.» (ZV 201)

Spielt dann die Privatsphäre für *eine* gemeinsame Welt gar keine Rolle, da ja auch Arbeit und Hausarbeit im Dunkel stattfinden? Ein heute durchaus gängiges Verständnis von Politik schiebt diese in eine unwichtige Ecke der Welt und hält Fußball für interessanter. Noch das liberale Verständnis von Freiheit definiert diese als private und vor staatlichen und politischen Eingriffen zu schützende: ‹Freiheit von der Politik› heißt hierbei die Zielvorstellung. Darin liegt der Zweck der Gewaltenteilung, nämlich den Staat in seiner Macht zu beschränken, damit er die Spielräume der Individuen nicht zu sehr beeinträchtigt. Dagegen schließt Arendt eher an ein aristotelisches Verständnis der Politik an, wenn sie feststellt: «Im Sinne einer nachweisbaren Realität fallen Politik und Freiheit zusammen, sie verhalten sich zueinander wie die beiden Seiten der nämlichen Sache.» (ZV 202) Daher trennt Arendt wie der Liberalismus klar Privatheit und Politik, nur daß sie die Freiheit ausschließlich der Politik zuschlägt, während der Liberalismus die private Seite der Freiheit ihrer politischen im Grunde vorzieht.

Machiavelli war der erste politische Theoretiker, der noch vor der Entstehung des Liberalismus auf dieser Trennung insistierte, weniger um damit das Private zu schützen, vielmehr begriff er die Dynamik des politischen Handelns und wollte dieses durch private Rücksichten nicht beeinträchtigt sehen. Arendt folgt Machiavelli in der Auffassung, daß Handeln ein offener, nicht kalkulierbarer und nicht prognostizierbarer Vorgang mit diversen Rückkopplungsmöglichkeiten darstellt, bei dem man mutig und klug vorgehen muß.[63] Just darin realisiert sich die Freiheit, nicht in der freien Berufswahl, nicht in der Freiheit des Eigentums, nicht in der berühmten Freizügigkeit. Insofern bleibt für Arendt also die Politik der Ort der Freiheit, nicht der Ort der Einheit, nicht der Ort der Versorgung, sondern der Ort der Kommunikation: «Solange man handelt, ist man frei, nicht vorher und nicht nachher, weil Handeln und Frei*sein* ein und dasselbe sind.» (ZV 206)

Doch je mehr der Bereich der Wirtschaft in die Politik eindringt, Oikos und Polis ineinander verfließen, geht die politische Freiheit verloren – ein Prozeß, der sich gerade unter den neoliberalen Tendenzen verstärkt. Heute deklariert politisches Handeln als höchstes Ziel, Arbeitsplätze zu schaffen – eine mediokre Tätigkeit, würde Arendt sagen; um so schlimmer vor dem Hintergrund, daß der Politik das ohnehin nicht gelingt. Sollte sich die Politik nicht besser auf die öffentliche Kommunikation der Bürger besinnen?

Hannah Arendt versucht einen weiten Spagat. Mehr noch als Aristoteles orientiert Platon das politische Handeln an einer idealen Vorstellung vom guten Leben jedes einzelnen. Dazu gehören z. B. bestimmte Rollen, die die Menschen im Laufe ihres Lebens ausfüllen müssen, u. a. als Sohn, Soldat, Familienvater, Diener Gottes. Leo Strauss als konservativer Vordenker beharrt darauf, daß die Vorstellung vom guten Leben als einem naturnahen, die menschlichen Anlagen entfaltenden Leben sich seit Platon nicht geändert habe und noch heute Orientierungspunkt der Politik sei. Ein solches gutes naturnahes Leben schreibt die Politik den Bürgern vor, die sie nicht sich selbst überlassen darf.[64]

Bei der Frage nach dem Orientierungspunkt des politischen Handelns folgt Arendt Leo Strauss. In der Öffentlichkeit muß man über die Vorstellungen vom Guten diskutieren. Wie Strauss kritisiert sie, daß die Politik seit Hobbes die Frage nach dem guten Leben zunehmend ausklammert bzw. auf die Sicherung von Leben und Eigentum reduziert: «Wären wir wirklich der Meinung, wie die Theorien der Neuzeit uns einreden möchten, daß es in der Politik nur um Sicherheit und Lebensinteressen geht, so hätten wir keinen Grund, Tyrannis prinzipiell abzulehnen; denn Sicherheit gerade kann sie gewährleisten, und für den Schutz des schieren Lebens hat sie sich oft allen anderen Staatsformen als überlegen erwiesen.» (ZV 203)

Geht es politisch primär um die Lebenssicherung, also um Ökonomie und Polizei, usurpieren damit Privatinteressen zunehmend die Politik und unterwerfen sie ihren Zwecken. Dann büßt die Politik den Primat gegenüber der Wirtschafts- und Privatsphäre ein. Die politisch-ethische Frage nach dem guten Leben stellt der Liberalismus nicht mehr, halten ihm Arendt und Strauss gemeinsam vor.

Doch die Frage nach dem Guten – so der Liberalismus – verankert sich in Religionen oder Ideologien. Der ideologische und religiöse Konflikt um die richtige Lebensform zieht nicht nur unendliche Dispute nach sich, die sich nicht lösen lassen, sondern womöglich auch einen Bürgerkrieg. Deshalb trennt der vielleicht einflußreichste politische Philosoph des 20. Jahrhunderts, John Rawls, das Gute und das Gerechte: In der Diskussion um die politische Grundordnung einer Gesellschaft darf man nur nach gerechten Prinzipien, nicht nach dem guten Leben fragen. Dieses Problem soll jeder für sich im stillen Kämmerlein aussitzen.[65]

Für Arendt gelingt es dem Liberalismus jedoch nicht, die Unterwanderung des Politischen durch die Privatsphäre zu verhindern, also deren strikte Trennung, die der Liberalismus selber postuliert, wirklich durchzusetzen. Wenn er außerdem die Frage nach dem Guten aus dem Politischen ausklammert, dann verzichtet er definitiv auf die Frage nach der politischen Lebensform, die im Zentrum von Arendts Denken steht.

Die scheiternde Trennung zwischen Politischem und Privatem zersetzt nicht nur das politische Handeln, es schädigt auch die Privatsphäre selbst, beispielsweise die Familie, die als Ort der Geborgenheit vor der Öffentlichkeit geschützt werden muß. Die Familie öffnet Spielräume zur Entfaltung der Individualität und Verschiedenheit der Menschen, die die Öffentlichkeit eher verstellt. Arendts Einschätzung der Familie bleibt indes ambivalent. In der Diaspora sicherte allein die Familie den Erhalt des Judentums, das kein Staat stabilisierte. Aber sie hielt ob ihrer Privatheit die Juden auch immer aus der Politik heraus, machte aus ihnen unpolitische Menschen.

Zudem – vor allem unter totalitären Bedingungen und vor dem Hintergrund der entstehenden großen Apparate – hat die Familie auch ziemlich fatale Entwicklungen beschleunigt. Wenn sich der einzelne angesichts der Unübersichtlichkeit der Strukturen in der Massengesellschaft weder in der Politik noch in der Arbeitswelt mehr für öffentliche Angelegenheiten verantwortlich fühlt, braucht er sich nur noch um seine Familie zu kümmern. Jede unmoralische Handlungsweise gewinnt Legitimität dadurch, daß sie der Familie dient, der Zukunft der Kinder. Diese rein private Existenz kennt keine öffentliche Tugend mehr und markiert damit genau jenen Spießer, der sich schon bei Eichmann und dessen Vorgesetzten herauskehrte. Anders als es sich Bernard de Mandeville vorstellte, führt das private Laster, also die Verfolgung allein der familiären Interessen, gerade nicht automatisch zur öffentlichen Tugend, sondern ins Verbrechen. Um so schlimmer, wenn sich dabei im liberalen Sinn auch noch der ökonomische Gewinn maximiert.

Arendt, Heinrich Blücher und ihre Mutter Martha, die im Juni 1941 in New York ankam, lebten zunächst von einem minimalen Stipendium in einer winzigen Wohnung. Bald nahm Arendt eine zweimonatige Stelle als Haushaltshilfe in Massachusetts an und geriet in eine stickige Familienatmosphäre. Ihre Wirtin war Vegetarierin, haßte das Rauchen, schätzte die preußischen Wandervögel. Auch deren Mann behandelte Schwarze und Einwanderer herablassend, zudem waren beide Pazifisten und gar nicht für einen Kriegseintritt der USA gegen Nazideutschland. Andererseits erlebte Arendt, wie ihre Wirtin einen bösen Brief nach dem anderen an ihren Kongressabgeordneten schrieb, weil die USA nach Beginn des Pazifik-Krieges Menschen japanischer Herkunft internierten. Derart begegnete sie in diesem Land zum ersten Mal der politischen Freiheit, die sie weiterhin bewundern würde.

In der politischen Öffentlichkeit hat die Familie für Arendt nichts verloren. Aber heißt politisches Handeln nicht miteinander kommunizieren, Gespräche führen, über die öffentlichen Angelegenheiten gemeinsam Gedanken machen? Wären dazu familiäre Beziehungen keine gute Voraussetzung? Wenn man miteinander ein gutes Gespräch in der Öffentlichkeit führen möchte, dann braucht man dazu nicht nur eine gewisse sprachliche Fertigkeit. Dazu ist in der Tat auch eine gute Beziehung der Beteiligten zueinander nötig. Für Aristoteles aber dient vor allem die Freundschaft der Polis: Das freundschaftliche Miteinander-Sprechen läßt die Menschen erst zu Bürgern werden, indem sich derart eine öffentliche Sorge um die gemeinsame Welt äußert. Insoweit stellt die Freundschaft eine wichtigere politische Tugend dar als die Brüderlichkeit, die im Privaten und Familiären verbleibt. Arendt bemerkt über Lessing: «Er wollte vieler Menschen Freund, aber keines Menschen Bruder sein.» (FZ 47) Nicht auf die Familie gründet sich die Polis – obwohl selbst Platon noch in seiner *Politeia* glaubt, daß Menschen tapferer kämpfen, wenn sie ihre Mitkämpfer für Verwandte halten. Aristoteles leistet hier schon einen wesentlichen theoretischen Fortschritt über die Familienbande hinaus, die letztlich in mafiösen Strukturen enden und die Polis langfristig zerstören.

So entfaltet sich im Gespräch nicht nur die politische Bedeutung der Freundschaft, sondern damit auch die menschliche Welt, wie sie sich in der griechischen Polis entwickelt. Die Freundschaft beseelt das Gespräch und die Sorge um die öffentlichen Güter und nicht nur die private Sorge um die Familie.

Diese gemeinsame Welt ergibt sich nicht als fertiges Endprodukt, das man nur einmal herzustellen brauchte, um es dann für immer zu sichern. Sie muß vielmehr ständig regeneriert werden, denn sie verdankt sich eben keinem monotonen gemeinsamen Arbeiten, keinem sich ständig wiederholenden Herstellen und dessen Endprodukt, sondern einzig und allein der Dynamik des politischen Handelns als öffentlicher Kommunikation über die gemeinsamen politischen Angelegenheiten.

Daher erweist sich bis heute die Politik weder als Kunst noch als Wissenschaft, auch nicht als Handwerk und nicht als Arbeit, selbst wenn sie mit solchen Begriffen beschrieben wird. Ihr Zweck erschöpft sich nicht in der Sicherung des Lebens, was sich in einem untergeordneten Tätigkeitsfeld bei der Polizei abspielt. Ihre wichtigste Aufgabe, an der sie häufig genug versagt, bleibt für Arendt vielmehr *eine* gemeinsame Welt, obgleich diese sich zumeist bloß recht partiell realisiert. Nur wenn das wenigstens ansatzweise gelingt, kann sich Politik überhaupt jenen Funktionen erfolgreich widmen, auf die sie heute weitgehend reduziert erscheint. Arendt schreibt: «Des Mutes bedarf es, weil es in der Politik niemals primär um das Leben, sondern immer um die Welt geht, die so oder anders aussehen, so oder anders uns überdauern soll.» (ZV 208)

Im Laufe von ein bis zwei Jahren konnten Arendt, ihr Mann und ihre Mutter ihre soziale Lage stabilisieren. Sie fing bald an, mit Zeitungsartikeln Geld zu verdienen, und erhielt 1942 ihren ersten Lehrauftrag am Brooklyn College – für sie ein kleines Wunder, nach den Jahren auf der Flucht wieder in einer Öffentlichkeit auftreten zu können. Nachdem Blücher zuerst eine Stelle als Arbeiter in einer Fabrik bekam, fand auch er bald eine Tätigkeit für ein Komitee, das sich politisch mit dem Krieg auseinandersetzte. Intensiv beteiligte Arendt sich an den zionistischen Debatten jener Jahre und geriet dabei in zunehmende Distanz zu den offiziellen zionistischen Positionen. Vehement, aber erfolglos propagierte sie die Bildung einer jüdischen Armee. Als die Ausmaße des Holocaust langsam bekannt wurden und das Grauen ins absolut Ungeheuerliche anschwoll, kritisierte sie vor allem die zionistische Führung, die jahrelang eine Beschwichtigungspolitik gegenüber der Judenverfolgung betrieben habe. Ab Mitte der vierziger Jahre bis Anfang der fünfziger arbeitete sie für jüdische Organisationen, die sich den kulturellen Wiederaufbau zum Ziel setzten.

6. Kapitel
Die gemeinsame Macht der freien Bürger

Hannah Arendts Diagnose der Totalitarismen als Aufhebung des Politischen im Sinne öffentlicher Kommunikation wirft die Frage auf: Kann man überhaupt dem Gefühl der Verlassenheit und der weltlosen Existenz des modernen Menschen begegnen? Damit richtet sich das Augenmerk auf das Handeln, das in der modernen Gesellschaft eine zentrale Rolle spielt. Was bleibt auch anderes, als der Verlassenheit und der Einsamkeit, der Ausgrenzung und der Verdrängung tatkräftig zu begegnen, indem man bei der wirtschaftlichen und sozialen Entwicklung niemand am Wegesrand zurückläßt und eine Gesellschaft entwickelt, die die Bedürfnisse aller Menschen berücksichtigt? Doch gerade das, was die Welt heute retten soll, nämlich Arbeit, Politik und Kunst, schafft nach Arendt keine gemeinsame Welt. Denn diese verfehlen den Sinn des Handelns, den Arendt als öffentliche Kommunikation über die gemeinsamen Angelegenheiten der Blütezeit der antiken Demokratie Athens entlehnt. Da Arbeit jedweder Form als biologischer Austausch mit dem Naturkreislauf nur den privaten Bedürfnissen und Interessen frönt und sowohl politisches wie künstlerisches Handeln als Herstellen nur auf Produkte abzielt, konstituieren alle drei keine gemeinsame Welt, die sich zwischen den Menschen aufbauen muß und die es zu erhalten gilt. Zweckgerichtetes Handeln in Kunst und Politik erzeugt statt dessen Werke und Institutionen, die statischen Charakter besitzen, weil sie aus geronnener Arbeit bestehen.

Zum Handeln im Sinne Arendts bedarf es keines zweckgerichteten Tuns, auch nicht der Befriedigung der Bedürfnisse, sondern der gemeinsamen öffentlichen Kommunikation. Allein dadurch, durch die freiwillige Beteiligung vieler verschiedener Menschen, also unter pluralistischen Bedingungen entfaltet sich für Arendt *eine* gemeinsame Welt, die einer lebendigen Beziehung zwischen den Menschen entspringt, nicht bestimmten Institutionen, nicht einer bestimmten Verfassung oder Gesetzgebung.

Aber handelt es sich bei einer solchen Konzeption nicht um einen nostalgischen Traum von vergangenen antiken Zeiten? Kann sich die Welt solch einer schwingenden Kommunikation, der reinen Dynamik des Handelns verdanken? Bedarf sie nicht doch der Institutionen und Werke, die ihr Halt verleihen, worum sich ja bereits die griechische Polis bemüht? Muß sich diese Welt dazu nicht auf Macht stützen, die im Konfliktfall nicht davor zurückscheut, auf Gewalt zurückzugreifen?

In den wilden Zeiten rings um 1968 setzt sich Arendt in einem kleineren Buch mit dem Verhältnis von *Macht und Gewalt* auseinander. In der politischen Philosophie gerade im 20. Jahrhundert greift man gerne auf die Gewalt zurück, um politische Macht zu begründen. So definiert bereits Max Weber den Staat durch sein «Monopol legitimer physischer Gewaltsamkeit».[66] Derart weist Weber der liberalen Staatstheorie den Weg weniger in das durchaus konfliktträchtige Zusammenwirken der Bürger als vielmehr in ein Demokratieverständnis, bei dem es primär um die Bildung einer stabilen Regierung geht.

Der Gewalttheoretiker des 20. Jahrhunderts schlechthin bleibt natürlich Carl Schmitt, der bis heute nachhaltigen Einfluß auf das politische und staatsrechtliche Denken ausübt. Daß die Bürger tun und lassen können, was sie wollen, daß sie selber entscheiden, was sie für gut halten, daß man ihnen ihre Lebensweise staatlicherseits nicht mehr einfach vorschreiben kann, das entsetzt und verärgert weite Teile der politischen Philosophie. Sie geben vor, die Yuppies stärker der Gemeinschaft verpflichten zu wollen, zielen aber in Wirklichkeit auf die libertären Sitten weiter Teile der Bevölkerung, die in der Zwischenzeit gelernt haben, ihre Interessen zu verteidigen – so manche Vertreter des US-amerikanischen Kommunitarismus wie Alasdair MacIntyre. Hier hilft das Denken Carl Schmitts, das eben nicht vom Friedens-, sondern vom Kriegszustand ausgeht, versucht man doch die Bürger mit der Drohung des Ausnahmezustands unter die Kuratel zu bringen.

Natürlich kannte schon die Antike einen *militärischen Diktator*, der allerdings nur für einen beschränkten Zeitraum, nur in einer bestimmten Situation und nur hinsichtlich bestimmter Angelegenheiten diktatorische Vollmachten besaß. 1956 bemerkt Arendt: «Der Tyrann blieb für Plato wie für Aristoteles der ‹Wolf in Menschengestalt›, und der militärische Befehlshaber war zu offensichtlich mit einer zeitweiligen Notlage verbunden, um als Modell für eine beständige Errichtung dienen zu können.» (ZV 171)

Dagegen definiert Schmitt die politische Spitze auf Grund ihrer Fähigkeit, mit Gewalt gegen die Bürger vorzugehen. Dazu bedarf es keiner demokratischen Legitimation, denn: «Souverän ist, wer über den Ausnahmezustand entscheidet.»[67] Die Anwendung der Gewalt selbst legitimiert die Macht bzw. die Gesetze, die der Staat erläßt, eben weil er sie gewaltsam durchsetzt. Ohne diese Gewaltsamkeit gäbe es keine Gesetze, so daß sie sich nicht auf irgendeine Form der Wahrheit oder der Gerechtigkeit berufen müssen, geschweige denn daß sie der Zustimmung oder des Konsenses bedürften. So notierte Schmitt 1922 im selben Text den berühmten Satz: «Auctoritas, non veritas facit legem.»

Doch nicht nur im rechten politischen Lager, sondern auch im linken verherrlicht man die *Gewalt* und hofft durch sie den historischen Fortschritt durchzusetzen. Nicht nur Marx und Lenin, beispielsweise auch der Vordenker der französischen Arbeiterbewegung, der Soziologe und Historiker Georges Sorel, preist die Gewalt, um die bürgerliche Konsumentenmoral wieder durch antike Tugenden abzulösen.[68] Überhaupt gelten seit der Romantik – so der italienische Philosoph Massimo Mori – Gewalt und Krieg als Motoren des Fortschritts, als Waffen der Vernunft, mit denen man die Welt neu und humaner gestalten könne, so daß sich letztlich die Vernunft der Waffen, *La ragione delle armi*, so der Titel seines Buches[69], durchsetzt, bzw. gut hundertfünfzig Jahre lang die Welt erschreckt, also just die Zeit, die den Horizont Hannah Arendts umfaßt.

Auf diese Tradition des politischen Denkens, die *eine* gemeinsame Welt auf die Gewalt stützt, will sich Arendt nicht einlassen.

Im Grunde bleibt Gewalt sprachlos und *stumm*, selbst noch bei den Technikern und Anwendern von Gewalt. Der philosophische Diskurs endet mit dem Argument «Gewalt» und weiß darüber nichts mehr weiter zu sagen, beinahe so als handele es sich hier um das gar nicht mystische, sondern sehr triviale Ende des Denkens – und ich möchte ergänzen: in der Dummheit.

Für Schmitt dagegen präsentiert sich in solcher gewaltgestützter *Souveränität* das Wesen des Politischen, während sich für Arendt genau darin selbiges entpolitisiert. Denn anstatt die Kommunikation unter den Bürgern in der Öffentlichkeit zu ermöglichen, entsteht die Idee solchen politischen Souveräns im Stile des Sonnenkönigs Ludwig XIV. nur dadurch, daß sich der Staat von den Bürgern distanziert. Ein absoluter Fürst braucht die Gewalt, um durch Furcht und Schrecken die Bürger gefügig zu halten. Die Ohnmacht der Bürger öffnet der Diktatur die Türen. Gemeinsamer Widerstand ist nicht mehr möglich, wenn jeder, mit dem man redet, am nächsten Tag zur Denunziation gezwungen werden kann.

In weitgehender Abgrenzung von der Tradition der politischen Philosophie, gelangt Hannah Arendt zu einer klaren *Trennung von Gewalt und Macht*. Die Macht kommt nicht aus den Gewehrläufen, wie es Mao Tse Tung einstmals mißverstand und vor ihm Lenin genauso wie Robespierre, von den Nazis ganz zu schweigen. Die griechische Polis bemühte sich darum, die Gewalt innerhalb der Stadtmauern zu beenden, wo ein Zustand des Friedens herrschen sollte – mögen manche diese Einschätzung auch als naiv bzw. ideologisch brandmarken. Doch Arendt versteht unter Gewalt nicht psychische Gewalt, auch keine strukturelle Gewalt ausbeuterischer Arbeitsverhältnisse, sondern eindeutig physische Gewalt. Letztere bestimmte das Verhältnis der verschiedenen griechischen Stadtstaaten untereinander und provozierte grausame Kriege.

Daher hat für Hannah Arendt Macht überhaupt einen völlig anderen Ursprung als die Gewalt. Sie schreibt 1970: «Macht entspricht der menschlichen Fähigkeit, nicht nur zu handeln oder etwas zu tun, sondern sich mit anderen zusammenzuschließen und im Einvernehmen mit ihnen zu handeln. Über Macht verfügt niemals ein Einzelner; sie ist im Besitz einer Gruppe und bleibt nur solange existent, als die Gruppe zusammenhält. Wenn wir von jemand sagen, er ‹habe die Macht›, heißt das in Wirklichkeit, daß er von einer bestimmten Anzahl von Menschen ermächtigt ist, in ihrem Namen zu handeln. In dem Augenblick, in dem die Gruppe, die den Machthaber ermächtigte und ihm ihre Macht verlieh (...), auseinandergeht, vergeht auch ‹seine Macht›.» (MG 45)[70] Mit ihrem Machtbegriff schließt Arendt also an ihr Verständnis des politischen Handelns an.

Macht entsteht nicht durch gewaltsame Unterdrückung, sondern durch freiwillige Zustimmung, durch *öffentliche Kommunikation*. Sie erwächst daraus, daß die Bürger die Anweisungen einer Regierung oder einer Verwaltung freiwillig und zustimmend befolgen, ihnen nichts befohlen wird. Somit entwickelt sich Macht aus der Gruppe heraus, die sich eben der Kommunikation unter den Mitgliedern verdankt. Doch ein einzelner hat als einzelner keine Macht, bestenfalls Stärke, so daß der berühmte Spruch aus Schillers *Wilhelm Tell*, nachdem der Starke am mächtigsten allein sei, für Arendt seinen Sinn verfehlt.

Wenn andererseits die Menge auseinandergeht, zerfällt ihre Macht genauso wie die Macht Ludwigs XVI. nach dem Sturm auf die Bastille, als sein Volk nicht mehr freiwillig gehorchte und seine Soldaten nicht mehr auf das Volk zu schießen bereit waren. Insofern oszilliert die Macht in ähnlicher Weise wie das politische Handeln, dem sie sich ja auch verdankt, hängen für Arendt beide Begriffe eng miteinander zusammen.

Wenn die Menschen zwanglos übereinstimmen oder auch freiwillig den Vorschlägen einer Regierung zustimmen, dann schließt das Manipulation zwar nicht aus, da es dabei ja auch darum geht, wie gut sich die Bürger informieren konnten. Doch Macht kann sich eigentlich nur dort entfalten, wo die Menschen Lügen durchschauen, weil sie wissen, was der Fall, was Tatsache ist, darüber streiten und genau deshalb auch zu Übereinkünften gelangen. Macht als Ergebnis öffentlicher Kommunikation beruht also einerseits zweifellos auf der Wahrheit, um die sich die Gespräche der Bürger drehen. Macht entsteht – schreibt Arendt in *Vita activa* –, «wo Worte nicht leer und Taten nicht gewalttätig stumm sind, wo Worte nicht mißbraucht werden, um Absichten zu verschleiern, sondern gesprochen sind, um Wirklichkeiten zu enthüllen, und wo Taten nicht mißbraucht werden, um zu vergewaltigen und zu zerstören, sondern um neue Bezüge zu etablieren und zu festigen, und damit neue Realitäten zu schaffen» (VA 252).

Macht braucht andererseits einen verantwortlichen Umgang der Menschen miteinander und gewinnt dadurch eine ethische Komponente, die Leute wie Carl Schmitt ja gerade dementieren. Macht muß also im Zuge ihrer Entfaltung darauf achten, daß sie sich an das moralisch Gebotene und natürlich auch an internationales Recht und die staatlichen Gesetze hält. Delbert Barley bemerkt in seiner Einführung zu Arendt: «Nicht Gewalt, bürokratische Präzision und der trügerische Aufruf zu ‹einhelliger Meinung› sichern eine bewohnbare Welt, sondern Diskussion, Kompromiß und Sorge.»[71]

Macht bildet sich also aus einem Miteinander als Machtpotential. Die Größe der Macht ergibt sich keineswegs schlicht aus einer Vergrößerung der Zahl der Beteiligten. Macht akkumuliert sich nicht quantitativ. Das begründet Arendt mit dem interessanten Argument, das weiten Teilen der politischen Philosophie widerspricht: *Gewaltenteilung* nämlich vermindert für Arendt die Macht des Staates nicht, sondern erhöht sie. Soll nicht nach John Locke und Montesquieu die Gewaltenteilung den Bürger schützen, indem der Staat in sich selbst verschränkt wird?[72] Lehnen nicht genau deshalb Rousseau und Hegel eine solche Gewaltenteilung ab, weil sie den Staat schwächt, der doch als einziger Gerechtigkeit durchsetzt? Wenn man jedoch an das Ansehen denkt, welches das deutsche Bundesverfassungsgericht bei den Bürgern genießt, dann stärkt diese Gewaltenteilung in der Tat die Achtung vor dem Staat, legitimiert seine Entscheidungen und vergrößert just durch die Schwächung seine Macht.

Ähnlich schätzt Hannah Arendt auch *passiven Widerstand* als hochwirksam ein. Natürlich lassen brutale Regime wie das nationalsozialistische oder das stalinistische dazu kaum Spielraum.

Doch nicht einmal diese können solche Widerstände völlig unterdrücken, wie der Widerstand Dänemarks, Italiens und auch Frankreichs gegen den Holocaust zeigt. Um einen Erfolg wie Gandhi in Indien zu erringen, bedarf es freilich einer Kolonialmacht, die auf Tatsachen und auf moralische Standards durchaus Rücksicht nimmt.

Dazu schreibt Hauke Brunkhorst: «Die Stärke dieser Konzeption der Macht liegt hier, in der Trennung von Macht und Gewalt, von intersubjektiver Verständigung und possessivem Individualismus. Die Schwäche sehe ich hingegen im massiv elitären politischen Partikularismus des mit dem Machtbegriff verbundenen Begriffs öffentlicher Freiheit.»[73] Daß Arendts Denken einen gewissen *Elitarismus* in sich birgt, unterscheidet sie im Grunde nicht von anderen politischen Theoretikern. Keine politische Philosophie kommt ohne eine Unterscheidung zwischen politisch aktiven und passiven Bürgern aus. Arendts Machtbegriff erweist sich dabei sogar als weniger elitär als jene Theorien, die die Bedeutung von Parteien oder Bewegungen betonen, gleichgültig ob sie sich totalitär ausrichten oder nicht. Sie bemerkt: «Was ich, abgesehen von den auf der Hand liegenden Mißverständnissen, an dem Begriff (Elite) auszusetzen habe, ist einmal, daß er die Vielen aus dem politischen Bereich prinzipiell ausschließt, obwohl politische Angelegenheiten eigentlich nicht nur die Vielen, sondern schlechterdings alle Einwohner eines Territoriums angehen.» (ÜR 335) Aber sie weiß, daß die von ihr erstrebte politische Öffentlichkeit nicht alle interessieren, nicht alle betreffen, nicht alle angehen wird. Das kann sogar in Feindseligkeit von seiten des Mob wie der Massengesellschaft umschlagen.

Der Vorwurf des *Partikularismus* verdankt sich Arendts ontologisch begründetem Pluralismus. Wenn die Vielheit über der Einheit steht, dann droht für viele der Zerfall des Politischen. Daß sich aber *Einheiten* nur machtvoll entfalten, wenn sie sich der Pluralität verdanken, von dieser ausgehen und geprägt werden, das hören all jene Theoretiker nicht gerne, die vom Primat des Staates, der Einheit des politischen Feldes, von der Herstellbarkeit von Institutionen ausgehen und nicht vom Primat der Pluralität, der Vielheit als Grundlage jeglicher Einheit. Gerade die Struktur der Europäischen Union beweist, wie mächtig Pluralität anwächst, auch wenn sie unter den üblichen politischen Akteuren keine richtige Rolle einzunehmen versteht. Insofern läßt Arendts Konzeption die üblichen Gewohnheiten in politischen Theorien längst hinter sich und wird damit der heutigen Wirklichkeit besser gerecht.

Arendt verweigert sich daher auch einem Verständnis von Macht, das deren politisch *repressiven* Charakter proklamiert. Macht besitzt für Arendt einen *konstruktiven* Charakter, indem Macht dem Zusammenleben der Menschen entspringt, und wird vor allem dort benötigt, wo eine politische Öffentlichkeit über die gemeinsamen Angelegenheiten offen und frei diskutiert. Macht bleibt unabdingbar, um einen Raum zu schaffen, in dem keine Gewalt herrscht. Daher konstituiert die Macht *eine* gemeinsame Welt nicht unmittelbar, aber sie verleiht ihr eine dringend nötige Stabilität, die ihr die wechselnde und schwankende Kommunikation nicht zu bieten vermag.

Damit antizipiert Arendt jenen Begriff von Macht, den auch der späte Michel Foucault entwickelt und mit dem er seine frühen Konzeptionen der Macht als Repression und Disziplinierung hinter sich läßt. Macht gestattet den Menschen, sich selbst als Subjekte zu entwerfen. Im zweiten Band *Der Gebrauch der Lüste* seines unvollendeten Hauptwerkes *Sexualität und Wahrheit* schreibt er: «Die von der griechischen Philosophie früh empfohlene sexuelle Zucht wurzelt nicht in der Überzeitlichkeit eines Gesetzes, das sukzessive die historisch unterschiedlichen Formen der Repression annähme: sie gehört einer Geschichte an, die zum Verständnis der Transformationen der Moralerfahrung entscheidender ist als die der Codes: einer Geschichte der ‹Ethik›, verstanden als Ausarbeitung einer Form des Verhältnisses zu sich, die es dem Individuum gestattet, sich als Subjekt einer moralischen Lebensführung zu konstituieren.»[74] Die Pluralität steht hier ebenfalls im Vordergrund. Die Macht erweist sich nicht nur als disziplinierend. Vielmehr dient sie für Foucault der individuellen

Selbstentfaltung. Für Hannah Arendt findet diese jedoch primär politisch statt, nicht privat.

Wie kaum sonst eine politische Denkerin insistiert Arendt auf einer *politischen Freiheit*, die mit der *privaten Freiheit* wenig verbindet. Das schließt an einen antiken Gedanken an, dem sich die Moderne lieber verweigert, nämlich daß in einer Beziehung von Herrscher und Beherrschten niemand frei ist. Für Aristoteles sollen Herrschende und Beherrschte in eins fallen, wenn jeder Athener Bürger in der Volksversammlung über die ihn betreffenden Gesetze mitentscheiden kann. Arendt schreibt: «Nur wer sich unter Freien bewegte, war frei. Und entscheidend für Herodots Gleichsetzung von Freiheit mit Herrschaftslosigkeit war die Erfahrung, daß der Herrscher selbst gerade nicht frei ist; indem er die Herrschaft über andere ausübt, beraubt er sich der Gesellschaft von seinesgleichen, in der er hätte frei sein können. Herrschaft zerstört mit anderen Worten den politischen Raum, und das Resultat dieser Zerstörung ist die Vernichtung der Freiheit für Herrscher und Beherrschte.» (MG 37)

In der politischen Tradition sollen *Autorität* und *Herrschaft* den Übermut, den Egoismus und letztlich die Freiheit der Bürger so beschränken, daß sie sich der Gemeinschaft unterordnen, d. h. den staatlichen Anweisungen ohne Murren folgen. Daran dachte schon Platon, als er den Philosophen als König propagierte. Eine solche Erziehungsdiktatur stellt dagegen für Arendt eine ‹utopische Tyrannis der Vernunft› dar. Ja, die Vorstellung, daß Politik die Erziehung der Bürger zur Aufgabe hat, im Grunde sich also einer *Pädagogik* annähert, verfehlt für Arendt den Sinn von Kommunikation, Öffentlichkeit und politischer Freiheit. Sie bemerkt: «Überhaupt ist damals wie heute nichts fragwürdiger als die politische Relevanz von Beispielen, die aus der Erziehung gewonnen sind.» (ZV 185)

Allen zentralen politischen Begriffen verleiht Arendt einen originär demokratischen Sinn, bei dem sie auf Gewalt und obrigkeitliche Strukturen verzichtet. Diese rechtfertigt auch kein Staatszweck, der die Versorgung der Bürger intendiert, was ihr im linken Lager wenig Freunde einbrachte. So zielt Arendts Begriff der Herrschaft nicht darauf ab, die Freiheit der Bürger im Dienst irgendeiner Gemeinschaft aufzuheben, sondern darauf, die Freiheit überhaupt erst zu erzeugen. Ein anarchischer Mob, Familienbeziehungen oder die mafiöse Räuberbande mit einem Warlord schaffen keine Freiheit. Auch Autorität verdankt sich dem öffentlichen Raum und der Kommunikation der Bürger. Sie soll in ähnlicher Weise wie Herrschaft die Freiheit sichern, keinesfalls unterdrücken.

So haben die Begriffe Autorität und Herrschaft nach Arendt den Sinn, einen gesetzlichen Rahmen durchzusetzen, innerhalb dessen sich eine öffentliche Kommunikation der Bürger frei entfalten kann. Autorität und Herrschaft hängen just von der Macht ab, die die Bürger durch Konsens und freiwillige Akzeptanz erzeugen. Umgekehrt sind Macht, Autorität und Herrschaft, die sich der Gewalt bedienen, gar nicht das, was sie zu sein vorgeben.

Arendt widerspricht damit dem antiautoritären Geist um 1968. Doch sie holt ihn gewissermaßen ein, indem sie Autorität in der freiwilligen Anerkennung verankert. Ihre Konzeption will das an Autorität retten, was unter demokratischen Umständen der Freiheit dient, aber alles das abschaffen, was sich nur obrigkeitlichen Traditionen des militarisierten Gewaltstaates schuldet. Autorität und Macht besitzen bloß den Zweck, Freiheit, Kommunikation und Öffentlichkeit abzusichern; denn, so Hannah Arendt in ihrer Schrift *Über die Revolution* aus dem Jahr 1963: «Wo immer Freiheit je als eine greifbar weltliche Realität existiert hat, war sie räumlich begrenzt.» (ÜR 354)

Viele, z. B. Hanna Pitkin, Jürgen Habermas und Richard Bernstein, greifen Arendts Differenzierungen an: Sie seien inkonsequent[75] oder würden die Probleme eher verunklaren. Arendt entwickelt in der Tat einen Begriff von Politik, der seinen Ort weder in den staatlichen Institutionen noch in der Gesellschaft findet. Angesichts der historischen Erfahrungen meidet Arendt das Gesellschaftliche, da von dort primär ökonomische oder finanzielle Ansprüche an Staat und Politik gerichtet werden. Arendt will das Problem der Verteilungsgerechtigkeit in den Hintergrund drängen, das seit langem Staat und Politik dominiert, die Wirtschafts-

und Finanzpolitik zu den wichtigsten staatlichen Tätigkeiten erhebt, obwohl einerseits gerade in diesem Bereich der politische Einfluß denkbar gering bleibt und andererseits die Politik sich dann auf Lebenserhaltung und Versorgung konzentriert. Dagegen fragt kaum jemand nach den Lebensformen, also der Kommunikation und der Kooperation, der Öffentlichkeit gerade im Medienzeitalter.

Um so mehr scheinen mir Arendts Distanz gegenüber dem Staat und die Bemühung um einen darin nicht aufgehenden Bereich politischer Öffentlichkeit durchaus sinnvoll. Vielleicht hätte sie dabei die Gesellschaft stärker berücksichtigen sollen, und zwar nicht nur als Ort von Versorgungsleistungen, sondern als Ausgangspunkt für eine öffentliche Kommunikation, die sich von hier aus ins Politische transferiert. Partikulare Interessen können die Aufmerksamkeit wie die Akzeptanz der Öffentlichkeit erregen, obwohl sie nur auf einer lokalen Ebene von Bürgern vorgetragen werden – man denke hier an die ökologischen Bestrebungen der achtziger Jahre, die weltrevolutionäre Ansprüche aufgaben, um sich statt dessen um konkrete Probleme zu kümmern. Entsteht nicht just dadurch jene gemeinsame Welt?

Allerdings entwickeln sich für Arendt aus der modernen Gesellschaft heraus durchaus gefährliche Tendenzen, eben die Massengesellschaft, die einerseits massive soziale Ansprüche erhebt und andererseits durch die Massenmedien die Öffentlichkeit banalisiert und brutalisiert. Beides gefährdet die politische Freiheit der Bürger, die Arendt gerade verteidigen will. Insofern läßt sie sich dem Lager eines dezidiert *politischen*, nicht ökonomischen Liberalismus zurechnen. John Rawls, Vordenker eines solchen Liberalismus, insistiert in *A Theory of Justice* aus dem Jahr 1971 gleichfalls auf einem Vorrang der individuellen Freiheit gegenüber Ansprüchen nach sozialer Gerechtigkeit.[76] Daher gründet Rawls' politische Philosophie in der Ethik als Frage nach der Freiheit. Hannah Arendt, die anders als Rawls von einer Orientierung an der sozialen Gerechtigkeit absieht, geht es hingegen um die Freiheit in einem nicht bloß moralischen Sinn.

Individuelle politische Freiheit – jenseits einer privaten ohne Tempolimit – spielt weder in der Politik der demokratischen Staaten eine große Rolle, noch schreiben die Revolutionäre gestern und heute sie auf ihre Fahnen. Gerade Marxisten halten Freiheit für ein kleinbürgerliches Vorurteil, während jede umfassende Gesellschaftsveränderung die Menschen in eine effizientere Gemeinschaft einzubinden versucht, ihnen aber nicht politische, höchstens private Freiheitsrechte gewährt. Es verwundert nicht, wenn Herbert Marcuse, der Vordenker der Studentenbewegung in den USA, 1969 in seinem programmatischen *Versuch über die Befreiung* die Freiheit wie bei Marx in eine ferne Zukunft verschiebt: «Der gesellschaftliche Ausdruck des befreiten Arbeitstriebes ist Kooperation, die, in Solidarität gründend, die Organisierung des Reichs der Notwendigkeit und die Entwicklung des Reichs der Freiheit leitet.»[77]

In ihrem Buch *Über die Revolution*, einem ihrer brillantesten Werke, konzentriert sich Arendt weniger auf den Akt der Revolution als auf deren politische Ergebnisse. Die Geschichtswissenschaft starrt zumeist gebannt auf die spannenden Abenteuer während der heißen Turbulenzen. Die Politikwissenschaft hingegen sollte sich nach Arendt nüchterner mit den erheblich spröderen Ergebnissen befassen.

Eine Revolution zielt für Arendt ursprünglich auf die Gründung der Freiheit, die das bisherige Regime unterdrückt. Die französische Revolution scheiterte damit, als in ihr die *soziale Frage* aufbrach. Diese beherrschte die russische Revolution von 1917 natürlich von vornherein. Ab diesem Zeitpunkt verliert die Revolution ihren Zweck, nämlich die Freiheit, aus den Augen und versucht so notorisch wie vergebens, das Leben, die Wohlfahrt und das Glück der Menschen zu sichern. Doch Arendt stellt lakonisch fest: «Die Menschlichkeit der Erniedrigten und Beleidigten hat die Stunde der Befreiung noch niemals auch nur um eine Minute überlebt. Das heißt nicht, daß sie nicht sei, sie macht in der Tat die Erniedrigung tragbar; aber es heißt, daß sie politisch schlechterdings irrelevant ist.» (FZ 32)

Die soziale Frage läßt sich nicht politisch, sondern nur wirtschaftlich lösen. Wenig kann die Politik dazu beitragen, jedenfalls längst nicht das, was die Revolutionäre verkünden. Mögen Arendts Worte für viele auch sarkastisch klingen, sie treffen die Realität: «Soweit die Erinnerung der Menschheit reicht, hat das menschliche Leben unter dem Fluch der Armut gestanden, und wenn dieser Fluch heute aus den Ländern des Westens zu verschwinden scheint, so kann niemand behaupten, daß dies einer der westlichen Revolutionen zu verdanken sei.» (ÜR 142)

Wenn man die soziale Frage politisch aufheben will, dann droht man damit, die Grundlage *einer* gemeinsamen Welt selbst zu zerstören, die für Arendt nicht in materiellen Bedingungen liegt, sondern in der Möglichkeit zur Kommunikation. Diese aber entspringt der Unterschiedlichkeit der Menschen, deren Andersheit und der sich daraus ergebenden politischen wie auch sozialen Pluralität. Arendt muß also warnend den Finger erheben, auch wenn ihr viele nicht zustimmen werden: «Die politische Gefahr der Armut besteht gerade darin, daß sie die Pluralität vernichtet und aus den Vielen so etwas wie Eines macht (...).» (ÜR 120)

Die *amerikanische Revolution* unterscheidet sich von jenen des alten Kontinents genau hinsichtlich der sozialen Frage. Armut, wie man ihr in Europa im 17. und 18. Jahrhundert überall auf Schritt und Tritt begegnete, hat es in den Kolonien der neuen Welt in dieser Form nicht gegeben, obwohl Arendt einräumt, daß diese Sichtweise das Problem der Sklaven vernachlässigt. Allein deswegen konnte die amerikanische Revolution gelingen, weil sie sich nicht mit der sozialen Frage einließ – eine Sklavenhaltergesellschaft sich mit diesem Problem nicht beschäftigen mußte, möchte ich folgern. Deshalb ging in den neu gegründeten USA die Freiheit auf, während man dieses ungeheuerliche Ereignis in der alten Welt kaum beachtete. Arendt bemerkt: «Aber schließlich ist auch dies nur ein verhältnismäßig harmloser Teilaspekt der traurigen Wahrheit, daß die französische Revolution, die in der Katastrophe endete, Weltgeschichte gemacht hat, während die amerikanische Revolution, trotz ihrer wahrhaft triumphalen Erfolge über eine gleichsam lokale Bedeutung kaum hinausgekommen ist.» (ÜR 68)

Vom Haß auf die Unterdrücker unterscheidet Arendt die Sehnsucht nach Freiheit, nach der man um ihrer selbst willen strebt, um sprechen, handeln, atmen zu können – so Tocqueville.[78] Nur weil die amerikanischen Kolonisten in einem gewissen Maße schon frei waren, konnte diese Sehnsucht sich ausbreiten. Sie entsteht nicht im Zustand der Unterdrückung. Diese Lust an der Freiheit realisiert sich nach John Adams in der Begeisterung, an den öffentlichen Debatten, den Beratungen in den Bürgerversammlungen auf verschiedenen Ebenen teilzunehmen. Dabei denkt man gar nicht nur an die eigenen Interessen, sondern sucht die Kommunikation um ihrer selbst willen, weil sich darin die eigene Freiheit realisiert. So zitiert Arendt Thomas Jefferson mit den Worten über eine amüsante Jenseitsvision: «‹Mögen wir uns dort wiedersehen, in einem Kongreß, mit unseren Kollegen aus dem Altertum, und lassen Sie uns hoffen, daß sie uns das Siegel anerkennender Zustimmung nicht versagen werden.›» (ÜR 168) Insofern stellten die Kolonien schon vor der Revolution ein Treibhaus für den Geist des Öffentlichen dar, der irgendwann in einen revolutionären Geist umschlug.

Denn bereits als die europäischen Siedler den Atlantik überquert hatten, mußten sie fern der Herkunftsländer und zunächst häufig ohne Kontrolle oder Hilfe durch das Mutterland so etwas wie ein Gemeinwesen gründen, das mangels fest etablierter staatlicher Institutionen stark auf der gemeinsamen Kommunikation untereinander ruhte. Dazu trieben natürlich einerseits die Gefahren des unbekannten Kontinents und andererseits die Angst vor Gesetzlosigkeit und Gewalt unter den Siedlern an. Arendt bemerkt: «Geistesgeschichtlich standen die unzähligen Pakte und Vereinbarungen in der Frühgeschichte Nordamerikas natürlich unter dem Einfluß des Puritanismus und seiner Betonung des Alten Testaments, des Bundes zwischen Gott und dem Volke Israel.» (ÜR 223)

Für Arendt ergibt sich also mit der amerikanischen Revolution jener seltene historische Augenblick, in dem sich ähnlich wie im Athen des Perikles wirklich *eine* gemeinsame Welt konstituiert. Sie bedarf zu ihrer Stabilisierung zweifellos der Macht, die sich aber mit dieser gemeinsamen Welt zusammen entbirgt. Beide beruhen auf der öffentlichen Kommunikation und ebnen der politischen Freiheit den Weg. Sie treten nicht häufig in der Geschichte auf, aber gelegentlich, bedeuten also auch kein bloß normatives Ziel, sondern ein Faktum, an das man in einer demokratischen Gesellschaft immer wieder erinnern muß.

Als Emigrantin in den USA sieht sie natürlich, daß vom revolutionären Geist der Gründerväter nicht mehr viel erhalten geblieben ist. Trotzdem gibt es wohl kaum ein Land auf der Welt, in dem so manches von einer neuen – allen gemeinsamen – Welt jener Gründerväter nachlebt. Sie schreibt am 16. Oktober 1947 an ihren Freund, den Romancier Hermann Broch: «Die Europäer wiederum, voller Haß und voller Resentment gegen dies Land, können absolut nicht verstehen, daß alle ihre Kategorien hier nicht stimmen, daß es hier nicht Unterdrücker und Unterdrückte gibt, sondern nur nicht gleichmäßig verteilte Chancen, aber doch Chancen für jeden außer den diskriminierten Rassen; daß infolgedessen Pech und Glück eine viel größere Rolle spielen.»[79] Broch, ein großer Charmeur, versuchte auch Arendt zu verführen, was sie mit den Worten abbog: «Hermann, laß mich die Ausnahme sein.»

Kurz nachdem sie Broch kennengelernt hatte, wurde sie in New York Cheflektorin im Verlag von Salman Schocken, dem sie schon in Berlin begegnet war. In den folgenden drei Jahren machte sie daher die Bekanntschaft von zahlreichen Schriftstellern, darunter T. S. Eliot. Schon zuvor aber hatte sie Mary McCarthy getroffen. Doch es dauerte Jahre, bis daraus eine tiefe Freundschaft erwuchs. Arendt blieb in fremder Umgebung gegenüber Unbekannten normalerweise eher zurückhaltend – und ihr Leben in den USA bestand weitgehend aus solchen Situationen. Sie öffnete sich regelmäßig nur gegenüber Freunden, die sie seit ihrer Jugend kannte. Zumindest mußte eine Atmosphäre herrschen, die sie an ihre Jugend erinnerte, wenn das richtige Goethe-Zitat in der Luft zu liegen schien. Daher wurde sie auch in New York nie richtig heimisch. Vielleicht wäre sie nach Europa zurückgekehrt, wenn Heinrich Blücher sich nicht dagegen gewehrt hätte. Von etwa Mitte der fünfziger Jahre bis zu ihrem Tod lehrte sie an zahlreichen Hochschulen vor allem in New York, aber auch in Chicago und San Francisco.

Seit Mitte der fünfziger Jahre wird ihr Blick gegenüber den USA kritischer als wenige Jahre nach ihrer Flucht. Trotzdem bleibt ihr Verhältnis zu den USA verständlicherweise immer von Dankbarkeit geprägt. Wenn ihre spätere Kritik denn auch manchmal die USA und selbst gewisse Aspekte der *Rassentrennung* in Schutz nahm, so schreiben das ihre Interpreten just dieser Dankbarkeit gut. Das klingt dann manchmal so, als führe diese direkt in ein intellektuelles Versagen. Wenn sie beispielsweise kritisierte, daß die Administration in Washington Maßnahmen ergriff, um die Rassentrennung in den Schulen durch zwangsweise Vermischung von schwarzen und weißen Kindern zu beenden[80], erscheint ein solcher Vorwurf berechtigt. In der Tat stand sie den Rassenproblemen vornehmlich in den Südstaaten vergleichsweise hilflos gegenüber und vermied es tunlichst, diese jemals zu besuchen. Das Land, das vielen Juden Zuflucht bot, das mit großem Aufwand und mit hohen Verlusten an Menschenleben Nazideutschland in die Knie zwang, das hehre Ideen in der amerikanischen Revolution realisierte und immer noch als eine Hoffnung der Menschlichkeit gelten konnte, just dieses Land hatte dort Probleme, wo sie als Jüdin durch den Antisemitismus besonders getroffen war, nämlich im tumben Rassismus.

Andererseits griff sie die moderne Medienwelt in den USA scharf an, die die Öffentlichkeit beeinträchtigt, wenn nicht sogar zerstört. Auch Bürokratisierung und Professionalisierung der Politik gefährden den öffentlichen Raum, in dem die Bürger ja miteinander kommunizieren sollen – damit antizipiert sie Thesen des Kommunitarimus zwanzig Jahre später. Sie erkannte den Wertewandel in der US-Gesellschaft und unterstützte die rebellierende Jugend um 1968. Klar trennte sie von dieser Jugend ihr Desinteresse an der sozialen Frage, die aber 1968 im Grunde künstlich aufgebauscht wurde. Die 68er Rebellion dachte weniger an eine Revolution. Trotz großem Pathos und verbalem Radikalismus waren die meisten ihrer Mitglieder doch realistisch genug, um letztlich auf soziale und demokratische Reformen zu setzen.

Gerade Arendt entsprach der berühmte Satz Willy Brandts: «Mehr Demokratie wagen!» In dieser Hinsicht veränderte jene Jugend- und Studentenrevolte das gesellschaftliche und politische Klima in der westlichen Welt nachhaltig, seither hat der Untertanengeist erheblich gelitten, wuchs der Anspruch auf Mündigkeit um einiges an. Nachträglich betrachtet klingt daher Arendts Betonung der politischen Freiheit und der Öffentlichkeit längst nicht so utopisch.

Mit 1968 verband Arendt auch ihre Begeisterung für das *Rätesystem*, das historisch immer nur kurze Zeit überlebte, beispielsweise in der Pariser Kommune oder beim Aufstand der Matrosen von Kronstadt gegen Lenin. Hier zählt die unmittelbare und unbeschränkte Beteiligung jedes einzelnen an den öffentlichen Angelegenheiten, an *einer* gemeinsamen Welt. Arendt schreibt: «Der große Enthusiasmus für das Rätesystem läßt sich in der Tat nur dadurch erklären, daß ‹jeder Einzelne sich hier mithandelnd findet und seinen Beitrag in den Ergebnissen des Tages gleichsam vor Augen sieht›.» (ÜR 338) In einem Rätesystem kann jeder von seiner Freiheit Gebrauch machen, weil dabei ein öffentlicher Raum entsteht, der von der gemeinsamen Kommunikation der Bürger getragen wird. Das hält Arendt für die eigentliche *constitutio libertatis* als Endzweck der Revolution, der auf die Republik abzielt, die aus der Revolution hervorgeht.

Die amerikanische Revolution vernachlässigte eben die soziale Frage und konzentrierte sich auf die Geburt einer neuen Staatsform. Sie war nicht wie viele Revolutionäre staatsfeindlich, sondern wollte eine neue politische Ordnung errichten und damit einen neuen Staat gründen. Marx dagegen interessierte sich nicht für die Staatsfrage, sondern nur für die soziale Frage. Im Sinne Arendts darf man sich daher nicht wundern, wenn die europäischen Revolutionen an dieser Blindheit notorisch scheiterten. Daher kann man ihr auch nicht einfach Staatsfeindlichkeit unterstellen, obwohl sie gegenüber den staatlichen Institutionen skeptisch bleibt, die den Drang zur Freiheit, zur Kommunikation, zur Öffentlichkeit, zur *einen* Welt notorisch beeinträchtigen.

7. Kapitel
Denken an das, was die Welt und
die Menschen zusammenhält

Auf die ‹zerbrochene Welt› reagiert das Judentum einerseits mit der Assimilation an *eine* Welt, die nicht hält, was sie verspricht. Andererseits versucht es, sich auf seine Wurzeln zu besinnen, kommt dadurch einer möglichen gemeinsamen Welt vielleicht näher, wird sie aber nie erreichen. Die Totalitarismen antworten dagegen auf die Gefühle der Verlassenheit und der Einsamkeit mit Terror, Verdrängung der Tatsachen bzw. der Wahrheit und mit der Umwertung der Werte, der Zerstörung des Ethos des abendländischen Menschentums.

Wenn der Terror Pluralität und Zwischenräume zwischen den Menschen zerstört, zerbricht die Welt als solche. Denn Menschsein bedeutet für Arendt, einmaliges Individuum zu sein, so daß jeder gemeinsamen Welt das Prinzip der Pluralität zugrunde liegt. Gemeinsamkeit entsteht, wenn Menschen in ihrer Unterschiedlichkeit miteinander kommunizieren.

Wie läßt sich *eine* gemeinsame Welt wiedergewinnen? Die Religion vermag dazu einen Beitrag zu leisten, wenn sie sich selbst in einer pluralen Welt begreift und nicht versucht, das eigene Weltverständnis anderen aufzunötigen, also durch Toleranz. Die Politik wird so lange daran scheitern, wie sie sich nur darauf konzentriert, Institutionen zu schaffen, die den Menschen helfen sollen, ihre Überlebensprobleme zu lösen, und sich nicht darauf besinnt, daß *eine* gemeinsame Welt aus der lebendigen Kommunikation der Menschen miteinander, und zwar in der Öffentlichkeit besteht. Darin siedelt nicht nur das Politische als gemeinsame Bemühung um die öffentlichen Angelegenheiten. Dadurch verwirklicht sich auch die politische Freiheit. Und genau darauf beruht die Macht, die sich nicht auf die Gewalt stützt.

Doch wie die Geschichte des 20. Jahrhunderts zeigt, läßt sich ein solches Verständnis von Politik nur schwer realisieren. Überhaupt erscheint Politik unter den Bedingungen der modernen Gesellschaft als anstrengende Herausforderung, nicht zuletzt weil man sich weder auf feste Wahrheiten noch auf die sittlichen Traditionen verlassen, nicht mehr einfach an sie anknüpfen kann. Hannah Arendt starb, noch bevor das Wort von der Postmoderne durch Jean-François Lyotard 1979 mit seinem programmatischen Text *La condition postmoderne* in die Philosophie eingeführt wurde und bevor Jürgen Habermas diese Sachlage mit der Wendung von der neuen Unübersichtlichkeit umschrieb. Allemal zeigen auch die Bürger häufig ein erschreckendes Maß an Inkompetenz, die Arendt aber gerade zur politischen Kommunikation aufruft. Was wird unter solchen Umständen vom einzelnen verlangt, damit er das Seinige zu *einer* gemeinsamen Welt beizutragen vermag?

Jedenfalls reichen in einer derartigen Situation weder allein Engagement noch Gehorsam und Untertänigkeit. Vielmehr braucht der einzelne zunächst eine Fähigkeit zur Reflexion, die ihm durch diese diffuse und oszillierende Wirklichkeit hindurchhilft. Benötigt der moderne Mensch also mehr Philosophie, um sich in einer komplexen Welt problematischer Tatsachenwahrheiten und fragwürdiger ethischer Werte zu orientieren?

Indes entwickelte sich die Philosophie zu Beginn des 20. Jahrhunderts unter dem Einfluß der Mathematiker Gottlob Frege, Edmund Husserl und Bertrand Russel immer stärker zu einer strengen Wissenschaft, die sich der Logik und Mathematik bedient und primär um die Genese von Wissen kümmert. Auch die Philosophie orientiert sich weitgehend zweckgerichtet wie Technologien und Wissenschaften. Daher konstatiert Heidegger 1951 in seiner Vorlesung *Was heißt Denken?*, «daß die Wissenschaft ihrerseits nicht denkt und nicht denken kann und zwar zu ihrem Glück und das heißt hier zur Sicherung ihres eigenen festgelegten Ganges. Die Wissenschaft denkt nicht. Das ist ein anstößiger Satz.» (WhD 4)[81] Obendrein bemerkt er kurz zuvor: «Aber selbst die Tatsache, daß wir uns Jahre hindurch mit den Abhandlungen und Schriften der großen Denker eindringlich abgeben, leistet noch nicht die Gewähr, daß wir selber denken oder auch nur bereit sind, das Denken zu lernen. Im Gegenteil: die Beschäftigung mit der Philosophie kann uns sogar am hartnäckigsten den Anschein vorgaukeln, daß wir denken, weil wir doch unablässig ‹philosophieren›.» (WhD 3) 1936, zwei Jahre vor seinem Tod, muß selbst Husserl feststellen, daß die Wissenschaften den Menschen bei ihren lebensweltlichen Problemen kaum noch etwas zu sagen haben.[82]

Hannah Arendt folgt Heideggers Konzeption, der einen programmatischen Vortrag aus dem Jahr 1964 mit «Das Ende der Philosophie und die Aufgabe des Denkens» betitelt. Wenn die Philosophie die menschliche Existenz nicht mehr reflektiert, dann hat sie den Auftrag verfehlt, den ihr Sokrates mit auf den Weg gab. Zumindest die Existenzphilosophie sucht daher nach einer Antwort auf Weltlosigkeit und komplexe Realität, die auf eine verwissenschaftlichte Philosophie verzichtet, aber die reflexive Kompetenz auf einen Begriff des Denkens stützt, der sich durchaus auf eine philosophische Herkunft beruft.

Was aber heißt nun Denken für Hannah Arendt, wenn weder Wissenschaft noch Philosophie denken? Arendt verwahrte sich gegen die Bezeichnung «politische Philosophin» und bescheidet sich mit dem mediokren Titel der «politischen Theoretikerin». Doch war sie offenbar Philosophin genug, um sich gegen Ende ihres Lebens darum zu bemühen, ihre politischen Ideen philosophisch zu fundieren. Nach der tätigen Lebensform setzte sie sich in den siebziger Jahren mit der kontemplativen, reflexiven bzw. theoretischen auseinander. Eine Vorlesung in Aberdeen in Schottland beschäftigte sich 1973 mit dem Denken, ein Jahr später am selben Ort mit dem Wollen. Als Hannah Arendt 1975 starb, begann sie gerade, sich mit dem dritten Aspekt der geistigen Lebensform, mit dem Urteilen intensiver zu befassen. Alle drei zusammen plante Arendt unter dem Obertitel *Vom Leben des Geistes*, der nun aber nur zwei Teile enthält.

Der erste Teil *Das Denken* besitzt in der Tat eine sehr starke Nähe zu Heideggers *Was heißt Denken?* und könnte als dessen

Fortsetzung gelesen werden. Denn Heidegger verliert sich am Ende in zahlreichen Reflexionen, die die Frage nur noch umkreisen, nicht mehr aber auf den Punkt bringen. Heideggers Gedankengang kulminiert zuvor in seiner Interpretation eines Satzes des Parmenides, der Denken und Sein miteinander verbindet: Das, was ist, muß der Mensch begreifen, d. h. letztlich denken. Nur von dem, was er gedanklich erfaßt, kann er sagen, daß es ist. Zu sagen, was ist, will das Gesagte nicht ändern, sondern es im Sagen lassen, wie es ist – ein Akt der Achtung (WhD 110), den die moderne Wissenschaft gegenüber der Natur gerade nicht aufbringt. Natur wird von dieser vielmehr zerlegt und neu konstruiert.

Hannah Arendt schließt an diesen Bruch zwischen einem eher um Besinnung bemühten Denken und einem ziel- und zweckgerichteten Verstand an – man erinnere sich hier an ihre Unterscheidung von Handeln und Herstellen. Ob im Arbeits- wie Familienalltag der Menschen oder in den Wissenschaften, der Verstand möchte die Welt organisieren und beherrschen. Dabei produziert er eine Vielzahl von technischen Welten, die jedoch keine gemeinsame Welt der Menschen herstellen, weil es ihnen nicht um das Gespräch der Menschen geht. Dieser Gegensatz zwischen *besinnlichem Denken* und Verstand kommt indes von weiter her. Er gipfelt für Arendt zunächst in der Hinrichtung des Sokrates, der ein Denken lehrte, das sich mit dem Verstand nicht zufrieden geben wollte. Seine Zeitgenossen hielten solche Lehren für gefährlich, hätten mit diesen doch wirklich neue Götter geboren und die Jugend verführt werden können.

Kein Wunder wenn sich das Denken danach andauernd verfolgt fühlt. Platon dreht den Spieß in ziemlich aussichtsloser Lage denn auch vergebens um: Der Philosoph soll die Menschen beherrschen, weil er der weiseste ist. Ob indes die Philosophie wirklich für die Verwaltung von Staaten taugt, möchte ich bezweifeln. Letzteren dienen doch eher die Verwaltungswissenschaften, zu denen man unter anderen Jura, Politologie und Soziologie rechnen sollte.

Die Philosophie beschäftigt sich häufig auch mit einem Denken, das sich nicht einfach auf pragmatische Zwecke beschränkt.

Angesichts von verbreiteter politischer Uneinigkeit und sozialer Zerrissenheit sieht sie sich seit langem mit dem Problem konfrontiert, wie Versöhnung möglich ist, was letztlich in die Frage führt, wie denn *eine* einheitliche Menschenwelt entstehen könnte. In Zeiten des Glücks, wo diese Versöhnung zumindest ein Stück weit gelungen scheint, benötigt man indes keine Philosophie, denn es «sind die Perioden der Zusammenstimmung, des fehlenden Gegensatzes», wie Hegel in seiner *Philosophie der Geschichte* bemerkt,[83] auf die sich Arendt bezieht. Sie schreibt: «Das Denken entsteht also aus der Desintegration der Wirklichkeit und der entsprechenden *Entzweiung* von Mensch und Welt, woraus sich das Bedürfnis nach einer anderen, harmonischeren und sinnvolleren Welt ergibt.» (GD 20) Die ‹zerbrochene Welt› fordert also Denken heraus. Wenn in ihr nicht nachgedacht wird, dann geschehen schreckliche Verbrechen: Eichmanns Unfähigkeit zu denken als das Böse!

Wie aber kann das Denken etwas zu *einer* gemeinsamen Welt beitragen, wenn sich diese Welt doch primär der Kommunikation der Bürger in der politischen Öffentlichkeit verdankt? Die politische Welt ist ja nicht gerade der Hort der Besinnlichkeit!

Doch Kommunikation, wie sie Arendt als Kern des Politischen versteht, braucht nicht nur Wissen um die Tatsachen, sondern auch eine Ahnung davon, was sie den Menschen bedeuten können, welche *Zusammenhänge* zwischen ihnen bestehen. Während konkretes Wissen sich auf Gegenstände der Erfahrungswelt beschränkt, weist das Denken darüber hinaus, indem es nicht etwas Bestimmtes denkt, sondern nachdenkt, über das Bestimmte, über Erfahrungstatsachen hinaus reflektiert. Natürlich muß man den Gegenstand zunächst begreifen, bevor man sich über ihn weitere Gedanken machen kann. Doch darin darf man nicht verharren. In *Das Denken* heißt es: «Das, was man im allgemeinen ‹Denken› nennt, (...) muß die den Sinnen gegebenen Einzeldinge so aufbereiten, daß der Geist mit ihnen umgehen kann, wenn sie nicht gegenwärtig sind; kurz, es muß sie *entsinnlichen*.» (GD 82) Damit verläßt dieses Nachdenken dann die Ebene der konkreten gegenständlichen Erfahrungen. Die Gegenstände, über die man nachdenkt, darf man gar nicht vor sich haben, sondern man soll nur in Gedanken mit ihnen spielen. Wenn der Freund mir gegenüber sitzt, kann ich schwerlich über ihn nachdenken! Der Blick des Reflektierenden haftet nicht an einem bestimmten Gegenstand, sondern schweift darüber hinaus in die innerliche Vergegenwärtigung seiner Bezüge.

Denken, so Heidegger, heißt immer an etwas denken, das nicht anwesend ist, also nicht gegenwärtig, an das man sich aber erinnern kann, selbst wenn es nur einen Augenblick her sein mag. Arendt schreibt: «Denn wenn es wahr ist, daß alles Denken mit Andenken anhebt – dem andenkenden Nachhängen eines Wirklichen –, so ist nicht weniger wahr, daß kein Andenken gesichert sein kann, das nicht durch den Prozeß begrifflicher Klärung und Verdichtung gegangen ist, auf Grund deren es weiterwirken und sich entfalten kann.» (ÜR 283)

Indem das Denken von der konkreten Erfahrung einzelner Ereignisse absieht, vermag es darüber hinausgehende Zusammenhänge zu knüpfen. Reflexiv gilt es, das eine mit dem anderen zu vergleichen, zu unterscheiden, um die Erfahrungswelt in unterschiedlichen Perspektiven zu begreifen. Insofern erscheint es auch berechtigt, Denken und Reflektieren weitgehend synonym zu verwenden. Eichmann konnte sich nicht vorstellen, was er anstellte, was er anderen antat. Heidegger trennt indes Denken und Vorstellen, eine Differenz, die Arendt nicht mit derselben Konsequenz nachvollzieht.

Über die Erscheinungen hinaus bringt das Denken zusammen, was sich aus dem begrifflichen Erfassen durch den Verstand alleine nicht ergeben kann. Oder es übersteigt das Alltagsgerede, das im wesentlichen aus Klischees, üblichen Redensarten, standardisierten Ausdrucksweisen und Konventionen besteht und das dazu dient, die Wirklichkeit nur selektiv wahrzunehmen – man denke wieder an Eichmann. Insofern verhilft das Denken nicht nur den Tatsachenwahrheiten zu ihrem Recht gegenüber den ideologischen Verschleierungen, sondern muß der Kommunikation vorausgesetzt werden: Zusammenhänge herzustellen eröffnet Möglichkeiten, die Sichtweisen anderer zu verstehen. Nur dadurch kann man sich gedanklich in den anderen hineinversetzen.

Bleibt Denken nicht aber eine einsame Angelegenheit? Man denkt immer nur alleine für sich. Trägt daher das Denken zum Verständnis des anderen nicht eher wenig bei? Doch denkend – so Arendt – ist man gar nicht einsam. Im Gegenteil, mag dies auch intellektuell hybrid klingen: Man muß sich selber Fragen stellen und diese beantworten. Insofern ist man *alleine zu zweit*, da man sich beim Denken selbst Gesellschaft leistet. Insofern folgt Arendt auch nicht der gängigen Vorstellung, daß man mit sich selbst in keinen inneren Widerspruch geraten darf: «Das Prinzip der Übereinstimmung mit sich selbst ist sehr alt; es liegt (...) bereits bei Sokrates vor, dessen zentraler Lehrsatz in der platonischen Formulierung lautet: ‹Da ich einer bin, ist es besser für mich, mit der ganzen Welt in Widerspruch zu geraten als mit mir selbst.›» (ZV 298) Dabei wird angenommen, daß ein Widerspruch keinen Sinn ergibt, daß Sinn und Stimmigkeit zusammengehören. Aber weil zum Denken das Selbstgespräch gehört, kann der Sinn der Existenz nicht in der inneren Widerspruchsfreiheit liegen, sondern eher in der Kompetenz, die eigenen Widersprüche zu durchschauen, um dadurch auch andere zu verstehen.

Denn diese Dualität, die das Denken verlangt, zeigt, daß der Mensch auch als einzelner in der Mehrzahl existiert. Erst indem er zur pluralen Reflexion verschiedener Positionen fähig wird, indem er sich selbst auch sehr gegensätzliche Fragen zu stellen vermag, erst dadurch gelingt es ihm, andere Menschen zu verstehen, eben mehr als nur Zusammenhänge zu bedenken, sich vielmehr wirklich in die Lage anderer zu versetzen. Das Denken eröffnet also vor allem mit dieser innerlichen Reflexions- und Fragekompetenz die Chance zur Gemeinsamkeit.

Allerdings soll das Denken primär Fragen stellen, die nicht etwa einen soliden Horizont der Gemeinsamkeit abstecken, sondern unkonventionell alle Üblichkeiten überschreiten, ja sogar Fragen, die sich nicht beantworten lassen. Fördern solche Fragen wirklich das gegenseitige Verständnis? Doch wenn der Mensch solche *unbeantwortbaren Fragen* nicht mehr formulieren würde, dann könnte er nicht mehr nach dem guten und richtigen Leben, nach dem sittlich Gebotenen, nach dem guten Geschmack fragen, allesamt Fragen, die sich nicht definitiv beantworten lassen, auf denen jedoch das Politische als *eine* gemeinsame Welt als ganzes aufruht. Das Fragen, besonders jenes, das sich auf Probleme richtet, die sich nicht lösen lassen, gehört somit wesentlich nicht nur zum Denken, sondern ist Bedingung der Gemeinsamkeit. Ohne Denken und Fragen öffnet sich kein Weg zur Kommunikation, kein Weg zum Verständnis des anderen Menschen; schließlich kann ich mir auch nie sicher sein, daß ich den anderen richtig verstehe, fehlt mir sogar der schlüssige Einblick in mich selbst.[84]

Wie viele Menschen sind dazu aber überhaupt in der Lage? Bleibt das Denken nicht doch eine sehr elitäre Angelegenheit? In der Tat bemerkt Arendt: «Menschen, die nicht denken, sind wie Schlafwandler.» (GD 190) Es gibt also schlicht Menschen, die nicht denken. Manche haben auch das Gefühl, beim Denken nicht wirklich zu leben. So zitiert sie Paul Valéry: «Bald bin ich, bald denke ich.» (ZV 133) Nicht nur daß Denken abgelehnt wird, manche verweigern sich ihm vorsätzlich. Wie aber soll eine Eigenschaft des Menschen, die offenbar nicht allgemein ausgeübt wird, zu *einer* gemeinsamen Welt beitragen?

Daß nicht alle und immer denken, spricht dem Denken einerseits keineswegs ab, für die Kommunikation unabdingbar zu sein. Immerhin wählen heute mehr Menschen den *bios theoretikos* des Aristoteles als Lebensform. Längst nicht alle, die geisteswissenschaftliche Fächer studieren, können damit einen guten Beruf und ein passables Einkommen finden. Das möchten die Verfechter der Wirtschaft wie die Administratoren des Staates ja möglichst verhindern und warnen ständig vor solchen Lebenswegen.

Andererseits besitzt die Anlage zum Denken grundsätzlich jeder, d. h. die Denkfähigkeit wie die Unfähigkeit dazu steht jedem offen. Für Arendt jedenfalls begleitet das Denken den Menschen, für den das Leben ohne Denken sinnlos und unlebendig, genauer: so unzusammenhängend wie unhinterfragt wäre. Insofern hat der Mensch das Denken nötig, weil es überhaupt erst ermöglicht, das Leben zu gestalten. Arendt konstatiert: «Das Denken ist eine *techné* geworden, eine bestimmte Kunst, vielleicht die am höchsten zu schätzende – gewiß aber die am dringendsten benötigte, weil ihr Endergebnis die eigene Lebensführung ist.» (GD 155)

Das erstaunt um so mehr, als sich das Denken letztlich doch keinen Zwecken unterordnet, auch nicht dem Zweck, Gemeinsamkeit entstehen zu lassen. Bereits in seinen Anfängen in der sokratischen Dialektik dreht es sich eigentlich nur im Kreis und bewegt sich nicht von der Stelle. Bis heute wird ihm vorgeworfen, daß es zu keinen greifbaren Ergebnissen führe, ja daß es sich dabei sogar selbst im Weg stehe. Denn das Denken zieht sich nicht nur gerne aus der Alltagswelt zurück, um auf anderer gedanklicher Ebene Zusammenhänge zu begreifen. Wenn das Denken diese Zusammenhänge reflektiert, stellt es diese dabei auch immer wieder in Frage – eine selbstzerstörerische Tendenz gegenüber der eigenen Tätigkeit. Das Denken befördert also keineswegs zwangsläufig die Gemeinsamkeit, sondern bietet dazu höchstens bestimmte Kompetenzen an.

Zudem präsentiert sich das Denken selbst in einer merkwürdigen Instabilität: Man weiß um dieses Vermögen des Geistes nur so lange, wie man selber denkt, also genau während der Dauer des Vorgangs. Es gibt keinen Ort und keine Zeit des Denkens außerhalb des Augenblicks, wenn man denkt. Denken muß sich also selbst ständig befördern, sich selbst ständig in Szene setzen. Es macht den Menschen immer zu mehr, als er gerade ist. Daraus könnte man für Arendt die Menschenwürde ableiten, eben «daß der Mensch von vornherein als ein Wesen bestimmt ist, das mehr ist als sein Selbst und mehr will als sich selbst» (WE 47). In ähnlicher Weise attestiert auch Sartre dem Menschen die Fähigkeit, sich zu verändern, sein Leben zu gestalten, aber auch zu verantworten.

Diese Fähigkeit, über sich und das, was ist, hinauszudenken, sich keinen Zwecken unterzuordnen, auch das selbst Gedachte in Frage zu stellen, befreit den Menschen von der Unterwerfung unter eine vermeintlich unumstößliche Wirklichkeit. Tatsachen sind nicht schlichte Tatsachen, sondern bedürfen der Bezeugung etc.

Das Denken hilft somit, sich gegen Terror wie gegen Ideologien zu wehren. Damit ergibt sich aus ihm nicht nur eine Grundlage der Wahrheit, sondern auch der Ethik. Gerade weil es sich von der Realität – und sei sie noch so terroristisch – nicht gefangennehmen läßt, sitzt es ihr nicht auf, sondern eröffnet immer Perspektiven über sie hinaus, die einerseits ein neues Licht auf die Tatsachen werfen, andererseits nach Humanität fragen können. Gerne zitiert Arendt den Satz: «Die siegreiche Sache gefiel den Göttern, die unterlegene aber gefällt Cato.» (GD 212) Denken stellt die Menschen vor die Alternative, entweder mit Hegel die Weltgeschichte als das Weltgericht zu verstehen und alles Handeln nach seinem Erfolg zu beurteilen. Hätten die Nazis gesiegt, dann stünden sie heute gar auf der Seite des Guten. Aber was wäre das für eine Welt? Keine gemeinsame jedenfalls! Die Alternative beruft sich auf Kant: *Eine* gemeinsame Welt läßt sich nicht auf die Gewalt und deren Erfolg, sondern nur auf die Ethik und im weiteren auf die Humanität gründen.

Sicherlich können wir *eine* gemeinsame Welt nicht alleine auf das Denken gründen. Aber das Denken hilft der Wahrheit wie der Moralität mehr als nur auf die Sprünge. Denn in einer zerfallenen, unübersichtlich gewordenen Welt zu leben verlangt, denkend der Wahrheit und der Menschlichkeit nachzuspüren und so zur Kommunikation mit anderen Menschen fähig zu werden, damit sich daraus eine Macht erheben kann.

8. Kapitel
Der freie Wille des Individuums und
die Verantwortung für eine gemeinsame Welt

Die Unfähigkeit zu denken verstellt den Weg in *eine* gemeinsame Welt. Indem das Denken zunächst von den konkreten Dingen absehen läßt, ermöglicht es, gedanklich Zusammenhänge zwischen an sich isolierten Ereignissen und Personen herzustellen. Denken, obwohl es primär für sich bleibt, versetzt den einzelnen – so Arendt – außerdem im Selbstgespräch in die Lage der Selbstreflexivität, als wäre er zu zweit. Dadurch lehrt Denken, verschiedene Ansichten miteinander zu vergleichen, letztlich damit andere Menschen zu verstehen. Aber Denken tritt nicht unmittelbar nach außen; denn es realisiert sich, indem man denkt, und darauf beschränkt es sich.

Daß das Denken mit seiner Reflexionskompetenz wirklich das Leben des Menschen beeinflußt, dazu bedarf es noch einer weiteren menschlichen Fähigkeit, in der sich etwas *Vom Leben des Geistes* äußert, nämlich *Das Wollen*. Denn wenn der Mensch sich etwas denken kann – und das Denken selbst sich darin erschöpft –, so stellt natürlich die politische Philosophie die Frage nach möglichen Wirkungen. Reagiert der Mensch bestenfalls auf seine Umwelteinflüsse? Treiben ihn bloß seine Begierden an, wenn er etwas will? Dann würde ihm auch das Denken wenig helfen. Oder kann der Mensch auf die Wirklichkeit nach eigenen Vorstellungen Einfluß nehmen, sie prägen? Kann er wirklich etwas Neues stiften, etwas anfangen?

Das wirft die bis heute lange und intensiv diskutierte Frage nach der Freiheit auf, genauer der *Freiheit des Willens*. Immer wieder erheben Wissenschaftler die Stimme, die den Menschen ausschließlich eingebunden in einen umweltlichen Zusammenhang begreifen und vehement jede Freiheit des Willens dementieren. Manche Neurophysiologen beispielsweise halten das Gehirn für ein rein deterministisch funktionierendes System, das keinerlei Unregelmäßigkeiten, seien es mikrophysikalische Prozesse oder äußere chaotische Eindrücke, stören können.[85] Arendt antwortet darauf mit einem schwachen Einwand, der von Augustin stammt, nämlich der *Gebürtlichkeit* des Menschen, die für jene Gegner der Willensfreiheit diese Eingebundenheit in den biologischen Prozeß par excellence verkörpert. Doch mit jedem neuen Menschen entsteht ein neuer genetischer Fingerabdruck – wenn man einmal das drohende Klonen vernachlässigt. Entsteht damit nicht wirklich etwas Neues? Weniger ein solches naturwissenschaftliches Argument steckt für Arendt hinter der Gebürtlichkeit, als vielmehr der Konflikt der Generationen, wenn in die prekär geratene, zerbrechliche Welt ständig neue Generationen drängen. Aber beschränkt sich das nicht auf einen biologischen Prozeß? Trotzdem fordert dieser immerwährende Konflikt die Tradition heraus. Gebürtlichkeit heißt für Hannah Arendt, daß durch die Geburt eines jeden Menschen etwas Neues anfängt: nicht nur als biologische Gen-Kombination, sondern als unbeschriebenes Blatt, das sich entfaltet, um die Welt auf bisher unbegangenen Wegen zu verstehen, somit auch zu verändern.

Arendt schließt an Augustins *Gottesstaat* an, für den der Zweck des Menschen ob seiner Gebürtlichkeit schlechthin das Neue ist.[86] In *Über die Revolution* schreibt sie: «Es ist uns aus der Philosophie vertraut, den Menschen als ein sterbliches Wesen zu verstehen. Merkwürdigerweise hat aber noch keine Philosophie, auch keine politische Philosophie, sich dazu vermocht, den Menschen auf seine ‹Gebürtlichkeit› hin anzusprechen, nämlich darauf hin, daß mit jedem von uns ein Anfang in die Welt kam und daß Handeln im Sinne des Einen-Anfang-Setzens nur die Gabe eines Wesens sein kann, das selbst ein Anfang ist.» (ÜR 276) Das *Anfangenkönnen* eröffnet für Arendt die Freiheit, ein Anfangenkönnen, das sich im Wollen verwirklicht. Der Mensch wird geboren, wodurch etwas Neues beginnt, er nämlich etwas Neues will, d. h. daß er neue Impulse in die Welt strahlt.

Einen solchen Anfang sieht Arendt nicht von vornherein eingebunden in einen kausalen Zusammenhang. Jede logische Kette, wie immer man sie begründet, ob kausal oder teleologisch, setzt für Arendt einen Anfang, einen Impuls vielmehr immer schon voraus, vom dem ab sich ein Ereignis aus dem anderen ergibt, so daß eine Zwangsläufigkeit auf den Weg gebracht wird. Der Mensch vermag Impulse zu geben, dadurch Kausalketten in Schwung zu bringen, ohne daß sich diese Impulse aus dem ableiten ließen, was dem Menschen vorhergeht – eine These, die Deterministen jedweder Couleur eifrig dementieren. Doch der Mensch besitzt für Arendt wie für Sartre kein vorbestimmtes Wesen, das ihn determinierte, sondern er muß dieses Wesen überhaupt erst hervorbringen, eben durch seine Handlungen seine Existenz gestalten. Nur wenn den Menschen ein von Natur oder Gott vorgeprägtes Wesen erfüllte, würde ihn ein solches Programm bestimmen, wie immer er es ausführte. Doch der Mensch kann auf vielfältige Weise aus biologischen Ketten heraustreten, ist diesen keineswegs ausgeliefert.

Daß es bisher jedoch keine Philosophie des Anfangs und der Gebürtlichkeit gibt, zeigt sich darin, daß sich Philosophien, die sich des Anfangs bedienen, diesen notorisch mit dem Ende verknüpfen. Für Marx verkörpert die Revolution als Anfang zugleich das Ende aller Dinge. Sein endgültiges Reich der Freiheit verschwimmt weniger utopisch, als daß in ihm der Widerstreit der Auffassungen, die Vielfalt der Menschen, somit die Freiheit zum Erliegen kommt. Der ewige Friede, den die sozialistische Internationale ankündigt, braucht alle jene Tätigkeiten nicht mehr, die die menschliche Freiheit ausmachen, nämlich die öffentliche Kommunikation über die politischen Angelegenheiten.

Dabei beseelen häufig *apokalyptische Obsessionen* solche visionären politischen Konzeptionen. Allerdings sollen die Menschen in ihrem unsittlichen Leben unter der apokalyptischen Drohung nicht nur umkehren. Ein übermächtiger Staat, den heute religiöse Fundamentalisten und Esoteriker mit einer Theokratie verbinden, hebt alle Zwischenräume und Differenzen auf, löscht somit wirklich die Freiheit dadurch aus, daß alle ein gottgefälliges moralisches oder ökologisches Leben führen. Wenn derart der Anfang zugleich das Ende darstellt, dann bedarf es eigentlich gar keiner Menschen mehr. Deswegen hört mit der Apokalypse alles auf, beginnt kein neues goldenes Zeitalter, und zwar weil keine Menschen mehr leben, die sich unterscheiden. Glücklicherweise – Arendt beruft sich hierbei auf einen Satz des visionären Imperialisten Rudyard Kipling – wird das große Spiel wirklich erst dann vorbei sein, wenn alle tot sind, nicht aber vorher. Es gibt immer noch Menschen, die sich wehren werden, solange überhaupt Menschen leben.

Arendt sieht denn auch keine zwangsläufig fatalen Entwicklungen bevorstehen, obwohl die gerade geschehenen Katastrophen viel schlimmer kaum hätten kommen können. Sie schreibt 1967 in einem Vorwort zu einer Neuauflage von *Elemente und Ursprünge totaler Herrschaft*: «Wenn hier die unglückselige Bedeutung dieser halbvergessenen Epoche für Dinge, die heute geschehen, betont wird, so soll das natürlich weder heißen, daß die Würfel gefallen sind und wir in eine neue Epoche imperialistischer Politik eintreten, noch daß Imperialismus unter allen Umständen am Ende zu den Katastrophen totaler Herrschaft führen muß. Wieviel wir auch aus der Vergangenheit lernen mögen, sie wird uns nicht lehren, die Zukunft zu lesen.» (TH 283) Aus der Kompetenz des Anfangenkönnens bzw. schlicht aus der Gebürtlichkeit und der damit verbundenen Fähigkeit zum Neuen, die in Revolutionen zu gipfeln vermag, folgt gerade keine bestimmte Geschichtsentwicklung, auch keine apokalyptische. Der Anfang verknüpft sich nicht mit dem Ende, es sei denn, wirklich alle wären tot. Solange das nicht der Fall ist, gibt es immer wieder neue Anfänge, neue Pluralitäten und Differenzen, die in die Bemühungen um *eine* gemeinsame Welt einfließen, die allein auf solchen neuen Zwischenräumen zwischen den Menschen, also auf solcher Freiheit aufruhen.

Die Voraussetzung für das Anfangenkönnen stellt für Arendt das Wollen dar. Richtet sich das Denken als Gedächtnis auf die Vergangenheit aus, so präsentiert sich *der Wille als Organ für die Zukunft*. Damit distanziert Arendt den Willen prinzipiell von jeder Form des Begehrens, des Bedürfnisses und des Wunsches. Diese entfalten als Triebanlagen weder Freiheit noch einen Anfang, sondern setzen nur die Kausalkette fort, was die Vergangenheit verlängert.

Der Wille taucht in der Philosophiegeschichte spät auf. Die griechische Antike kannte nur *proairesis*, die Fähigkeit, zwischen verschiedenen Möglichkeiten zu wählen, als Vorläufer des Willens: Wille als Wahl. Bei Thomas von Aquin kommen sich Wille und Verstand recht nah, entscheidet der Wille gemäß der Verstandeseinsichten über die richtigen Mittel: der instrumentelle Charakter des Willens. Bei Meister Eckhart reicht der Wille dann langsam so weit, daß man allein durch ihn das ewige Leben gewinnen kann: der moralische Charakter. Denn eine Tat auch bloß zu wollen entspricht einer wirklich durchgeführten Handlung. Eckhart verschärft jenen biblischen Satz: «Wer ein Weib ansieht, ihrer zu begehren, der hat schon mit ihr die Ehe gebrochen in seinem Herzen» (Matthäus 5, 28). Beide Positionen vermittelt Kants Begriff des Willens, der sich auf ein Ausführungsorgan der Vernunft beschränkt. Ordnet sich der Wille der Vernunft unter, indem er das will, was ihm die Vernunft vorschreibt, ist der Wille frei von Trieben und Neigungen, die ihn ansonsten antreiben: der freie Wille als Ausdruck der Moralität.[87] Dann aber besitzt der Wille selber keine Freiheit, erhält diese vielmehr von außen, eben von der Vernunft oder von Gott. Spontaneität, die nach Arendt für den Willen wichtig wird, kennt Kant nur im Denken selbst.

Arendt diagnostiziert sogar eine richtiggehende Aversion der Philosophen gegen die Freiheit des Willens bis in heutige Tage. Der Geist sucht regelmäßig nach Ruhe und Gewißheit, die er nur gewinnt, wenn ihn keine Willensfreiheit verwirrt. Daher gibt er sich gerne jener Hoffnung nach einem anderen Geisterreich hin, in dem er sich wirklich daheim fühlen kann – heute nach einem Reich einer vermeintlich gleichbleibenden Natur. Philosophen wie Naturwissenschaftlern paßte die Notwendigkeit immer schon eher in ihren Kram oder in die Naturgesetze als die Ungewißheit einer in jedes System einbrechenden Freiheit. Das liegt für Arendt letztlich daran, «daß jede *Philosophie* des Willens nicht von handelnden Menschen konzipiert und formuliert wird, sondern von Philosophen, Kants ‹Denkern von Gewerbe›, die auf diese oder jene Art dem bios theórétikos verpflichtet sind und daher von Natur stärker dazu neigen ‹die Welt zur interpretieren› als ‹sie zu verändern›» (GW 421).

Überhaupt – das mag verwundern – haben sich nicht nur Philosophen, sondern auch Politiker und besonders die modernen Revolutionäre zumeist sehr schlecht auf die Freiheit verstanden. Politiker wie Politikwissenschaftler eruieren lieber die Gesetze der Geschichte oder die Techniken der Herrschaft und die Regeln der Politik. Individuelle Freiheit reduzieren sie dabei gerne auf Nebenschauplätze wie die freie private Glückssuche, die freie wirtschaftliche Betätigung, vielleicht noch die freie Meinungsäußerung oder definieren sie rein negativ als Schutz vor politischer Willkür. Ansonsten kämpfen sie regelmäßig höchstens für die Freiheit ihres Volkes oder ihrer Klasse, nicht für die ihrer Nachbarn oder gar die eigene individuelle.

Arendt will dagegen an eine Linie anknüpfen, die vom spätantiken augustinischen Freiheitsbegriff zum mittelalterlichen Willensbegriff führt, obwohl beide privat und individuell bleiben und nicht ins Politische hineinreichen. Sie bemerkt: «Bei Augustinus und Scotus, aber nicht bei Thomas, ist der Wille das geistige Organ, das diese Individualität verwirklicht; er ist das principium individuationis.» (GW 352) Für Duns Scotus um 1300 konzentriert sich der Wille immer auf das Einzelne. In ihm drückt sich das Individuum aus, das einen natürlichen Willen beseelt. Dieser erlebt sich als freier dadurch, daß er sich als Ursache spürt: Ich sehe, daß ich etwas anfangen, einen Impuls geben kann. Daher läßt sich der Wille nicht als ein allgemeiner, staatlicher oder übergreifend politischer denken, so daß sich das Politische zwangsläufig pluralistisch aus Individuen zusammensetzt, aus Einzelwillen, die sich nicht unter einen gemeinsamen Willen unterordnen, somit auch nicht wie bei Rousseau und im modernen Staatsverständnis einem Allgemeinwillen gehorchen.

Bindet die Notwendigkeit der Abläufe von Natur und Gesellschaft den Willen nicht trotzdem in Kausalketten ein? Arendt weiß, daß man die Willensfreiheit nicht beweisen kann. Nur unter der Bedingung, daß die Welt nicht vollständig determiniert ist, daß sich in ihr vielmehr Lücken der *Kontingenz* öffnen, daß sich doch nicht mit Gewißheit voraussagen läßt, wie Menschen im nächsten Augenblick reagieren werden, nur unter solchen Bedingungen können wir von der Willensfreiheit sprechen. Daher muß man die Kontingenz auch ohne letzten Beweis annehmen. Duns Scotus schreibt: «Ohne ‹Kontingenz› wäre eine Orientierung an Tugenden ebenso unnötig wie an Geboten, an Verdiensten, an Belohnungen, an Strafen, an Ehrungen, und in kurzer Zeit würden jegliche politische Ordnung und jedes menschliche Miteinander zerstört werden. Den Leugnern von Kontingenz aber müßte man mit Folterwerkzeugen, mit Feuer und dergleichen zu Leibe rücken und sie so sehr traktieren, bis sie zugeben, daß es möglich ist, sie nicht zu quälen. Damit würden sie eingestehen, daß sie kontingenter Weise und nicht notwendig gequält würden.»[88]

Duns Scotus begreift die Kontingenz als eine positive Seinsweise, obwohl sie das Denken wie die Erfahrung der Wirklichkeit eminent erschwert. Nicht zuletzt deshalb bleibt Duns Scotus in der Geschichte der Philosophie beinahe der einzige, der bereit ist, wirklich den Preis der Freiheit zu bezahlen, der Kontingenz heißt. Nur unter den Bedingungen der Kontingenz eröffnet sich die Chance, etwas Neues zu beginnen, das man auch sein lassen könnte, das also keineswegs absolut notwendig in der Wirklichkeit auftauchen muß. Nur unter den Bedingungen der Kontingenz besteht die Willensfreiheit, letztlich auch die politische Freiheit des Individuums.

Orientiert man das Anfangenkönnen am Mythos der Geburt, bietet sich für Arendt die Chance, die Freiheit des Willens zu retten. Die kontingente Spontaneität des Willens löst eine Wirkungskette aus, ohne daß man eine äußere Ursache dafür angeben kann, weil die Ursache in der Innerlichkeit liegt, genauer im Willen, der frei ist von Wünschen und Begehren. Kant dagegen, der den Willen als Begehrungsvermögen versteht, gründet solche Spontaneität und Freiheit auf die Vernunft, die den Willen lenkt, und nennt das *Kausalität aus Freiheit*. Arendt schreibt: «Und hätte Kant die Augustinische Philosophie des Geborenwerdens gekannt, so hätte er vielleicht zugestanden, daß die Freiheit einer *relativ* absoluten Spontaneität für die menschliche Vernunft nicht anstößiger sei als die Tatsache, daß die Menschen *geboren* werden – jeder ist wieder Neuankömmling in einer Welt, die ihm zeitlich voranging. Die Freiheit der Spontaneität ist fester Bestandteil der menschlichen Existenz. Ihr geistiges Organ ist der Wille.» (GW 343)

Arendt trennt Vernunft und Willen, um dadurch letztlich für die Individualität und Pluralität Platz zu schaffen. Denken und Vernunft ebnen die Unterschiede zwischen den Menschen ein. Sie eruieren ja schließlich auch die Zusammenhänge bzw. das Allgemeine. Der Wille, der jedem einzelnen eignet, weckt dagegen erst die individuellen Unterschiede. Natürlich muß dieser Wille frei sein, gäbe es sonst keine Unterschiede, wäre er gar kein Wille, sondern ein Trieb, der jeden in etwa gleicher Form antriebe.

Kontingenz lehnen all jene ab, die die Welt von einer imaginären Spitze oder nach einem bestimmten Prinzip steuern wollen – sei es nach der neoliberalen Logik der Wirtschaft, der sozialistischen der Gemeinschaft, der ökologischen der Ganzheitlichkeit des Kosmos. Doch nicht der Einheit verdankt sich *eine* gemeinsame Welt. Vielmehr bringt jeder seinen ureigenen Teil, seinen Impuls in sie ein, so daß sie der Pluralität entspringt. Das spiegeln auch die Individualisierungsprozesse, die sich in den letzten Jahrzehnten des 20. Jahrhunderts nach Arendts Tod beschleunigten. Die Auflösung der Massenbewegungen und die Schwächung traditioneller Institutionen von Staat und Kirchen, aber auch der Volksparteien versetzen die einzelnen Menschen in eine Situation durchaus *riskanter Freiheiten*, die sie auf sich selbst zurückwerfen, die den einzelnen herausfordern.[89]

Arendt antizipiert diese Situation gegen Ende ihres Lebens, wenn sie schreibt: «Doch gerade diese Individualisierung durch den Willen führt zu neuen und ernsten Schwierigkeiten für den Begriff der Freiheit. Der einzelne, den der Wille gestaltet hat und der erkennt, daß er auch anders sein könnte (…), möchte immer ein ‹ich selbst› behaupten gegenüber einem unbestimmten ‹man› –

alle anderen, die ich als Individuum *nicht* bin. Und nichts kann ja furchterregender sein als derBegriff der solipsistischen Freiheit – das ‹Gefühl›, daß mein Alleinsein, Isoliertsein von allen anderen, aus freiem Willen entspringt, daß nichts und niemand dafür verantwortlich gemacht werden kann als ich selbst.» (GW 422) Dem Menschen drängt sich hier eine *Verantwortlichkeit* auf, die die Freiheit beinahe schon wieder aufzuheben scheint, die Freiheit eminent schwer und schier unerträglich werden läßt.

Die Verantwortung entsteht dadurch, daß die traditionelle Ethik ihre bindende Kraft verloren hat. Niemand kann mehr wissen, wie die Welt sein soll. Das Seinsollende verschwimmt für Arendt im Utopischen. Präskriptiv-normativ sieht Arendt keine Chance zur Weltgestaltung. Wenn man sich aber auf die ethischen Normen nicht mehr verlassen kann, wird man nicht nur für sein Tun selbst verantwortlich, sondern letztlich für alles, was um einen herum geschieht. Arendt bemerkt: «Menschlich müssen wir weitgehend Verantwortung auch für das übernehmen, was Menschen ohne unser Wissen und Zutun irgendwo in der Welt verbrochen haben.» (TH 946)

Max Weber wollte die Verantwortung noch auf die überschaubaren Wirkungen beschränken. Doch der Prozeß der *Globalisierung* hat solche Grenzen längst überschritten.[90] Sartre war der erste, der die Verantwortung des einzelnen für das eigene Leben und für die Welt propagierte, in die er sich geworfen fand. Bei Arendt kommt das Thema Verantwortung zwar nur am Rande, aber doch an pointierter Stelle vor. Spätestens angesichts des Holocaust wird deutlich, daß man sich mit den überschaubaren Folgen nicht zufrieden gibt, daß vielmehr die Verantwortung aller rund um die Erde kreist, nichts und niemanden ausläßt, just dadurch aber die *eine* gemeinsame Welt moralisch stiftet. Hannah Arendt schreibt im Herbst 1944: «Die Idee der Menschheit, gereinigt von aller Sentimentalität, hat politisch die sehr schwerwiegende Konsequenz, daß wir in dieser oder jener Weise die Verantwortung für alle von Menschen begangenen Verbrechen, daß die Völker für alle von Völkern begangene Untaten die Verantwortung werden auf sich nehmen müssen. Die Scham, daß man ein

Mensch ist, ist der noch ganz individuelle und unpolitische Ausdruck für diese Einsicht.» (VT 48)

Da man die Freiheit in der Erfahrungswelt nicht beweisen kann, bleibt für Arendt letztlich nichts anderes, als die Freiheit zu postulieren, und zwar im Anschluß an jene politischen Praktiker, die die Freiheit voraussetzen, um überhaupt etwas zu bewegen. Sie folgt Montesquieus Unterscheidung von *philosophischer und politischer Freiheit*. Erstere, die Freiheit des *Ich-will*, stellt den Hintergrund für letztere dar, die Freiheit des *Ich-kann*. Denn die politische Freiheit bedeutet nach Montesquieu, «das tun zu können, was man wollen darf, und nicht gezwungen zu sein, zu tun, was man nicht wollen darf» (zit. GW 426). Gerade für Montesquieu bleibt die politische Freiheit zutiefst gefährdet. Denn sie verbindet sich mit Tugend und Verstand und avanciert zu einer Macht, die Menschen zu überzeugen und zu lenken vermag. Dabei ergibt sich schnell des Guten zuviel: die ausufernde Freiheit, der Moralismus der Tugend, die Gewaltherrschaft des Verstandes.

Der moderne Mensch kann daher das fundamentale Problem einer gefährlichen wie gefährdeten Freiheit nicht alleine aus dem Willen selbst und auch nicht aus dem Denken heraus lösen. Aber ohne freien Willen gibt es keine Freiheit, ohne Freiheit keine Verantwortung und ohne Verantwortung keine Moral. Um aber die Grenzen der Freiheit, die Perspektiven des Denkens, die Möglichkeiten des Handelns und die Resultate der Macht zu eruieren, um zu verhindern, daß uns entweder zuviel oder zuwenig des Guten bedroht, müssen wir diese Zusammenhänge richtig beurteilen, brauchen wir also die Urteilskraft, reicht weder das Denken noch das Wollen. Arendt schreibt: «Ich sehe durchaus, daß das Argument auch in der Augustinischen Fassung etwas dunkel ist, daß es nur dies zu besagen scheint, wir seien zur Freiheit *verurteilt*, indem wir geboren seien, ob wir nun die Freiheit lieben oder ihre Willkür verabscheuen, ob sie uns ‹paßt› oder wir uns lieber ihrer furchtbaren Verantwortung entziehen, indem wir uns einer Form des Fatalismus zuwenden. Dieser tote Punkt, wenn es einer ist, läßt sich einzig mittels eines weiteren geistigen Vermögens überwinden, nicht weniger geheimnisvoll als das Vermögen zum Beginnen: der Urteilskraft, deren Analyse uns mindestens lehren könnte, was es mit unserem Gefallen und Mißfallen auf sich hat.» (GW 443) *Eine* gemeinsame Welt, die auf Wahrheit und Verantwortung beruht, entsteht noch nicht allein durch Denken und Wollen. Um in dieser richtig zu agieren, damit sich Macht nicht der Gewalt, sondern der Kommunikation verdankt, bedarf es vor allem des kompetenten Urteilens.

9. Kapitel
Urteilskraft, Verstehen, Überredungskunst als politisch-ethische Kompetenzen in der modernen Demokratie

Wie regeneriert man die ‹zerbrochene Welt›? Voraussetzung ist das politische Handeln als gemeinsame öffentliche Kommunikation, aus der die politische Macht entsteht. Doch da diese keine innere Stabilität besitzt, sondern einem dynamischen Prozeß entspringt, müssen die daran beteiligten Menschen gewisse Kompetenzen entwickeln: Erstens muß das Denken, das keinen unmittelbaren, sondern einen vermittelten Blick auf die Tatsachen richtet, Zusammenhängen nachgehen. Zudem ermöglicht es auch als eine Art inneres Zwiegespräch, als Kompetenz, Fragen zu formulieren, einen Blick in die Motive anderer Menschen zu werfen. Zweitens eignet dem Menschen ein freier Wille, den man empirisch natürlich nicht beweisen kann, den Arendt jedoch aus der Gebürtlichkeit ableitet, somit als Fähigkeit, die Welt ständig neu zu beginnen, ihr neue Impulse zu geben. Daraus erwächst die individuelle Verantwortung für *eine* gemeinsame Welt, aber keine Norm, wie diese auszusehen hätte, weil sich alle Menschen an ihr stiftend und erfinderisch beteiligen.

Denken und Wollen aber reichen dazu nicht aus. Um mit anderen Menschen in der Öffentlichkeit wirklich zu kommunizieren, d. h. ihre Sichtweisen zu verstehen und ihnen gegenüber eigene zu vertreten, bedarf es einer weiteren Kompetenz, nämlich der *Urteilskraft.* Menschen in Gesellschaft müssen ständig und eilig urteilen. Aber selbst wenn sie mehr Zeit hätten, um möglichst gründlich zu urteilen, geben Urteile zu erkennen, was den einzelnen Menschen wahr oder falsch *dünkt*, nicht was definitiv wahr *ist.* Hannah Arendt beruft sich auf einen Satz Lessings: «Jeder sage, was ihm Wahrheit dünkt, und die Wahrheit selbst sei Gott empfohlen!»[91]

Das Urteil mißt sich daher nicht alleine an einer abstrakten Wahrheit der Tatsachen, wie es wirklich war, sondern daran, wieweit man eine Tatsache bezeugen und überprüfen kann. Ohne ein solches Kriterium der Wahrheit, das sich um Annäherung an eine Art Objektivität bemüht, läßt sich ein Urteil nicht begründen. Aber eine solche Bemühung verlangt eine Abgleichung mit den Urteilen anderer, nicht mit einer absoluten Wahrheit. An diesem Anspruch muß sich jedes Urteil orientieren. Das Urteil setzt somit die Kommunikation voraus, die es zugleich selbst erst ermöglicht. So schreibt Arendt: «Ein solches Sagen aber ist in der Einsamkeit nahezu unmöglich; es ist an einen Raum gebunden, in dem es viele Stimmen gibt und wo das Aussprechen dessen, was ‹Wahrheit dünkt›, sowohl verbindet wie voneinander distanziert, ja diese Distanzen zwischen Menschen, die zusammen dann die Welt ergeben, recht eigentlich schafft.» (FZ 48)

Absolute Wahrheit, die sich über den Urteilen der Menschen ansiedelt, hält Arendt für unmenschlich im konkreten Sinn: als eine Wahrheit, die nicht einem konkreten Urteil der Menschen entspringt. Solche Wahrheiten würden den Menschen ihre Urteilskompetenz entziehen. Nichts gäbe es mehr zu beurteilen, wenn Jesus vom Himmel herabstiege und die göttliche Wahrheit verkündete. Dann könnte es darüber keine öffentliche Kommunikation geben, bräche der öffentliche Raum zusammen, zerfiele die Welt. Solche definitiven Wahrheiten würden entweder den Streit, die Diskussion beenden, das Gespräch zum Erliegen bringen oder in den Religions- bzw. Bürgerkrieg führen. An letzte Wahrheiten könnte sich der einzelne nur anpassen, ohne dazu irgendetwas beizutragen, keinen Anfang, keinen Gedanken, kein Urteil.

Genauso fehlen dem moralischen Urteil allgemeingültige Kriterien, die für jeden und jedes Urteil gelten. Der Holocaust rüttelt an jedem ethischen Maßstab. Wem das zu lange her ist, der sei an den Völkermord in Ruanda oder an das Massaker in Srebrenica erinnert und an den 11. September. Die traditionellen Werte reichen dafür schlicht nicht mehr aus, mit ihnen würde man viele Täter nicht einmal moralisch verurteilen können. Doch auch schon für weniger dramatische Fälle fehlen die gemeinsamen Beurteilungskriterien: z. B. in der Medizinethik, bei der Stammzellenforschung, der Abtreibung, der Monogamie, der sozialen Gerechtigkeit.

Daher muß für Arendt ‹ohne Geländer› geurteilt werden. Letzte Wahrheiten, fundamentale Begründungen wie auch definitive normative Rechtfertigungen werden ständig in Frage gestellt. Sowohl im Urteil über Wahrheiten, über Tatsachen wie im moralischen Urteil über Verantwortlichkeiten öffnen sich unentwegt Lücken, ergeben sich Fragwürdigkeiten, die zu Einwänden und Bedenken veranlassen und Urteile wieder in Zweifel ziehen. Diktaturen versuchen solche Diskurse möglichst abzuwürgen, sie nur unter ihnen gewogenen Menschen stattfinden zu lassen, eben unter jenen, die sie selber kontrollieren bzw. deren Urteilsweisen sie kennen. Esoteriker möchten dafür Erleuchtete engagieren.

Daraus folgt allerdings gerade nicht, daß jeder jeden Unsinn zum besten geben darf. Die Meinungsfreiheit wird heute regelmäßig mißverstanden. *Meinungen*, so die weit verbreitete Meinung, legt man sich selbst im eigenen Kopf zurecht und das kann man dann auch öffentlich verkünden, ohne daß die Regierung oder andere Menschen einen daran hindern dürften. Schon der junge Hegel kritisierte daher die Meinung als beliebig, zufällig, eben nicht durchdacht, einseitig und somit abstrakt. Ebenfalls unterscheidet Platon die wahre Erkenntnis, die der Philosoph gewinnt, von der Meinung der normalen Menschen, die sich in ihren Urteilen über die Welt ständig täuschen.

Arendt entwickelt indes ein von Platon und Hegel abweichendes Verständnis von Meinung und Urteilen: Natürlich sind Meinungen weder evident noch fundiert. Deswegen aber müssen sie ständig diskutiert und begründet werden. Sie haben keine logische Gewißheit, sondern man kann sie bloß abklären und überprüfen: «Die Überlegung, die zur Meinungsbildung führt – im Unterschied zu dem Denken das auf Wahrheit abzielt – ist wahrhaft diskursiv; sie durchläuft die Standorte, die in den mannigfaltigen Teilen der Welt gegeben sind, die Ansichten, die sich aus ihnen bieten und einander entgegengesetzt sind, bis sie schließlich aus einer Fülle von solchen parteigebundenen Teilansichten eine relativ unparteiische Gesamtansicht herausdestilliert hat.» (ZV 343) Um Meinungen der Beliebigkeit zu entziehen, müssen sie sich in der Diskussion klären.

Es war Arendt indes nicht vergönnt, ein diskursives Konzept für das Meinen und Urteilen als dritten Band ihres Hauptwerkes *Vom Leben des Geistes* auszuarbeiten. Nach ihrem Tod fand man ein Blatt in ihre Schreibmaschine eingespannt, das in der ersten Zeile «THE LIFE OF MIND» enthielt, in der zweiten eingerückt «Part III», nach ca. zwei Leerzeilen dann «JUDGING» und noch zwei Sinnsprüche. Offenbar dachte sie noch nicht ans Aufhören. Sie schreibt denn auch gut drei Monate vor ihrem Tod an Uwe Johnson: «Mir geht es gut und ich genieße, im Unterschied zu den meisten meiner Freunde, nach wie vor das Alt-sein. Daß es endlich, wie ich Ihnen vielleicht schon mitteilte, ein Ende mit dem Werden (Werde der Du bist) hat und man ruhig *sein* kann, der man geworden ist.»[92]

Um ein Stück weit Einblick in dieses kaum begonnene Vorhaben zu ermöglichen, hat Ronald Beiner unter dem Titel *Das Urteilen* verschiedene Unterlagen Arendts zu Kants Politischer Philosophie herausgeben und in einem angehängten, umfänglichen Essay hervorragend systematisiert. Im Mittelpunkt steht eine Vorlesung «Über Kants Politische Philosophie», die Arendt im Herbstsemester 1970 an der *New School for Social Research* in New York hielt und deren Neuauflage für das Frühjahrssemester 1976 sie noch vor ihrem Tod angekündigt hatte. Sicherlich wollte sie Vorlesung und Manuskript nebeneinander ausarbeiten.

Gegen Platon und Hegel schließt sie in dieser Vorlesung an Kants Verständnis von Meinungs- und Gedankenfreiheit an. Sie schreibt: «Er glaubt, daß das Denkvermögen selbst von seinem öffentlichen Gebrauche abhängig ist. Ohne die ‹Überprüfung durch die freie und öffentliche Untersuchung› sind kein Denken und keine Meinungsbildung möglich.» (U 56)[93] Meinungsfreiheit stellt für Arendt gerade keine Freiheit zur Beliebigkeit dar, sondern zur Auseinandersetzung mit anderen Menschen, um ein abgewogenes Urteilen und Denken zu fördern. Nicht nur gilt es,

Vorurteile zu enthüllen, Traditionen zu hinterfragen, umfassende Lehren zu bezweifeln oder auch nur gewisse Vorstellungen zu überprüfen. Vor allem – so Arendt – muß man solche Maßstäbe auf das eigene Denken anwenden. Solche Kunst kritischen Urteilens wie Denkens aber lernt man nicht im stillen Kämmerlein, im Gespräch mit sich selbst, sondern nur in der Begegnung und im Gespräch mit anderen Menschen, letztlich in der Öffentlichkeit.

Arendt bezieht sich auf Kants politische Philosophie und konzentriert sich dabei auf dessen dritte Kritik, die *Kritik der Urteilskraft* aus dem Jahr 1790. Das überrascht insofern, als Kant in dieser Schrift höchstens am Rande auf politikphilosophische Themen eingeht. Explizit findet sich seine politische Philosophie in einigen kleineren Schriften. Allerdings läßt sich aus seinen moral- und rechtsphilosophischen Schriften eine politische Philosophie ein Stück weit destillieren. Gerade aus der *Kritik der praktischen Vernunft* kann man gewisse normative Perspektiven für die Politik ableiten. Eine moralisch orientierte Politik, die sich nicht als reine Machtpolitik oder blanken Pragmatismus verstehen will, müßte sich auf Kants kategorischen Imperativ, auf das Moralgesetz stützen. Doch daraus folgte entweder ein ethischer Rigorismus, der die Unterschiede zwischen den Menschen mißachtet. Oder es handelte sich bloß um appellative Politik von Oppositionsgruppen, die niemals auch nur den Hauch einer Chance bekämen, sich durchzusetzen.

Kants *Kritik der Urteilskraft* beschäftigt sich indes mit Ästhetik und Naturphilosophie. Arendt aber behauptet, daß sich darin Kants unausgearbeitete politische Philosophie verberge, daß die Urteilskraft für diese wichtiger sei als die praktische Vernunft. Denn wenn Politik der Ort der öffentlichen Kommunikation zwischen den Menschen mit all ihren individuellen Unterschieden ist, dann geht es in der Politik um die verschiedenen Urteile der Menschen. Dann muß der einzelne, will er seine Meinung durchsetzen, die Urteile der anderen verstehen und berücksichtigen und das eigene Urteil gut untermauern. Dazu bemerkt Ernst Vollrath: «Meinungen, die nicht im Lichte von Tatsachen beurteilt werden, verlieren von vornherein jene Unparteilichkeit, die

die Grundbedingung dafür ist, daß andere Menschen sie zu teilen vermögen, d. h. sie verlieren ihre Kraft, aus der Handeln hervorgehen könnte.»[94]

Inwieweit trägt Kants *Kritik der Urteilskraft* dazu bei? Kant unterscheidet zwei Formen der Urteilskraft, nämlich die subsumierende und die reflektierende. Erstere prüft nur, ob ein konkreter Fall – z. B. ein gewaltsamer Tod – unter eine bestimmte Regel – Mord – fällt. Die reflektierende Urteilskraft wird dann nötig, wenn eine solche Regel fehlt, beispielsweise in der Kunst. ‹Das ist schön!› – dieses ästhetische Urteil formuliert jeder. Doch dabei folgen die Menschen keiner gemeinsamen Regel, sondern sehr unterschiedlichen und eher vagen Vorstellungen des individuellen Geschmacks. Trotzdem sagt man normalerweise nicht: ‹Das finde *ich* schön!›, sondern: ‹Das *ist* schön!› – also ein allgemein formuliertes Urteil, als gäbe es eine allgemeingültige Regel für Schönheit. Nach einer solchen zu forschen, zu eruieren, wie diese aussehen könnte, das wäre dann die Aufgabe der Urteilskraft. So schreibt Kant: «Urtheilskraft überhaupt ist das Vermögen, das Besondere als enthalten unter dem Allgemeinen zu denken. Ist das Allgemeine (die Regel, das Princip, das Gesetz) gegeben, so ist die Urtheilskraft, welche das besondere darunter subsumirt, (...) bestimmend. Ist aber nur das Besondere gegeben, wozu sie das Allgemeine finden soll, so ist die Urtheilskraft bloß reflectirend.» (KU 179)[95]

Wenn es in der Politik ebenfalls keine übergreifenden, allgemeingültigen Regeln gibt – jedenfalls dort, wo politisch kommuniziert wird –, dann wäre im Sinne Hannah Arendts die Aufgabe jedes einzelnen, nach Gemeinsamkeiten zwischen den verschiedenen Urteilen zu fragen. Wenn man solche Fragen nicht formuliert, bleiben nur zwei Möglichkeiten: Man unterwirft sich dem Urteil der anderen oder man oktroyiert den anderen das eigene Urteil auf. Dann kommuniziert man nicht politisch, genauer: man verhält sich für Arendt gar nicht politisch. Denn das verstellt jede Chance zur Gemeinsamkeit.

Will man politisch handeln, muß man die eigenen Urteile nicht nur selber reflektieren, sondern sie mit anderen abstimmen. Dazu reicht es nicht, nur die Urteile selbst zu betrachten, sondern andeutungsweise die verschiedenen Regeln zu erahnen, denen sie sich verdanken, und man sollte versuchen, sie miteinander zu verbinden. Die *reflektierende Urteilskraft* eröffnet solche Möglichkeiten. Arendt schreibt in ihrer Vorlesung «Über Kants politische Philosophie»: «Das Urteil, und besonders das Geschmacksurteil, reflektiert über die anderen und ihren Geschmack, berücksichtigt ihre möglichen Urteile. Das ist notwendig, weil ich ein Mensch bin und nicht außerhalb der Gesellschaft von Menschen leben kann. Ich urteile als Mitglied dieser Gemeinschaft und nicht als Mitglied einer übersinnlichen Welt, die vielleicht von Wesen bewohnt wird, die mit Vernunft, nicht aber mit dem gleichen Sinnenapparat ausgestattet sind.» (U 91)

In *Das Denken* bezeichnet Arendt die reflektierende Urteilskraft als die politischste geistige Fähigkeit. Denn es geht in der politischen Kommunikation immer um die Beurteilung einzelner Angelegenheiten, und zwar unter der Bedingung, daß eine allgemeine übergreifende Regel fehlt. Wo solche Regeln vorhanden sind – man denke an das Tötungsverbot –, urteilt man subsumierend. Dem stimmen die anderen denn auch normalerweise zu. Dazu benötigt man keine weitere Reflexion. Für Soldaten, Polizisten und bei der Abtreibung gilt das Tötungsverbot nicht mehr uneingeschränkt, das die jeweiligen Einschränkungen mit anderen Regeln vermitteln. Aber nicht klare oberste Normen prägen das politische Leben, sondern die jeweiligen unerwarteten neuen Herausforderungen, über die jeder ein eigenes Urteil fällt, ohne daß sich die verschiedenen Urteile der Menschen unter eine gemeinsame Regel subsumieren ließen.

Um die verschiedenen individuellen Urteile miteinander zu verknüpfen, überschreitet die reflektierende Urteilskraft den individuellen Horizont. Sie trägt dazu bei, die Fähigkeit zu lernen, an der Stelle eines anderen zu denken, sich in die Position eines anderen zu versetzen. Arendt schließt hier wiederum an Kants *Kritik der Urteilskraft* an, wo Kant von einer ‹erweiterten Denkungsart› spricht, die sich nicht auf das reine Geschmacksurteil beschränkt. Denn sie gehört zu einem allgemeinen Kanon eines kritischen Selbstdenkens, das Kant von jedem fordert. Dazu zählt Kant: «1. Selbstdenken; 2. An der Stelle jedes andern denken; 3. Jederzeit mit sich selbst einstimmig denken. Die erste ist die Maxime der vorurtheilfreien, die zweite der erweiterten, die dritte der consequenten Denkungsart.» (KU 294) Just diese *erweiterte Denkungsart* hält Arendt für die Form des politischen Denkens schlechthin.

Wenn ich meinen eigenen Horizont derart erweitere, will ich mir in der politischen Kommunikation aber gegenüber einem anderen nicht einfach einen Vorteil verschaffen. Arendt rekurriert auf das Modell der Polis. Gleiche und freie Bürger, die sich gegenseitig schätzen, diskutieren öffentlich die politischen Angelegenheiten und entscheiden über notwendige Handlungsoptionen. Diese Bürger haben durchaus sehr unterschiedliche Auffassungen, die sie durch die erweiterte Denkungsart erkennen und verstehen, um zu gemeinsamen Entscheidungen zu gelangen. Für Arendt ist das «die wichtigste Bedingung für alle Urteile, die Bedingung der Unparteilichkeit, des ‹uninteressierten Wohlgefallens›. Indem man seine Augen schließt, wird man zu einem unparteilichen, nicht direkt affizierten Zuschauer sichtbarer Dinge.» (U 92)

Eine gemeinsame Welt entsteht nicht durch ein gleiches Weltverständnis, eine gemeinsame Ideologie, eine gemeinsame Religion, sondern durch Nachdenklichkeit, durch Freiheit, durch reflektierende Urteilskraft und vor allem durch die erweiterte Denkungsart. Denn die beiden letzteren Kompetenzen helfen, das Denken und das Wollen so abzugleichen, daß diese für andere akzeptabel werden.

Diese erweiterte Denkungsart beruht allerdings nicht allein auf der reflektierenden Urteilskraft. Sie bedarf noch einer anderen geistigen Fähigkeit, die gerade in der Ästhetik eine zentrale Rolle spielt, nämlich der *Einbildungskraft*. Auch das überrascht zunächst. Wie soll gerade die Fantasie der Politik dienen? Doch angesichts von schier unlösbaren Problemen bedeutet der Einsatz von Fantasie, nicht einfach auf neue Ideen zu kommen, sondern sich die Urteile und Meinungen der anderen klarer und eindringlicher vor Augen zu führen. Insofern unterstützt die Einbildungskraft die erweiterte Denkungsart bzw. das Verstehen der beteiligten Menschen.

Verstehen schließt an die Einbildungskraft an und avanciert auf deren Grundlage bei Arendt überhaupt zu einer zentralen Kategorie einer *politischen Hermeneutik*. Kurt Sontheimer schreibt in seiner Arendt-Monographie: «In dem berühmten Fernseh-Interview mit Günter Gaus 1964 hat Hannah Arendt mit Nachdruck betont, ihr Hauptanliegen sei es, die Wirklichkeit zu verstehen. Dieses ‹Ich will verstehen› ist in der Tat ein Schlüsselwort für ihr Leben als Denkerin und Schriftstellerin.»[96]

Dabei mündet Verstehen immer in einen äußerst komplizierten Vorgang, der schlicht nicht endet, im Gegensatz zur Informationsgewinnung oder der Entwicklung von wissenschaftlichem Wissen. Verstehen führt auch niemals zu eindeutigen Ergebnissen. Ohne Verstehen, ohne ständiges Abwägen, Prüfen und Abwandeln kann man Menschen und Geschehnisse schwerlich nachvollziehen, Nur so aber macht man sich deren Urteile und Zusammenhänge verständlich, um sich in sie hineinzuversetzen. Da ich den anderen letztlich nie gänzlich durchschaue, muß ich mich ständig erneut darum bemühen. Für Katrin Wilke stellt dieser ‹fortwährende Reflexionsprozeß› eine ‹ethische Haltung› dar, die Arendt in die Nähe von Lévinas rückt: «in der Offenheit gegenüber dem Anderen, der Anerkennung seiner Menschenwürde (die (...) durch nichts geschützt ist als durch wechselseitige Anerkennung), dem Dissens, der nicht durch Empathie gemildert wird, sondern die Vielfalt des Menschseins erhellt.»[97]

Erst die Anstrengung zu verstehen läßt den Menschen überhaupt in der Welt zu Hause sein, beteiligt ihn also letztendlich an der Weltbildung, an der Schaffung der *einen* Welt. Arendt schreibt 1953: «Ohne diese Art von Einbildungskraft, die tatsächlich Verstehen ist, wären wir niemals in der Lage, uns in der Welt zu orientieren. Sie ist der einzige Kompaß, den wir haben. Wir sind Zeitgenossen nur so weit, wie unser Verstehen reicht. Wenn wir auf dieser Erde zu Hause sein wollen, müssen wir sogar um den Preis des Zu-Hause-Seins-in-diesem-Jahrhundert versuchen, an dem unendlichen Dialog mit seinen Wesen teilzunehmen.» (ZV 127) Daher betraut Arendt auch die Politischen Wissenschaften mit der Aufgabe, den Weg des richtigen politischen Verstehens zu ebnen, folglich Sinnfragen nachzugehen, aus denen heraus politische Urteile möglichst kommunikativ gefällt werden können. Das heißt, diese sollen die Urteile anderer beachten.

Den anderen zu verstehen avanciert zu einer wichtigen politisch-ethischen Kompetenz, um mit ihm zu kommunizieren, mit ihm übereinzukommen. Das mündet aber in keinen Prozeß einer logisch abgesicherten oder rational genau begründeten Konsensbildung. Es handelt sich dabei eher um ein Werben, ein Überreden. Dessen waren sich sowohl die antiken Griechen als auch Kant bewußt: Man kann nur um die Zustimmung des anderen zum eigenen Urteil werben. Man kann diese Zustimmung mit keinen argumentativen Mitteln erzwingen. Dieses Überreden ergibt in der Polis die eigentlich politische Art des Miteinandersprechens, die sich von der physischen Gewalt absetzt, die außerhalb der Stadtmauern herrschte. Sie beruht auch nicht auf dem philosophischen Dialog, der sich um wahre Erkenntnisse bemüht und sich daher auf klare Gedankengänge und Beweisführungen konzentriert. Für Arendt geht es dagegen im gesamten politischen und kulturellen Bereich um das überredende wie überzeugende *Gespräch*, um vermittelbare und akzeptable Urteile, «um das urteilende Begutachten und Bereden der gemeinsamen Welt und die Entscheidung darüber, wie sie weiterhin aussehen und auf welche Art und Weise in ihr gehandelt werden soll» (ZV 300). Die Linie der politisch notwendigen Kompetenzen lautet also: Nachdenklichkeit, freier Wille, reflektierende Urteilskraft, erweiterte Denkungsart, Einbildungskraft, Verstehen, *Überredungskunst*. Sie ersetzen heute ethische Normen und gewinnen dadurch selber einen moralischen Charakter, nämlich als *ethische Kompetenzen*.

Bei Kant führt diese Linie noch einen Schritt weiter: Daß Urteile, die keiner gemeinsamen Regel folgen, überhaupt zu einer gewissen Übereinstimmung gelangen, das zeugt im Bereich des Geschmacksurteils von einem Gemeinsinn, von einem allen Menschen gemeinsamen Gefühl im Angesicht des Schönen. Kant geht es beim Gemeinsinn nicht um den gesunden Menschenverstand, den *common sense*. Sein *sensus communis* unterstellt vielmehr eine gemeinsame Grundlage der Geschmacksurteile nicht in einem Begriff oder in einer Regel, sondern in einem ästhetischen Gefühl, daß sich aber durchaus mitteilen läßt. So verschieden sich die Geschmäcker auch präsentieren, so kann man sich doch weitgehend darüber einigen, was überhaupt Kunst ist und was nicht. Zudem haben viele auch denselben Geschmack, was um so mehr überrascht, wenn man keine gemeinsame Regel des Schönen angeben kann.

Einen solchen *Gemeinsinn* braucht auch die Politik. Aber auch darin verbirgt sich keine gemeinsame Ideologie, keine Leitkultur, sondern primär die allgemeine Mitteilbarkeit individueller Gefühle sowie die Vermittelbarkeit von Meinungen als Gegenstände der öffentlichen Kommunikation, welche sich nicht nur mit Einsichten des Verstandes beschäftigt. Gemeinsinn unterstellt, daß Gefühle nicht bloß irrational bzw. nicht mitteilbar und Meinungen nicht willkürlich und grundlos sind, sondern daß man über sie sehr wohl zu diskutieren vermag, obgleich sie sich nicht verallgemeinern lassen. Unkommunizierbare Gefühle wie blinder Haß, bedingungslose Liebe, unendliche Trauer oder obsessive Meinungen, die alles genau wissen und sich nichts sagen lassen, zerstören die Politik, während *eine* gemeinsame Welt gerade auf kommunizierbaren Gefühlen und Meinungen beruht, auf einer *Gestimmtheit*, die ich mit anderen teile, die ich anderen mitteile.

Doch Ingeborg Nordmann bemerkt: «Statt einer schlüssigen Theorie des politischen Urteilens bietet Arendt eine offene Gedankenfiguration an, in der sich Beweglichkeit und Rückkehr zum Gleichgewicht abwechseln.»[98] Sicherlich stützt Arendt das politische Urteil nicht normativ ethisch ab. Das aber ist heute auch nicht mehr sinnvoll. Jenseits davon jedoch entwickelt Arendt eine ausdifferenzierte Theorie des politischen Urteilens als Fundament einer Theorie der modernen Demokratie, die sich totalitären Einflüsterungen entzieht und sich der Partizipation der Bürger versichert.

So erlaubt es ein solcher Gemeinsinn zusammen mit den Kompetenzen einer erweiterten Denkungsart, der Überredungskunst, der Einbildungs- und Urteilskraft, zwischen den verschiedenen Urteilen Gemeinsamkeiten zu eruieren, den Tatsachen möglichst objektiv und doch letztlich immer in subjektiver Perspektive nachzugehen. Daher gipfelt Arendts Theorie des Urteilens letztlich in einer bestimmten Tugend, die gar nicht politisch erscheint, die für Arendt aber hochpolitisch ausartet, nämlich in der *Wahrhaftigkeit*: «Es geht ja um den Bestand der Welt und keine von Menschen erstellte Welt, die dazu bestimmt ist, die kurze Lebensspanne der Sterblichen in ihr zu überdauern, wird diese Aufgabe je erfüllen können, wenn Menschen nicht gewillt sind, das zu tun, was Herodot als erster bewußt getan hat – nämlich *legein ta eonta*, das zu sagen, was ist. Keine Dauer wie immer man sie sich vorstellen mag, kann auch nur gedacht werden ohne Menschen die Zeugnis ablegen für das, was ist und für sie in Erscheinung tritt, weil es ist.» (ZV 329)

Wahrhaftigkeit als Bemühung um richtige Einsicht in die Tatsachen verknüpft die Frage nach der *Wahrheit* mit der Frage nach der *Moral*. Denn die Bemühung um Wahrheit mündet in eine Tugend, die wir nicht nur in der Politik dringend brauchen, die vielmehr im Abendland – so Arendt – eine lange Tradition besitzt: «Ich möchte meinen, daß ihr Ursprung mit der Entstehung der homerischen Epen zusammenfällt, in denen des Liedes Stimme den überwundenen Mann nicht verschweigt und nicht verunglimpft und die Taten der Trojaner nicht weniger gepriesen werden als die der Achäer, die für Hektor zeugen wie für Achill. Eine solche ‹Objektivität› wird man in den anderen Kulturen des Altertums vergeblich suchen; nirgendwo sonst ist man je imstande gewesen, wenigstens im Urteil dem Feind Gerechtigkeit widerfahren zu lassen, nirgendwo sonst zu indizieren, daß die Weltgeschichte *nicht* das Weltgericht ist, daß Sieg oder Niederlage für das Urteil nicht das letzte Wort behalten dürfen, wiewohl sie doch offenbar das letzte Wort sind für die Schicksale der Menschen.» (ZV 368)

Eine gemeinsame politische Welt gründet nicht auf einer abstrakten Vernunft, auch nicht auf einem gemeinsamen Interessens- und Erfahrungshorizont einer Religion, einer Nation, eines Volkes, einer Klasse oder gar der Menschheit. Statt dessen beruht sie auf bestimmten Kompetenzen, die einerseits darauf abzielen, Tatsachen richtig zu beurteilen. Damit entwickeln diese Kompetenzen andererseits ein Ethos intellektueller Integrität, das nötig ist, um mit anderen Menschen zu kommunizieren und zu kooperieren. An die Stelle gemeinsamer ethischer Normen und Werte treten praktische Kompetenzen, die demokratische Politik unter Individualisierungsbedingungen dringend benötigt und die dadurch ethischen Charakter annehmen: Kompetenzen statt Normen – ein intelligenter Vorschlag an die Ethik des 20. Jahrhunderts, den diese doch weitgehend ignorierte. Aber braucht die moderne Welt nicht wirklich denkende, selbstbewußte und urteilsfähige Menschen, eben keine gehorsamen Untertanen?

Nachwort
Eine Häretikerin

Wie gelangt man in *eine* gemeinsame Welt? Hannah Arendt be-
schreitet unkonventionelle Wege. Denn für sie taugt dazu die Idee
der Einheit ebensowenig wie ein einheitliches gemeinsames Welt-
bild, keine ganzheitliche Vorstellung vom Kosmos und von Mutter Erde, geschweige denn von Vaterland oder Proletariat. Eine
aufgeklärte, tolerante Religion kann dazu beitragen, ähnlich wie
Weltbilder, die sich nicht verabsolutieren, sondern andere Vorstellungen für achtenswert halten, also im Grunde ihren missionarischen Eifer aufgeben.

Insofern konkurriert Arendts Welt auch nicht mit den verschiedenen Weltanschauungen, welche die Welt als ein bestimmtes Bild in den Blick nehmen. Arendts Weltbegriff bezieht sich auf
keine ontologische Struktur, nicht auf Materie, Geist, Planeten,
Informationen oder auf Atome. Genausowenig entspricht er der
Globalisierung in ökonomischer, technologischer oder politischer
Perspektive, noch dem Empire einer Supermacht, noch einem
Weltstaat in spe, dessen Nukleus als UN firmierte. *Eine* gemeinsame Welt existiert nicht im Sinne von Institutionen, sozialen
oder natürlichen Prozessen, sie liegt vielmehr quer zu allen gängigen Vorstellungen von Welt-Bildern und Politik.

Arendts Welt besteht einzig und allein als *Zwischenraum*, der
sich nur dann zwischen Menschen entwickelt, wenn Menschen
mit unterschiedlichen Auffassungen öffentlich miteinander kommunizieren. Potentiell können daran alle teilhaben. Aus solchen
Kommunikationsstrukturen heraus entfaltet Politik ihre *Macht*,
und zwar als Anerkennung und Teilnahme, keinesfalls durch Gewalt, die Arendt strikt von Macht trennt.

Um eine solche politische Kommunikation unter den Bürgern
mit machtvollen Konsequenzen zu eröffnen, bedarf es jedoch

zahlreicher Kompetenzen. Je komplexer und unübersichtlicher politische Institutionen und soziale Strukturen in modernen Gesellschaften ausufern, um so mehr Reflexion benötigt der einzelne, um beispielsweise zu verhindern, plötzlich Verantwortung für Verbrechen zu tragen, an denen er sich, ohne es deutlich zu spüren, beteiligte. Um solche Zusammenhänge zu begreifen und auch um die Vorstellungen der Mitmenschen nachzuvollziehen, muß der moderne Mensch vor allem das Denken lernen, das zugleich eine reflexive Kompetenz des inneren Zwiegesprächs beinhaltet.

Außerdem besitzt jeder als Individuum die Fähigkeit, etwas anzufangen, genauer: einen freien Willen, durch den er sich der Fremdsteuerung entziehen kann. Darauf beruht die politische Freiheit. *Eine* politische Welt entsteht nur zwischen freien Individuen, nicht zwischen gleichgeschalteten und ferngesteuerten Menschen in den großen Organisationen.

Um mit anderen Bürgern politisch zu kommunizieren, müssen wir nicht nur deren Auffassungen verstehen, sondern auch deren Urteile nachvollziehen. Dafür benötigen wir die für Arendt überhaupt wichtigste politische Kompetenz, nämlich die *Urteilskraft*. Dazu ist es aber im weiteren nötig, vom eigenen Interesse abzusehen, um sich in die Situation und Interessenlage der anderen hineinzuversetzen, die eigene Denkungsart also zu erweitern.

Das eigentliche Fundament politischer Kommunikation stellt indes der klare Blick auf die Welt der Tatsachen dar. Die politisch Kooperierenden müssen sich auf das, was ist, beziehen. Allerdings ergibt die *Tatsachenwahrheit* kein stabiles Fundament, da Tatsachenwahrheiten der Bezeugung bedürfen und dadurch ständig umstritten bzw. verschieden interpretierbar bleiben. Die Tatsachenorientierung kulminiert daher in der Tugend der Wahrhaftigkeit, aus der sich ein modernes Ethos der Sachlichkeit entwickelt.

Alles das zusammen schafft erst eine politische Kommunikation, die den daraus öffentlich entstehenden Zwischenraum in die *eine* gemeinsame Welt überführt. Damit plädiert Arendt implizit für eine umfängliche politische Bildung. Denn dem freien mündigen Bürger wächst eine eminente Verantwortung für sein Handeln, für das Politische insgesamt wie für das individuelle Leben zu. Um dieser Verantwortung aber wirklich gerecht zu werden, braucht der Bürger jene Kompetenzen. Aber wollen die Regierenden weltweit wirklich den kompetenten Bürger? Konzentriert sich öffentliche Bildung heute nicht immer stärker auf berufliche Ausbildung?

So entwickelt Arendt eine häretische Theorie der *Demokratie* unter Bedingungen der Pluralisierung und der Individualisierung, eine Theorie, die sich dem postmodernen Geist der Zeit stellt, lange bevor er so benannt wurde. Nicht die Untertänigkeit, nicht der Gehorsam, nicht der Glauben an ein gemeinsames höchstes Gutes, seien es Gott, König oder Nation, nicht die hingebungsvolle und opferbereite Bewunderung, nicht die Vernunft, nicht eine Leitvorstellung welch kultureller Art auch immer verbinden die Menschen politisch miteinander, sondern bestimmte ethische Kompetenzen und politische Tugenden. Im Grunde folgt aus Arendts Verständnis politischen Handelns, daß es in der Demokratie nicht um die Regierung geht, die zwischenzeitlich längst zuviel als zuwenig reformiert, also nicht um die optimale Administration, sondern um die Begegnung von Menschen unter Bedingungen der politischen Öffentlichkeit und damit um die Stiftung von Freundschaft.

Es verwundert nicht, wenn Arendts Thesen von einer Politischen Wissenschaft kaum rezipiert werden, die sich mehr um das Funktionieren der großen Systeme, Bürokratien, Industrien und Militärmaschinen kümmert als um Demokratie, Pluralismus und Individualisierung. Letztere drei toleriert die Politikwissenschaft im Grunde nur solange, wie sich ihnen eine gewisse Effizienz nicht absprechen läßt.

Juristen bleiben gegenüber Arendt auf Distanz, weil sie keineswegs die Faktizität geltenden Rechts als normative Kraft anerkennt. Für sie begründet eben nicht die Autorität das Recht und daraus folgend auch Gerechtigkeit. Immer noch herrscht zudem ein weitverbreitetes Verständnis vor, daß Recht sei, was der Gesellschaft oder dem eigenen Staat nützt, was sich qualitativ indes nicht vom nazideutschen Verständnis unterscheidet, daß Recht eben das sei, was just dem deutschen Volk nütze.

Arendt greift zwar ständig auf die philosophische *Tradition* zurück, aber keineswegs im Stile konservativer Vertreter der Politischen Wissenschaft und ihrer Zöglinge. Tradition stellt nämlich nach Arendt längst keine verbindliche Leitlinie weder für das Handeln noch für das Denken dar, nicht zuletzt vor dem Hintergrund von umfassenden Globalisierungsprozessen. Diese lassen Kulturen, Kontinente, Länder näher zusammenrücken und vermischen die Menschen immer stärker. So skizziert Arendt bereits 1957 den globalen Horizont eines ‹Kampfs der Kulturen› (Samuel Huntington) und deutet zugleich die Perspektive an, in der dieser Konflikt zu moderieren wäre: «Wenn die Solidarität der Menschheit sich auf etwas Zuverlässigeres stützen soll als auf die berechtigte Furcht vor des Menschen dämonischen Möglichkeiten, wenn die neue universale Nachbarschaft aller Länder ein Ergebnis haben soll, das mehr verspricht als einen gewaltigen Zuwachs an gegenseitigem Haß und ein gewissermaßen universales Sich-gegenseitig-auf-die-Nerven-fallen, dann muß in gigantischem Ausmaß ein Prozeß gegenseitigen Verstehens und fortschreitender Selbsterklärung einsetzen. Und (...) so ist die Voraussetzung für diese allgemeine Verständigung Verzicht, nicht auf eigene Tradition und politische Vergangenheit, sondern auf die bindende Autorität und allgemeine Gültigkeit, die Tradition und Vergangenheit stets für sich in Anspruch nehmen.» (FZ 102) Also darf man in Deutschland froh sein, daß die Kultur nicht mehr leitet, daß die Tradition nicht mehr oberste ethische Normen und Werte nachträgt, sondern daß man, sei es bei Lessing, Kant oder Heine, gewisse Kompetenzen lernen kann, die viel eher zu *einer* gemeinsamen Welt beitragen als feste ethische Normen, eine Leitkultur und eine bestimmte Weltanschauung.

Das mag die Vertreter der Multikulti-Gesellschaft noch erfreuen. Doch Arendt stößt diese Egalitaristen an anderer Stelle vor den Kopf. Zwar erklärt Arendt die *Gleichheit* für eine der bedeutendsten Errungenschaften in der modernen Politik, wenn sich das Leben für sie just in der öffentlichen Kommunikation realisiert, von der niemand ausgeschlossen sein sollte. Ihrem Engagement für politische Partizipation zum Trotz muß sich indes keineswegs jeder daran beteiligen. Vielmehr versieht Arendt die liberale Freiheit des geregelten Fernbleibens von der Politik bzw. allein dem privaten Laster zu frönen, sogar noch mit einem gewissen Sinn. Man kann Politikverdrossene oder an der Politik Desinteressierte nicht zur Politik zwingen! Allerdings sollten sich solche Leute dann aber auch politisch nicht einmischen – man denke hier an das US-amerikanische Wahlsystem, bei dem sich die Wähler erst registrieren lassen müssen und bei dem die Wahlbeteiligung selten über 50 Prozent liegt. Wer nicht wirklich an *einer* gemeinsamen Welt interessiert ist, der braucht in ihr aber auch nicht angehört zu werden, der darf aus der Politik auch ausgeschlossen werden. Ja, Arendt geht provokativ noch weiter: Wer keine Verantwortung für die Zukunft der Welt übernehmen will, der sollte weder Kinder bekommen noch an deren Erziehung teilhaben. Arendt verzichtet also auf den aufklärerischen Zwang zur politischen Mündigkeit, somit auch auf missionarischen Ehrgeiz. Stattdessen fordert sie von demjenigen, der politisch mitreden will, ein *kompetentes* Engagement, genauer: das Erlernen der zuletzt angesprochenen politisch ethischen Fähigkeiten.

Umgekehrt – und das mißfällt linken wie rechten Apokalyptikern – erkennt Arendt eine Freiheit von der Politik an, auf die man gerade im Zeitalter der großen Systeme schwerlich verzichten kann und der sich Arendt in ihrer Jugend auch hingab: Die Katastrophe des Rassismus und des Totalitarismus, sozusagen der politische Ausnahmezustand, rechtfertigt keineswegs, das gesamte Leben unter ein Primat der Politik zu stellen. Man muß sich nicht nur am Krieg, man darf sich auch am Frieden orientieren. In diesem Sinn könnte der Satz, den sie über Isak Dinesen schrieb, für sie selber gelten: «Weisheit ist eine Tugend des Alters, und sie kommt wohl nur zu denen, die in ihrer Jugend weder weise waren noch besonnen.» (FZ 130)

Indes die Weisheit, zu der Arendt gelangt, werden viele als Elitarismus verstehen. Doch er schließt nur den aus, der sich selbst ausschließt. Religiöse oder politische Missionare akzeptieren ungern, daß man sich weder für Religion noch für Marxismus interessieren muß. Elitaristen dagegen möchten nicht jeden zulassen, der sich unaufgefordert anschickt, politisch zu partizipieren. So sitzt Arendt auch hier zwischen den beiden Stühlen von Egalitarismus und Elitarismus.

Und wer wird ihr außer ein paar übriggebliebenen Totalitaristen zustimmen, wenn sie klar von einem Primat der Politik gegenüber der Kultur spricht? Ist das nicht glatte Häresie gegenüber dem Zeitgeist? Die Griechen – so Arendt – waren in keiner Weise der Auffassung, daß sie gegenüber den Barbaren eine höhere Kultur entwickelt hätten, die sie von diesen unterscheiden würde. Vielmehr fühlten sie sich deswegen überlegen, weil sie dem kulturellen Bereich im politischen eine Grenze setzten. Entspringt dagegen die Dominanz des Westens nicht primär seinen technischen Leistungen? Stellen Demokratie und Menschenrechte heute wirklich einen Selbstzweck dar oder dienen sie für viele nicht immer noch primär der Ökonomie? Mit Arendt haben wir eigentlich wenig, worauf wir im Abendland stolz sein könnten. Noch unglücklicher werden die Totalitaristen unter uns, wenn sie bei Arendt folgendes lesen müssen: «Die Frage, die in dem Konflikt zum Entscheid steht, ist einfach die, welche Maßstäbe in dieser öffentlichen, von Menschen erstellten und bewohnten Welt schließlich gelten sollen: die Maßstäbe, die dem Handeln oder die dem Herstellen eignen, die im eigentlichen Sinne politischen oder die im spezifischen Sinne kulturellen.» (ZV 286) Welcher Politiker aber würde sich auf Arendts Handlungsbegriff berufen?

So darf ich abschließend Wolfgang Heuer mit den treffenden Worten über Hannah Arendt zitieren: «Was sie einmal über Lessing sagte, traf rückblickend auf ihr eigenes Leben zu»:[99] «Lessing hat mit der Welt, in der er lebte, seinen Frieden nie gemacht. Sein Vergnügen war, ‹den Vorurteilen die Stirne zu bieten› und dem ‹vornehmen Hofpöbel (...) die Wahrheit zu sagen›; und wie teuer er für diese Vergnügungen bezahlt haben mag, es waren Vergnügungen im wörtlichen Sinne.» (FZ 20)

Anmerkungen

1 Gabriel MARCEL, Geheimnis des Seins (1951), Wien 1952, 37
2 Hannah ARENDT, Die verborgene Tradition. Essays (teilw. 1948), Frankfurt/M. 2000 (im weiteren abgekürzt: VT)
3 Dies., Zwischen Vergangenheit und Zukunft. Übungen im Politischen Denken I (1968), 2. Aufl. München 2000 (im weiteren abgekürzt: ZV)
4 Dies., Von Wahrheit und Politik. Reden und Gespräche, 4 MC (Der-HörVerlag), München 1999
5 Jean-Paul SARTRE, Das Sein und das Nichts (1943), Reinbek 1994, 253
6 Friedrich NIETZSCHE, Die fröhliche Wissenschaft (1881–82), KSA Bd. 3, München, Berlin, New York 1988, Nr. 125
7 Hannah ARENDT, Vom Leben des Geistes Bd. 1 – Das Denken (1977), 2. Aufl. München 2002 (im weiteren abgekürzt: GD)
8 Dies., Elemente und Ursprünge totaler Herrschaft (1951), 9. Aufl. München 2003 (im weiteren abgekürzt: TH)
9 Horst KÖHLER, «Wir müssen unser Handeln als Welt-Innenpolitik verstehen», Süddeutsche Zeitung, 21. Januar 2005, 2
10 Martin HEIDEGGER, Sein und Zeit (1927), 16. Aufl. Tübingen 1986 (im weiteren abgekürzt: SuZ)
11 Hannah ARENDT, Menschen in finsteren Zeiten (1968), 2. Aufl. München 1989 (im weiteren abgekürzt: FZ)
12 Dies., Vita activa oder Vom tätigen Leben (1958), 11. Aufl. München, Zürich 1999 (im weiteren abgekürzt: VT)
13 Dies., Rahel Varnhagen. Lebensgeschichte einer deutschen Jüdin aus der Romantik (1958), 12. Aufl. München 2003 (im weiteren abgekürzt mit: RV)
14 Hans JONAS, Erinnerungen, Frankfurt/M. 2003, 113
15 Hannah ARENDT/Martin HEIDEGGER, Briefe 1925 bis 1975 und andere Zeugnisse, 3. Aufl. Frankfurt/M. 2002, 78
16 Seyla BENHABIB, Hannah Arendt. Die melancholische Denkerin der Moderne (1996), Hamburg 1998, 21
17 Hannah ARENDT, Was ist Existenzphilosophie (1946), Frankfurt/M. 1990 (im weiteren abgekürzt: WE)
18 Walter BENJAMIN, Geschichtsphilosophische Thesen (ca. 1940);

in: ders., Zur Kritik der Gewalt und andere Aufsätze, Frankfurt/M. 1965, 84

19 Elisabeth YOUNG-BRUEHL, Hannah Arendt. Leben, Werk und Zeit (1982), Frankfurt/M. 1986, 231

20 Max HORKHEIMER, Theodor W. ADORNO, Dialektik der Aufklärung (1947), Frankfurt/M. 1971; Theodor W. ADORNO, Negative Dialektik (1966), Frankfurt/M. 1970

21 Michel FOUCAULT, Geschichte der Gouvernementalität II – Die Geburt der Biopolitik (1979), Frankfurt/M. 2004, 55

22 Leo STRAUSS, Hobbes' politische Wissenschaft in ihrer Genesis (1935/1965), Gesammelte Werke Bd. 3, Stuttgart 2001, 88

23 Karl R. POPPER, Die offene Gesellschaft und ihre Feinde (1945), Bd. 1, 2. Aufl. Bern, München 1970, 37; Ernst CASSIRER, Der Mythus des Staates (1946), Zürich, München 1978, 386

24 Wolfgang J. MOMMSEN, Imperialismustheorien, 2. Aufl. Göttingen 1980, 67

25 Hanna F. PITKIN, The Attack of the Blob. Hannah Arrendt's Concept of the Social, Chicago, London 1998, 231

26 Werner SOMBART, Die Juden und das Wirtschaftsleben (1911), 6. Aufl. München 1928

27 Hannah ARENDT, Über die Revolution, München 1963 (im weiteren abgekürzt: ÜR)

28 Karl JASPERS, Wahrheit, Freiheit und Friede (1958); in: ders., Wahrheit und Leben. Ausgewählte Schriften, Zürich 1965, 524

29 Ernst NOLTE, Vierzig Jahre Theorien über den Faschismus; Einleitung zu: ders. (Hg.), Theorien über den Faschismus, 4. Aufl. Köln 1976, 65

30 Hannah ARENDT, Eichmann in Jerusalem. Ein Bericht von der Banalität des Bösen (1963), 14. Aufl. München 2005 (im weiteren abgekürzt: EJ)

31 Eric VOEGELIN, Die politischen Religionen (1938), München 1993, 6

32 Hannah ARENDT, On the Nature of Totalitarianism. An Essay in Understanding, S. 7, unveröff., Library of Congress, Arendt Papers, Box 69; zit. nach: Karl-Heinz Breier, Hannah Arendt zur Einführung, Hamburg 1992, 25

33 Gary SMITH, Einsicht aus falscher Distanz; in: ders. (Hg.), Hannah Arendt Revisited. ‹Eichmann in Jerusalem› und die Folgen, Frankfurt/M. 2000, 8

34 Raul HILBERG, The Destruction of the European Jews, Chicago 1961, 207

35 Timothy W. MASON, Arbeiterklasse und Volksgemeinschaft. Dokumente und Materialien zur deutschen Arbeiterpolitik 1936–39, Opladen 1975

36 Golo MANN, Der verdrehte Eichmann; in: F. A. Krummacher, Die Kontroverse. Hannah Arendt, Eichmann und die Juden, München 1964, 192

37 Hans-Martin SCHÖNHERR-MANN, Sartre – Philosophie als Lebensform, München 2005

38 Max WEBER, Politik als Beruf, Gesammelte politische Schriften, 3. Aufl. Tübingen 1971, 524

39 Hauke BRUNKHORST, Hannah Arendt, München 1999, 150

40 Rolf ZIMMERMANN, Philosophie nach Auschwitz. Eine Neubestimmung von Moral in Politik und Gesellschaft, Reinbek 2005, 10

41 Hans FRANK, Die Technik des Staates, Berlin 1942, 15

42 Gunnar HEINSOHN, Warum Auschwitz? Hitlers Plan und die Ratlosigkeit der Nachwelt, Reinbek 1995, 18

43 Theodor W. ADORNO, Erziehung nach Auschwitz; in: ders., Stichworte. Kritische Modelle 2, Frankfurt/M. 1969, 85

44 Hannah ARENDT, Vom Leben des Geistes Bd. 2 – Das Wollen (1978), 2. Aufl. München 2002 (im weiteren abgekürzt: GW)

45 Søren KIERKEGAARD, Abschließende unwissenschaftliche Nachschrift zu den philosophischen Brocken (1846), Erster Teil, 3. Aufl. Gütersloh 1994, 195

46 Hannah ARENDT, Denktagebuch 1950–1973, Bd. 1, 2. Aufl. München, Zürich 2003 (im weiteren abgekürzt: D)

47 Emmanuel LÉVINAS, Ethik und Unendliches (1982), Wien 1992, 60

48 Hans-Martin SCHÖNHERR-MANN, Das Mosaik des Verstehens. Skizzen zu einer negativen Hermeneutik, München 2001, 17

49 Hannah ARENDT/Karl JASPERS, Briefwechsel 1926–1969, München 1985, 46

50 Jean-Paul SARTRE, Betrachtungen zur Judenfrage (1946); in: ders., Drei Essays, West-Berlin 1960, 180

51 Theodor HERZL, Der Judenstaat. Versuch einer modernen Lösung der Judenfrage (1896), Augsburg 1986, 125

52 Georg SIMMEL, Philosophische Kultur (1923), Berlin 1998, 197

53 Hannah ARENDT, Der Liebesbegriff bei Augustin. Versuch einer philosophischen Interpretation, Berlin 1929, 81

54 Ernst TROELTSCH, Naturrecht und Humanität in der Weltpolitik; in: ders., Deutscher Geist und Westeuropa, Tübingen 1925, 21

55 Leo STRAUSS, Naturrecht und Geschichte (1953), Frankfurt/M. 1977, 2

56 Friedrich Georg FRIEDMANN, Hannah Arendt. Eine deutsche Jüdin im Zeitalter des Totalitarismus, München, Zürich 1985, 142

57 ARISTOTELES, Die Nikomachische Ethik, München 1972, 1095 b 19

58 Hans-Georg GADAMER, zit. in: Hans-Martin Schönherr-Mann,

Ethik des Verstehens; in: ders. (Hg.), Hermeneutik als Ethik, München 2004, 195

59 THUKYDIDES, Geschichte des Peloponnesischen Krieges (ca. 411 ff. v. Chr.), 2. Aufl. Zürich, München 1976, 142

60 DEMOKRIT, in: Wilhelm Nestle (Hg.), Die Vorsokratiker, Wiesbaden 1978, Nr. 143, 170

61 Karl JASPERS, Der philosophische Glaube (1948), München 1954, 38

62 Karl JASPERS, Vom Ursprung und Ziel der Geschichte, München 1949, 196

63 Niccolò MACHIAVELLI, Der Fürst (1532), Wiesbaden 1980, 87

64 Leo STRAUSS, What is Political Philosophy? and other studies, New York, London 1959, 10

65 John RAWLS, Politischer Liberalismus (1993), Frankfurt/M. 1998, 15

66 Max WEBER, Wirtschaft und Gesellschaft (1925), 5. Aufl. Tübingen 1980, 122

67 Carl SCHMITT, Politische Theologie. Vier Kapitel zur Lehre von der Souveränität (1922), 3. Aufl. Berlin 1979, 11, das folgende Zitat 54

68 Georges SOREL, Über die Gewalt (1908), Frankfurt/M. 1981, 90

69 Massimo MORI, La ragione delle armi, Milano 1984, 229

70 Hannah ARENDT, Macht und Gewalt (1970), 15. Aufl. München, Zürich 2003 (im weiteren abgekürzt: MG)

71 Delbert BARLEY, Hannah Arendt. Einführung in ihr Werk, Freiburg, München 1990, 196

72 MONTESQUIEU, Vom Geist der Gesetze (1748), Stuttgart 1965, 214

73 Hauke BRUNKHORST, Brot und Spiele? Hannah Arendts zweideutiger Begriff der Öffentlichkeit; in: Ursula Kubes-Hofmann (Hg.), Sagen, was ist. Zur Aktualität Hannah Arendts, Wien 1994, 157

74 Michel FOUCAULT, Der Gebrauch der Lüste. Sexualität und Wahrheit Bd. 2 (1984), Frankfurt/M. 1989, 315

75 Jürgen HABERMAS, Hannah Arendts Begriff der Macht (1976); in: ders., Politik, Kunst, Religion. Essays über zeitgenössische Philosophen, Stuttgart 1978, 123

76 John RAWLS, Eine Theorie der Gerechtigkeit (1971), Frankfurt/M. 1979, 336

77 Herbert MARCUSE, Versuch über die Befreiung, Frankfurt/M. 1969, 134

78 Alexis de TOCQUEVILLE, Über die Demokratie in Amerika (1835, 1840), München 1976, 62

79 Hannah ARENDT/Hermann BROCH, Briefwechsel 1946 bis 1951, Frankfurt/M. 1996, 52

80 Hannah ARENDT, Little Rock (1957/59); in: dies., Zur Zeit. Politische Essays, Hamburg 1999, 100

81 Martin HEIDEGGER, Was heißt Denken? (1951–52), 4. Aufl. Tübingen 1984 (im weiteren abgekürzt: WhD)

82 Edmund HUSSERL, Die Krisis der europäischen Wissenschaften und die transzendentale Phänomenologie (1936), Husserliana Bd. 6, Den Haag 1954, 4

83 G. W. F. HEGEL, Vorlesungen über die Philosophie der Geschichte (1822 ff.), Werke Bd. 12, Frankfurt/M. 1970, 42

84 Hans-Martin SCHÖNHERR-MANN, Sein und Fragen. Ein Essay, Köln 2003

85 Patricia SMITH-CHURCHLAND, Brain-Wise. Studies in Neurophilosophy, Cambridge 2002

86 Aurelius AUGUSTINUS, Vom Gottesstaat (426), Zürich 1955, 277; ders., Vom freien Willen (um 390), Zürich, Stuttgart 1962, 325

87 Immanuel KANT, Kritik der praktischen Vernunft (1787), Werke Bd. 5, Berlin 1968, 15 f (Einleitung)

88 Johannes DUNS SCOTUS, Pariser Vorlesungen über Wissen und Kontingenz (um 1300), Freiburg i. Br. 2005, 81

89 Ulrich BECK, Risikogesellschaft, Frankfurt/M. 1986, 205

90 Hans-Martin SCHÖNHERR-MANN, Politischer Liberalismus in der Postmoderne, München 2000, 57

91 Gotthold E. LESSING, Brief an Johann Albert Heinrich Reimarus, 6. April 1778, in: ders., Werke, Bd. 1, Wiesbaden o. J., 1203

92 Hannah ARENDT/Uwe JOHNSON, Der Briefwechsel 1967–1975, Frankfurt/M. 2004, 157

93 Hannah ARENDT, Das Urteilen. Texte zu Kants politischer Philosophie (1982), München, Zürich, 1998 (im weiteren abgekürzt mit: U)

94 Ernst VOLRATH, Hannah Arendt über Meinung und Urteilskraft; in: Adelbert Reif (Hg.), Hannah Arendt. Materialien zu ihrem Werk, Wien, München, Zürich 1979, 104

95 Immanuel KANT, Kritik der Urteilskraft (1790), Werke Bd. 5, Berlin 1968 (im weiteren abgekürzt mit: KU)

96 Kurt SONTHEIMER, Hannah Arendt. Der Weg einer großen Denkerin, München, Zürich 2005, 252

97 Katrin WILKE, Hannah Arendt. Denken in finsteren Zeiten; in: Hans-Martin Schönherr-Mann (Hg.), Ethik des Denkens, München 2000, 188

98 Ingeborg NORDMANN, Hannah Arendt, Frankfurt/M., New York 1994, 122

99 Wolfgang HEUER, Hannah Arendt, 7. Aufl. Reinbek 2004, 71

Literatur
Ausgewählte Schriften Hannah ARENDTs:

Monographien

Der Liebesbegriff bei Augustin. Versuch einer philosophischen Interpretation, Berlin 1929

Rahel Varnhagen. Lebensgeschichte einer deutschen Jüdin aus der Romantik (1958), 12. Aufl. München 2003

Was ist Existenzphilosophie (1946), Frankfurt/M. 1990

Elemente und Ursprünge totaler Herrschaft (1951), 9. Aufl. München 2003

Vita activa oder Vom tätigen Leben (1958), 11. Aufl. München, Zürich 1999

Eichmann in Jerusalem. Ein Bericht von der Banalität des Bösen (1963), 14. Aufl. München 2005

Über die Revolution, München 1963

Macht und Gewalt (1970), 15. Aufl. München, Zürich 2003

Vom Leben des Geistes – Das Denken (1977) – Das Wollen (1978), 2. Aufl. München 2002

Das Urteilen. Texte zu Kants politischer Philosophie (1982), München, Zürich, 1998

Aufsatzsammlungen

Vor Antisemitismus ist man nur noch auf dem Monde sicher. Beiträge für die deutsch-jüdische Emigrantenzeitung «Aufbau» 1941–1945, München, Zürich 2004

Die verborgene Tradition. Essays (teilw. 1948), Frankfurt/M. 2000

Zwischen Vergangenheit und Zukunft. Übungen im politischen Denken I (1968), 2. Aufl. München 2000

In der Gegenwart. Übungen im politischen Denken II, München 2000

Menschen in finsteren Zeiten (1968), 2. Aufl. München 1989

Wahrheit und Lüge in der Politik, München 1972

Israel, Palästina und der Antisemitismus. Aufsätze, Berlin 1991

Zur Zeit. Politische Essays, Hamburg 1999

Von Wahrheit und Politik. Reden und Gespräche, 4 MC (DerHörVerlag), München 1999

Briefwechsel und biographische Texte
Ich will verstehen – Selbstauskünfte zu Leben und Werk, München,
Zürich 1996
Denktagebuch 1950–1973, Bd. 1, 2. Aufl. München, Zürich 2003
Hannah ARENDT/Martin HEIDEGGER, Briefe 1925 bis 1975 und an-
dere Zeugnisse, 3. Aufl. Frankfurt/M. 2002
Hannah ARENDT/Karl JASPERS, Briefwechsel 1926–1969, München
1985
Hannah ARENDT/Heinrich BLÜCHER, Briefe 1936–1968
Hannah ARENDT/Hermann BROCH, Briefwechsel 1946 bis 1951,
Frankfurt/M. 1996
Hannah ARENDT/Uwe JOHNSON, Der Briefwechsel 1967–1975,
Frankfurt/M. 2004

Ausgewählte Literatur zu Hannah Arendt

AUER, Dirk, RENSMANN, Lars, SCHULZE WESSEL, Julia, Arendt
und Adorno, Frankfurt/M. 2003
BARLEY, Delbert, Hannah Arendt. Einführung in ihr Werk, Freiburg,
München 1990
BENHABIB, Seyla, Hannah Arendt. Die melancholische Denkerin der
Moderne (1996), Hamburg 1998
– Identität, Perspektive und Erzählung in Hannah Arendts *Eichmann in
Jerusalem*; in: Gary Smith (Hg.), Hannah Arendt Revisited. ‹Eichmann
in Jerusalem› und die Folgen, Frankfurt/M. 2000
BERNSTEIN, Richard J., Philosophical Profiles, Philadelphia 1986
– Hannah Arendt and the Jewish Question, Oxford 1996
BREIER, Karl-Heinz, Hannah Arendt zur Einführung, Hamburg 1992
BRUNKHORST, Hauke, Brot und Spiele? Hannah Arendts zweideu-
tiger Begriff der Öffentlichkeit; in: Ursula Kubes-Hofmann (Hg.),
Sagen, was ist. Zur Aktualität Hannah Arendts, Wien 1994
– Hannah Arendt, München 1999
ERLER, Hans, EHRLICH, Ernst Ludwig (Hg.), Judentum verstehen.
Die Aktualität jüdischen Denkens von Maimonides bis Hannah
Arendt, Frankfurt/M., New York 2002
FRIEDMANN, Friedrich Georg, Hannah Arendt. Eine deutsche Jüdin
im Zeitalter des Totalitarismus, München, Zürich 1985
GRUNENBERG, Antonia, Arendt, Freiburg 2003
HABERMAS, Jürgen, Hannah Arendts Begriff der Macht (1976); in:
ders., Politik, Kunst, Religion. Essays über zeitgenössische Philoso-
phen, Stuttgart 1978
HEUER, Wolfgang, Hannah Arendt, 7. Aufl. Reinbek 2004

KEMPER, Peter (Hg.), Die Zukunft des Politischen. Ausblicke auf Hannah Arendt, Frankfurt/M. 1993

MANN, Golo, Der verdrehte Eichmann; in: F. A. Krummacher, Die Kontroverse – Hannah Arendt, Eichmann und die Juden, München 1964

NORDMANN, Ingeborg, Hannah Arendt, Frankfurt/M., New York 1994

PITKIN, Hanna F., The Attack of the Blob. Hannah Arrendt's Concept of the Social, Chicago, London, 1998

– Justice. On Relating Private and Public; in: Political Theory Nr. 3, 1981

POIZAT, Jean-Claude, Hannah Arendt. Une introduction, Paris 2003

REIF, Adelbert (Hg.), Hannah Arendt. Materialien zu ihrem Werk, Wien, München, Zürich 1979

REIST, Manfred, Die Praxis der Freiheit. Hannah Arendts Anthropologie des Politischen, Würzburg 1990

SCHÖNHERR-MANN, Hans-Martin, Postmoderne Theorien des Politischen, München 1996

– Macht und Wahrheit – Zur Aktualität von Hannah Arendts politischer Philosophie; in: Scheidewege, Jahrgang 36, 2006/2007

– Macht und Wahrheit – Hannah Arendts Verständnis von Politik; in: SWR 2, Radioart Essay, 55 Min., 19. 12. 2005 21h

SMITH, Gary, Einsicht aus falscher Distanz; in: ders. (Hg.), Hannah Arendt Revisited. ‹Eichmann in Jerusalem› und die Folgen, Frankfurt/M. 2000

SONTHEIMER, Kurt, Hannah Arendt. Der Weg einer großen Denkerin, München, Zürich 2005

THAA, Winfried, Kulturkritik und Demokratie bei Max Weber und Hannah Arendt; in: Zeitschrift für Politik Nr. 1, 2005

WILKE, Katrin, Hannah Arendt. Denken in finsteren Zeiten; in: Hans-Martin Schönherr-Mann (Hg.), Ethik des Denkens, München 2000

YOUNG-BRUEHL, Elisabeth, Hannah Arendt. Leben, Werk und Zeit (1982), Frankfurt/M. 1986

Weitere Literatur

ADORNO, Theodor W., Negative Dialektik (1966), Frankfurt/M. 1970

– Erziehung nach Auschwitz; in: ders., Stichworte. Kritische Modelle 2, Frankfurt/M. 1969

ARISTOTELES, Die Nikomachische Ethik, München 1972

AUGUSTINUS, Aurelius, Vom freien Willen (um 390), Zürich, Stuttgart 1962

– Vom Gottesstaat (426), Zürich 1955

BECK, Ulrich, Risikogesellschaft, Frankfurt/M. 1986

BENJAMIN, Walter, Geschichtsphilosophische Thesen (ca. 1940); in: ders., Zur Kritik der Gewalt und andere Aufsätze, Frankfurt/M. 1965

CASSIRER, Ernst, Der Mythus des Staates (1946), Zürich, München 1978

DUNS SCOTUS, Johannes, Pariser Vorlesungen über Wissen und Kontingenz (um 1300), Freiburg i. Br. 2005

FOUCAULT, Michel, Geschichte der Gouvernementalität (1978/79), 2 Bde., Frankfurt/M. 2004

– Der Gebrauch der Lüste. Sexualität und Wahrheit Bd. 2 (1984), Frankfurt/M. 1989

FRANK, Hans, Die Technik des Staates, Berlin 1942

– Nationalsozialistische Leitsätze für ein neues deutsches Strafrecht, Berlin 1935

GOBINEAU, Joseph, Die Ungleichheit der Menschenrassen (1855), Berlin 1934

GOLDHAGEN, Daniel J., Hitlers willige Vollstrecker. Ganz gewöhnliche Deutsche und der Holocaust, Berlin 1996

HEGEL, G. W. F., Phänomenologie des Geistes (1807), Werke Bd. 3, Frankfurt/M. 1970

– Vorlesungen über die Philosophie der Geschichte (1822 ff.), Werke Bd. 12, Frankfurt/M. 1970

HEIDEGGER, Martin, Sein und Zeit (1927), 16. Aufl. Tübingen 1986

– Was heißt Denken? (1951–52), 4. Aufl. Tübingen 1984

– Das Ende der Philosophie und die Aufgabe des Denkens; in: ders., Zur Sache des Denkens (1969), 3. Aufl. Tübingen 1988

HEINSOHN, Gunnar, Warum Auschwitz? Hitlers Plan und die Ratlosigkeit der Nachwelt, Reinbek 1995

HERZL, Theodor, Der Judenstaat. Versuch einer modernen Lösung der Judenfrage (1896), Augsburg 1986

HESS, Moses, Rom und Jerusalem, Leipzig 1899

HILBERG, Raul, The Destruction of the European Jews, Chicago 1961

HOBSON, John Atkinson, Der Imperialismus (1902), Köln 1968

– The Psychology of Jingoism, London 1901

HORKHEIMER, Max, ADORNO, Theodor W., Dialektik der Aufklärung (1947), Frankfurt/M. 1971

HUSSERL, Edmund, Die Krisis der europäischen Wissenschaften und die transzendentale Phänomenologie (1936), Husserliana Bd. 6, Den Haag 1954

JASPERS, Karl, Philosophie. Erster Band: Philosophische Weltorientierung (1931), Berlin, Göttingen, Heidelberg 1956

– Vernunft und Existenz. Fünf Vorlesungen (1935), München 1960

– Philosophische Logik I. Von der Wahrheit, München 1947

– Der philosophische Glaube (1948), München 1954

– Vom Ursprung und Ziel der Geschichte, München 1949

- Die Atombombe und die Zukunft des Menschen, München 1958
- Der philosophische Glaube angesichts der Offenbarung, München 1962
- Wahrheit und Leben. Ausgewählte Schriften, Zürich 1965

JONAS, Hans, Erinnerungen, Frankfurt/M. 2003

JÜNGER, Ernst, Der Arbeiter (1932), Stuttgart 1981

KANT, Immanuel, Kritik der Urteilskraft (1790), Werke Bd. 5, Berlin 1968
- Kritik der praktischen Vernunft (1787), Werke Bd. 5, Berlin 1968

KIERKEGAARD, Søren, Abschließende unwissenschaftliche Nachschrift zu den philosophischen Brocken (1846), Erster Teil, 3. Aufl. Gütersloh 1994

KOGON, Eugen, Der SS-Staat. Das System der deutschen Konzentrationslager (1945), 5. Aufl. München 1979

KÜNG, Hans, Wozu Weltethos? Religion und Ethik in Zeiten der Globalisierung, Freiburg, Basel, Wien, 2002

LENIN, Wladimir Iljitsch, Der Imperialismus als höchstes Stadium des Kapitalismus (1916), Ausgewählte Werke Bd. 1, Berlin 1955

LESSING, Gotthold E., Werke in 2 Bänden, Wiesbaden o. J.

LÉVINAS, Emmanuel, Ethik und Unendliches (1982), Wien 1992

MARCEL, Gabriel, Geheimnis des Seins (1951), Wien 1952

MARCUSE, Herbert, Versuch über die Befreiung, Frankfurt/M. 1969

MACHIAVELLI, Niccolò, Der Fürst (1532), Wiesbaden 1980

MACINTYRE, Alasdair, Verlust der Tugend, Frankfurt/M. 1995

MASON, Timothy W., Arbeiterklasse und Volksgemeinschaft. Dokumente und Materialien zur deutschen Arbeiterpolitik 1936–39, Opladen 1975

MAYER-TASCH, Peter Cornelius, Die Bürgerinitiativbewegung. Der aktive Bürger als rechts- und politikwissenschaftliches Problem (1976), 5. Aufl. Reinbek 1985

MOMMSEN, Wolfgang J., Imperialismustheorien, 2. Aufl. Göttingen 1980

MONTESQUIEU, Charles de Secondat, Vom Geist der Gesetze (1748), Stuttgart 1965

MORI, Massimo, La ragione delle armi, Milano 1984

NESTLE, Wilhelm (Hg.), Die Vorsokratiker, Wiesbaden 1978

NIETZSCHE, Friedrich, Morgenröte (1880–81), Kritische Studienausgabe Bd. 3, München, Berlin, New York 1988
- Die fröhliche Wissenschaft (1881–82), Kritische Studienausgabe Bd. 3, München, Berlin, New York 1988
- Also sprach Zarathustra (1882–84), Kritische Studienausgabe Bd. 4, 3. Aufl. München, Berlin, New York 1993

- Götzen-Dämmerung (1888), Kritische Studienausgabe Bd. 6, München, Berlin, New York 1988
NOLTE, Ernst (Hg.), Theorien über den Faschismus, 4. Aufl. Köln 1976
- Die faschistischen Bewegungen, München 1966
PLATON, Politeia, Werke Bd. 3, Hamburg 1958
POPPER, Karl R., Die offene Gesellschaft und ihre Feinde (1945), 2 Bde., 2. Aufl. Bern, München 1970
RAWLS, John, Eine Theorie der Gerechtigkeit (1971), Frankfurt/M. 1979
- Politischer Liberalismus (1993), Frankfurt/M. 1998
SARTRE, Jean-Paul, Der Ekel (1938), Gesammelte Werke, Romane und Erzählungen Bd. 1, Reinbek 1987
- Das Sein und das Nichts. Versuch einer phänomenologischen Ontologie (1943), Gesammelte Werke, Philosophische Schriften I, Bd. 3, Reinbek 1994
- Betrachtungen zur Judenfrage (1946); in: ders., Drei Essays, West-Berlin 1960
SCHLEGEL, Friedrich, Lucinde (1799), Stuttgart 1975
SCHMITT, Carl, Der Begriff des Politischen (1932), Berlin 1963
- Politische Theologie. Vier Kapitel zur Lehre von der Souveränität (1922), 3. Aufl. Berlin 1979
SCHÖNHERR-MANN, Hans-Martin, Politik der Technik. Heidegger und die Frage der Gerechtigkeit, Wien 1992
- Postmoderne Perspektiven des Ethischen. Politische Streitkultur, Gelassenheit, Existentialismus, München 1997
- Politischer Liberalismus in der Postmoderne. Zivilgesellschaft, Individualisierung, Popkultur, München 2000
- Das Mosaik des Verstehens. Skizzen zu einer negativen Hermeneutik, München 2001
- Sein und Fragen. Ein Essay, Köln 2001
- Auf der Spur des verlorenen Gottes. Große Religionsphilosophen im 20. Jahrhundert, Freiburg im Breisgau 2003
- Sartre. Philosophie als Lebensform, München 2005
- (Hg.), Hermeneutik als Ethik, München 2004
SIMMEL, Georg, Philosophische Kultur (1923), Berlin 1998
SMITH-CHURCHLAND, Patricia, Brain-Wise. Studies in Neurophilosophy, Cambridge 2002
SOMBART, Werner, Die Juden und das Wirtschaftsleben (1911), 6. Aufl. München 1928
SOREL, Georges, Über die Gewalt (1908), Frankfurt/M. 1981
STRAUSS, Leo, Hobbes' politische Wissenschaft in ihrer Genesis (1935/1965), Gesammelte Werke Bd. 3, Stuttgart 2001
- Naturrecht und Geschichte (1953), Frankfurt/M. 1977

- What is Political Philosophy? and other studies, New York, London 1959
THUKYDIDES, Geschichte des Peloponnesischen Krieges (ca. 411 ff. v. Chr.), 2. Aufl. Zürich, München 1976
TOCQUEVILLE, Alexis de, Über die Demokratie in Amerika (1835, 1840), München 1976
TROELTSCH, Ernst, Deutscher Geist und Westeuropa, Tübingen 1925
VOEGELIN, Eric, Die politischen Religionen (1938), München 1993
WEBER, Max, Politik als Beruf, Gesammelte politische Schriften, 3. Aufl. Tübingen 1971
- Wirtschaft und Gesellschaft (1925), 5. Aufl. Tübingen 1980
ZIMMERMANN, Rolf, Philosophie nach Auschwitz. Eine Neubestimmung von Moral in Politik und Gesellschaft, Reinbek 2005

Personenregister

Adams, John 104, 149
Adenauer, Konrad 101
Adorno Theodor W. 44, 49, 59,
   102, 125
Anders, Günther, geb. Stern 37,
   41 f., 58
Arendt, Martha, geb. Cohn 24, 41,
   49, 58 f., 133, 135
Arendt, Paul 24
Aristoteles 19, 36 f., 60, 77, 118,
   126, 131, 134, 137, 144, 160
Arnim, Bettina von 30
Augustinus, Aurelius 110, 164,
   168

Barley, Delbert 141
Bataille, Georges 50
Beauvoir, Simone de 16
Beiner, Ronald 177
Begin, Menachem 108
Ben Gurion, David 85
Benhabib, Seyla 52, 123
Benjamin, Walter 42–46, 49 f., 53,
   57, 59, 61, 78, 104
Bergson, Henri 105
Bernstein, Richard J. 145
Blücher, Heinrich 42 f., 45, 49,
   56–59, 98, 133, 135, 150
Blumenfeld, Kurt 41, 98, 107
Brandt, Willy 152
Brecht, Bertolt 27, 45 f., 49 f., 59,
   105
Breier, Karl-Heinz 78
Brentano, Clemens 29
Broch, Hermann 150
Brunkhorst, Hauke 98, 142

Bultmann, Rudolf 19, 25
Burke, Edmund 112

Camus, Albert 16, 102
Cassirer, Ernst 61
Cato 162
Chaplin, Charlie 114
Char, René 15
Clemenceau, Georges B. 14
Cohn-Bendit, Erich 42

Demokrit 126
Dinesen, Isak/Blixen, Karen
   (Tania) 51, 191
Disraeli, Benjamin 48
Dreyfus, Alfred 42
Duns Scotus, Johannes 168 f.

Eckhart, Meister 167
Eichmann, Adolf 54, 74, 80 f., 83 f.,
   86, 88, 90 f., 93–97, 101, 133, 157 f.
Eliot, T. S. 150

Finckenstein, Karl von 30, 38
Finch Hatton, Denys 51
Foucault, Michel 60, 143
Frank, Hans 100
Fränkel, Fritz 42
Frege, Gottlob 154
Friedmann, Friedrich G. 115

Gadamer, Hans-Georg 124
Gans, Eduard 30
Gandhi, Mahatma 142
Gaus, Günter 182
Gobineau, Joseph A. 82
Goethe, Johann Wolfgang von
   35, 46

206

Abkürzungen